CONSULTING GÉNÉRATIF

Outils d'aide à la créativité, à la pleine conscience et à la transformation collective

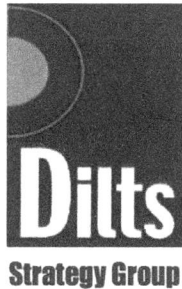

Dilts
Strategy Group

Dilts Strategy Group

Casier postal 67448

Scotts Valley (CA) 95067

États-Unis

Téléphone : (831) 438-8314

Courriel : info@diltstrategygroup.com

Site Internet http://www.diltstrategygroup.com

I.S.B.N. 978-1-947629-44-8

Traduit de l'anglais par Aimée LeBreton, B.A.

CONSULTING GÉNÉRATIF

Outils d'aide à la créativité, à la pleine conscience et à la transformation collective

Robert B. Dilts

Elisabeth Falcone

Mickey A. Feher

Colette Normandeau

Jean-François Thiriet

Kathrin M. Wyss

Conception et illustrations : Antonio Meza

Note de la traductrice : l'emploi du genre masculin dans le présent ouvrage a pour seul but d'alléger le texte et comprend le féminin.

Ce qu'on dit du Consulting génératif

L'approche axée sur l'état d'esprit, les modèles et la boîte à outils liés à la SFM^tm est parmi les plus puissantes qu'il m'ait été donné de connaître, à titre de consultant. Le consulting génératif offre ainsi un avantage considérable quant à l'avenir de la pratique.

Magnus Kull, Suède - Auteur, formateur, consultant principal à coach2coach

Le passage des années nous entraîne plus profondément dans la complexité du monde actuel, qui constitue un contexte singulier auquel nous devons faire face avec peu de formation à l'appui. Toutefois, il existe des moyens, dont des moyens collectifs, que nous pouvons mettre à profit pour nous inciter, nous-mêmes et les entreprises, à mieux composer avec l'incertitude. Les procédures rigides sont révolues dans ce monde VICA. Par conséquent, nous avons besoin de critères appropriés et un espace de liberté responsable, qui sont propices à l'apprentissage, étape par étape, dans un esprit d'intention claire et de méthode. Voilà tout l'apport du consulting génératif.

Tiago Petreca, Brézil - Fondatrice de Kuratore et auteure de Do Mindset as Mindflow (DVS)

La méthode axée sur la consultation générative est une démarche holistique et sensée visant à encadrer, à structurer et à mener un processus de transformation. Elle comprend et allie notamment les concepts du pourquoi, du comment et du quoi, selon une approche à la fois systémique et très pragmatique. Cette méthode contribue de façon tangible à changer la donne et à améliorer les processus, lorsqu'il s'agit de transformation efficiente.

Beate Weber von Koslowski, Allemagne - Directrice de l'académie et consultante principale à permitto gmbh

J'ai eu l'honneur d'être parmi les premiers participants au programme fondé sur le consulting génératif. L'ensemble de l'expérience fut très inspirante. Depuis que j'ai terminé la formation, j'utilise plusieurs des modèles de cette approche, qui sont d'ailleurs suffisamment flexibles pour les adapter à mon propre travail. Les principes liés à la SFM m'ont notamment offert un cadre concret selon lequel concevoir de nouvelles notions en matière d'intelligence collective en milieu de travail. En outre, cette dernière est d'autant plus pertinente à notre réalité actuelle submergée par la crise sanitaire liée au COVID-19. Dans ce contexte, le travail à distance nous incite à porter une attention soutenue à la collectivité, à la collaboration et aux énergies collectives, tout en admettant les enjeux immenses associés au stress économique considérable et aux changements profonds. Ce fut une expérience vraiment remarquable. J'estime en avoir tiré des bienfaits directs, en ce qui concerne l'évolution de mon travail comme chef de file dans mon domaine d'activité.

Colin Payne, Royaume-Uni - Vice-président | Global Lead NextGen FS, Capgemini Invent

TABLE DES MATIÈRES

TABLE DES MATIÈRES

TABLE DES MATIÈRES

Remerciements

Nous souhaitons tout d'abord rendre hommage au regretté John Dilts, qui a cocréé avec Robert la méthodologie relative à la modélisation des facteurs de succès. Son sens de la créativité, sa curiosité innée et sa détermination à aider les personnes et les entreprises à actualiser leur plus haut potentiel sont à la base de l'approche axée sur l'approche-conseil du consulting génératif.

C'est également avec une immense gratitude que nous saluons la contribution de Stephen Gilligan. En collaboration avec Robert, il a conçu les principes et les processus sous-jacents du changement génératif (à partir d'un état génératif, accéder aux multiples formes d'intelligence, inclure toutes les parties du « holon », intégrer des perspectives multiples, etc.), qui sont appliqués dans l'ensemble du présent ouvrage. Le travail de Stephen et de Robert en ce qui concerne le coaching génératif est un complément puissant à l'approche-conseil du consulting génératif décrite dans ces pages.

En outre, nous tenons à souligner les contributions essentielles de notre collègue et collaborateur Antonio Meza. Les illustrations d'Antonio sont des exemples puissants de l'utilisation des multiples formes d'intelligence et elles donnent vie aux concepts et aux idées liés au consulting génératif. Nous saluons vivement le talent, les efforts et la créativité d'Antonio, qui a prêté un style d'illustration unique en tous points à cet ouvrage. Antonio est également responsable de la conception générale du livre et de sa mise en page.

Nous tenons aussi à exprimer notre reconnaissance à Tony Nutley, à la direction de l'alimentation, de l'agriculture et de la forêt de la Guyane française et aux autres personnes faisant l'objet des exemples de cas présentés dans certains chapitres de cet ouvrage (les noms de plusieurs d'entre elles n'y figurent pas explicitement, afin d'en assurer la confidentialité).

Nous souhaitons également exprimer notre gratitude envers les praticiens du changement génératif qui ont employé cette méthode et qui nous ont fait part de leurs généreux commentaires. Leur apport s'est avéré précieux dans l'élaboration de cet ouvrage.

Enfin, nous tenons à remercier Aimée LeBreton d'avoir réussi à traduire le présent ouvrage avec perspicacité, méticulosité et sensibilité. Aimée a d'ailleurs accompli la tâche délicate de rehausser le texte du manuscrit original en anglais. Ses interventions judicieuses ont fait en sorte d'intégrer la diversité de nos points de vue dans un message cohérent et uniforme.

Robert, Elisabeth, Colette, Jean-François, Mickey et Kathrin

À propos de cet ouvrage
Message des auteurs

Le présent ouvrage a pour but d'aider les organisations à concrétis-er de nouvelles façons de faire qui diffèrent des pratiques courantes. Ce qui signifie que les équipes et les personnes composant ces organisations doivent appréhender une nouvelle approche, qui contraste avec leur mode de fonctionnement d'auparavant. Or, afin d'accompagner celles-ci dans cette démarche, nous, à titre d'agents de changement, devons réfléchir et agir selon de nouvelles perspectives qui sont tout autres. C'est l'essence même de la générativité.

Dans ce livre, nous présentons une approche unique en matière de gestion des changements, qui est fondée sur les principes et les pratiques liés à la modélisation des facteurs de succès [Success Factor Modeling (SFM™)]. Cette méthodologie vise à déterminer les facteurs essentiels de la réussite qui favorisent la performance efficace. Les principaux processus et modèles de la SFM™ sont détaillés dans la série d'ouvrages de Robert Dilts, qui se décline en trois volumes :

* *La modélisation des facteurs de succès Tome I : Entrepreneurs Nouvelle génération - Vivez vos rêves et créez un monde meilleur par votre entreprise*

* *La modélisation des facteurs de succès Tome II : Collaboration générative -Libérer la puissance créative de l'intelligence collective*

* *La modélisation des facteurs de succès Tome III : Leadership Conscient et Résilience – Orchestrer l'innovation et la mise en forme pour le futur*

Parmi ces ouvrages publiés initialement en anglais, certains ont été traduits en plusieurs langues, dont l'allemand, le français, l'espagnol, l'italien, le chinois, le russe, le coréen et le farsi (persan). L'approche axée sur la modélisation des facteurs de succès a également été à l'origine de plusieurs autres projets ayant mené à des ouvrages, dont *Les Groupes MasterMind accélérateurs de réussite : le collectif au service du succès individuel* et L'outil PERICEO : Équipes et Organisations, Développez Vos Capacités d'Intelligence Collective.

Dans les pages qui suivent, nous examinerons la façon avec laquelle les consultants et les chefs d'entreprises peuvent appliquer cette approche pour entraîner leurs clients, leurs équipes et leurs entreprises vers un nouveau niveau de fonctionnement et de réalisation.

La voix personnelle collective (« nous ») que nous utilisons dans ce livre représente l'ensemble de la Leadership Team SFM™. L'équipe est un groupe international de personnes qui travaillent en étroite collaboration, depuis 2015, afin de proposer aux entrepreneurs et aux organisations du monde entier la vision, les principes et les outils liés à la modélisation des facteurs de succès et au consulting génératif. Colette Normandeau, du Québec, au Canada, Jean-François Thiriet et Elisabeth Falcone, de France, Mickey A. Feher, un Hongrois vivant à New York, aux États-Unis, Kathrin M. Wyss, une Suissesse allemande et le cocréateur de la SFM™, Robert Dilts, de la région de la Silicon Valley, aux États-Unis sont les principaux membres de l'équipe de leadership de la SFM™ qui ont collaboré à la rédaction ce livre. Chacun et chacune d'entre nous s'est appuyé sur sa longue expérience en matière de consulting, de coaching et de formation pour coécrire cet ouvrage.

Ce livre portant sur le *consulting génératif* est le fruit d'une véritable collaboration d'équipe. Nous avons chacun et chacune dirigé la rédaction d'un chapitre en qualité d'unique auteur ou conjointement avec un autre membre de l'équipe. Nous avons écrit en puisant à même notre expérience et selon notre propre style, tout en soulignant la manière avec laquelle nous avons appliqué les modèles et les outils de la SFM™ en vue de favoriser le changement auprès de nos clients. En outre, nous démon-

trerons dans ces pages comment les agents de changement organisationnel peuvent enrichir leurs méthodes actuelles en y intégrant les principes et les caractéristiques uniques préconisés par l'approche axée sur le
changement génératif, dans le but de concevoir de nouvelles solutions à
un éventail d'enjeux et de situations.

Au cours de notre processus de rédaction, nous nous sommes posés
cette question importante : « Qu'est-ce qui rend cette approche si précisément générative, unique et significative au point de devoir la transmettre
aux lecteurs? » Tous les chapitres ont été passés en revue par chaque
membre de l'équipe à l'aide de la série de questions suivantes, afin de
veiller à ce que le contenu soit aussi pertinent et utile que possible pour
nos lecteurs :

    a. Que voudrais-je savoir, en tant que consultant, à propos de
      ce qui a été réalisé auparavant pour améliorer une situation
      particulière selon une perspective « générative »?

      i. Qu'est-ce qui m'intrigue encore à la fin du chapitre?

      ii. Qu'est-ce que je n'ai pas suffisamment compris et qu'est-
        ce qui me manque, en tant que consultant génératif?

    b. Comment les composantes essentielles du consulting
      génératif, y compris les multiples formes d'intelligence,
      les sept étapes du modèle DIAMOND de la SFM™ et les
      neuf compétences liées au consulting génératif sont-elles
      appliquées dans les exemples de cas du chapitre?

    c. Comment les lecteurs adapteront-ils le contenu en tant que
      consultants génératifs ou chefs d'entreprise?

    d. En quoi ce chapitre est-il pratique?

Notre dernier chapitre (chapitre 6 – *Incarner le changement génératif*)
est tiré d'une conversation que nous avons tenue en personne, en novembre 2019, dans le but de nous entretenir sur nos réflexions qui inspirent
notre propre travail et la façon dont nous les appliquons auprès de notre
clientèle. Nous avons également échangé nos points de vue sur les qualités, les compétences et l'état d'esprit (Mindset) dont doit disposer un
consultant ou un chef d'entreprise pour appliquer la méthodologie de la
SFM™.

Nous espérons que vous trouverez cet ouvrage à la fois pratique et inspirant et que vous ferez l'expérience de cette approche avec vos clients,
vos équipes et vos entreprises, dans le but de les propulser vers un niveau
supérieur de performance et de réussite. Nous aspirons à accompagner les

organisations - des entreprises en démarrage aux multinationales – en les aidant à déterminer leurs points forts et les aspects à améliorer de même qu'à appliquer les outils et les pratiques de la SFM™ et du changement génératif, afin qu'elles atteignent un degré de croissance et de rentabilité concret, durable et socialement responsable.

La pensée rationnelle, même assistée par un ordinateur, ne peut pas prédire l'avenir. Tout ce qu'elle peut faire, c'est délimiter l'espace de probabilité tel qu'il apparaît aujourd'hui et sera différent demain, lorsque l'un des infinitésimaux états possibles se sera matérialisé. Or, les inventions technologiques et sociales élargissent sans cesse cet espace de probabilité; de nos jours, ce dernier est incomparablement plus vaste qu'il ne l'était avant la Révolution industrielle - pour le meilleur ou pour le pire.

L'avenir ne peut être prédit, mais on peut l'inventer. C'est la faculté de l'humain à inventer qui a fait de la société humaine ce qu'elle est. Toutefois, les processus mentaux liés aux inventions sont encore mystérieux. Ils sont rationnels quoiqu'illogiques, c'est-à-dire non déductifs.

[traduction libre]

— Dennis Gabor (inventeur de l'hologramme), 1963

Aperçu du consulting génératif

Robert B. Dilts

1.1 Que fait un consultant?

De façon générale, un consultant (du latin consultare, qui signifie « délibérer ») est un professionnel qui offre aux entreprises ou aux organisations des conseils d'expert dans un domaine particulier. Le consultant interne œuvre au sein d'une organisation et est à la disposition d'autres services ou des membres du personnel (à titre de clients internes), qui peuvent faire appel à ses conseils selon ses domaines de spécialisation. En revanche, une organisation peut retenir les services d'un consultant externe (soit en tant que société de conseil ou de contractant indépendant) pour obtenir de l'expertise à titre temporaire et contre rémunération.

Le consultant fournit des conseils à ses clients de diverses manières, le plus souvent sous la forme de rapports ou de présentations. Dans certains domaines spécialisés, un consultant peut créer des logiciels ou d'autres produits personnalisés pour ses clients. Selon la nature de ses services-conseils et les souhaits de ses clients, les conseils d'un consultant peuvent être rendus publics ou demeurer privés.

Habituellement, un consultant maîtrise un domaine de compétence dont une organisation ou une équipe a précisément besoin pour atteindre un objectif souhaité. Par conséquent, les personnes qui engagent un consultant recherchent avant tout des conseils particuliers pour résoudre un problème ou apporter un changement. Elles paient pour l'expertise du consultant dans un domaine précis, afin d'atteindre un résultat particulier plus efficacement.

1.2 Quelle est la différence entre le consulting conventionnel et le coaching?

Le terme *consulting* peut désigner un large éventail d'activités, à la croisée du coaching et du consulting. Le coaching découle d'un modèle d'entraînement sportif, selon lequel les personnes sont encouragées à améliorer leur performance par le développement de leurs ressources et capacités personnelles. Un coach offre essentiellement ses services par le biais d'entretiens avec une personne ou, dans certains cas, une équipe. En posant des questions clés, celui-ci aide ses clients à préciser des buts, à déterminer les ressources dont ils ont besoin et à établir un plan d'action pour atteindre leurs buts. En revanche, la relation d'aide comporte une approche plus thérapeutique axée sur la résolution des problèmes et le changement des comportements, afin de proposer des solutions visant à corriger des problèmes et des symptômes particuliers.

Contrairement aux coachs et aux professionnels de la relation d'aide qui œuvrent principalement sur une base individuelle avec leurs clients, un consultant doit adopter une perspective plus large. Celui-ci ne travaille pas uniquement avec un client individuel, mais également avec le système plus vaste de l'organisation de ce client que ce dernier cherche à influencer. En d'autres termes, le coaching et l'accompagnement sont axés sur le développement personnel, tandis que le consulting porte essentiellement sur le développement organisationnel. Or, le consultant doit être en mesure de bien connaître les principales dynamiques d'une organisation et d'offrir des conseils sur la manière d'influencer celles-ci s'il souhaite assurer l'efficacité du consulting. Pour ce faire, le consultant doit fréquemment intégrer l'établissement et la planification de buts au processus de résolution des problèmes.

Le délai généralement nécessaire au processus constitue une autre différence principale entre le coaching et le consulting. Une séance de coaching complète peut se donner en une plage horaire variant entre une demi-heure et une heure, selon la disponibilité du client. Quant à un projet de consulting, des jours, des semaines, voire des mois peuvent être nécessaires. Il arrive qu'un consultant doive consacrer une journée entière ou de nombreuses heures à une seule question.

Le fait que le consulting doit porter sur un système de personnes et d'événements plus vaste et plus complexe que le coaching est à la base de cette différence en ce qui concerne le délai de réalisation. Dans le cadre du coaching, l'accent est mis sur la personne spécifique mise en relation avec le coach. Quant au consulting, l'accent est essentiellement mis sur la collaboration avec une personne spécifique et son équipe. La division ou le secteur de l'équipe, ou encore, l'ensemble de l'organisation et son marché peuvent être l'objet du consulting.

1.3 Qu'est-ce que le consulting génératif et en quoi est-il différent du consulting conventionnel ?

Habituellement, les entreprises et les organisations se concentrent sur l'obtention de résultats concrets et clairement définissables. Bien que nécessaire pour réussir, cette approche peut restreindre le champ d'idéation d'une personne. En fait, l'un des principaux enjeux des entreprises et des organisations réside dans la capacité d'innover, de créer ou de générer de la nouveauté. Cette capacité à générer de nouvelles possibilités susceptibles de produire des résultats pratiques est le point fort du consulting génératif.

L'action de « générer » signifie créer une réalité qui n'existait pas auparavant. L'objet du « changement génératif » consiste ainsi à cultiver la créativité : dans les équipes, les entreprises et les relations de même que chez les personnes. Le but particulier du consulting génératif est d'aider les équipes et les organisations à évoluer et à fonctionner d'une nouvelle manière plus efficace. Pour ce faire, un consultant génératif élabore un programme ou un cheminement pour ses clients en combinant différentes interventions, afin d'atteindre des objectifs organisationnels essentiels entièrement nouveaux.

Lorsqu'un consultant collabore avec des clients dans des situations tout à fait nouvelles ou sans précédent, il est impossible d'utiliser des solutions «prêtes à l'emploi» ayant fonctionné auparavant. Le consultant et son organisation-cliente doivent disposer d'une structure fondamentale de résolution des problèmes, qui les aide à déterminer leurs enjeux principaux à aborder et les ressources nécessaires au changement.

En s'aventurant dans des sphères encore inexplorées, une organisation ne peut faire appel à aucun « expert en la matière ». Personne n'a encore accompli ce qui doit être fait, et personne ne connaît la voie pour y arriver. Dans ce genre de situation, l'expertise doit s'exercer sur le plan du processus - un processus visant à aider les gens à créer une réalité entièrement nouvelle.

Ainsi, l'accent du consulting génératif est mis sur le processus plutôt que sur le contenu. Autrement dit, le consultant n'a pas besoin d'être un « expert en la matière ». Au contraire, le consultant accompagne les personnes dans le cadre d'un processus les aidant à maximiser leurs propres ressources et à tirer parti de leur imagination, afin d'élaborer des solutions créatives. Comme l'a mémorablement dit Albert Einstein : « L'imagination est plus importante que la connaissance ». Il a notamment souligné que la connaissance ne peut renseigner que sur ce qui existe déjà et non pas sur ce qui pourrait être, devrait être ou sera éventuellement.

Le consulting génératif nécessite souvent l'intégration d'un tout nouvel état d'esprit au sein d'une organisation. Comme nous l'aborderons plus loin, ce nouveau mode de réflexion inclut la compréhension cognitive, mais elle suppose également l'engagement d'autres formes d'intelligence, comme l'intelligence somatique, l'intelligence émotionnelle et l'intelligence collective.

Sachant que ce sont des personnes qui composent les organisations, le développement organisationnel doit, dans la même optique, être appuyé par le développement des personnes. Pour propulser une organisation au niveau supérieur, les personnes et les équipes doivent œuvrer à un nouveau niveau. C'est dans cet aspect que le coaching et le consulting se chevauchent, dans une certaine mesure, en vue d'instaurer le changement génératif. D'ailleurs, le lien commun entre le coaching génératif et le consulting génératif est le renforcement des capacités. C'est toujours le but ultime - les personnes sont davantage incitées à cocréer un monde auquel elles veulent appartenir.

La relation entre le coaching et le consulting

1.4 Les éléments de base du consulting génératif

Le processus lié au consulting génératif réunit un ensemble unique et puissant de composantes de base :

* * S'appuyant sur les principes fondamentaux et les prémisses du changement génératif, la méthodologie du consulting génératif s'articule autour du *processus d'approche-conseil générative qui se décline en sept étapes.*

* * La mise en œuvre de ces étapes est soutenue par *neuf compétences de base relatives au consulting génératif.*

* * Les sept étapes du consulting génératif sont appliquées aux *trois domaines essentiels de la réussite des entreprises* qui nécessitent essentiellement des solutions génératives, soit la *stimulation de la croissance, la survie à la crise et la gestion de la transition.*

* * Selon le type de situation, le processus de consulting génératif fait intervenir des *modèles principaux* tirés de l'application de la modélisation des facteurs de succès (Success Factor Modelling™) à l'entrepreneuriat de la prochaine génération et à l'intelligence collective de même qu'au leadership conscient et à la résilience.

MÉTHODOLOGIE DU CONSULTING GÉNÉRATIF

CADRE DU CHANGEMENT GÉNÉRATIF　　　　　　**OUTILS**

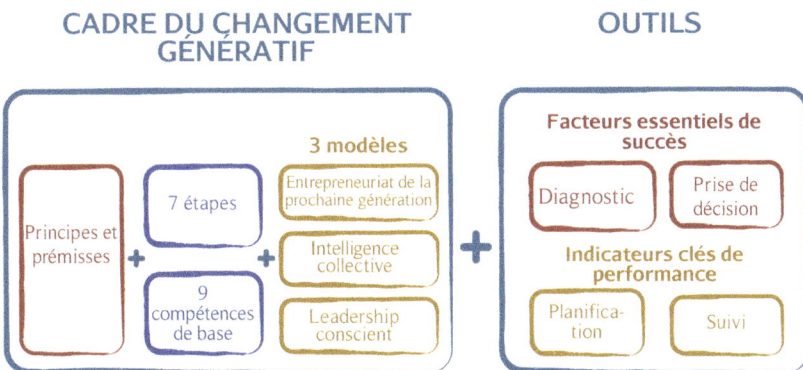

Aperçu de la méthodologie du consulting génératif

Nous résumerons les différentes facettes du consulting génératif dans une structure que nous désignons comme le modèle DIAMOND de la modélisation des facteurs de succès (SFM™), qui sera présenté à la fin de ce chapitre.

Outre les étapes, les compétences et les modèles énumérés précédemment, le consulting génératif applique des outils particuliers. Certains outils sont destinés aux processus de diagnostic et de prise de décision, qui sont basés sur les facteurs essentiels de succès (Critical Success Factors - CSF). D'autres outils sont destinés à la planification et au suivi des progrès et sont liés aux indicateurs clés de performance (KPI). Ceux-ci sont utilisés pour évaluer la pertinence du consulting et si elle donne des résultats ou non.

Afin d'assurer la concrétisation du changement génératif, ces outils doivent être fréquemment créés. Ils ne sont pas préexistants, de sorte que ces indicateurs clés de performance et les outils facilitant leur mesure doivent être définis collectivement.

1.5 Les principes liés au changement génératif

Tout type de changement génératif, y compris ceux initiés par les interventions du consulting génératif, nécessite une évolution dans un « état génératif ». D'un point de vue technique, ce processus est lié à l'état de l'attitude mentale d'une personne et de ses « filtres » perceptifs. Sur le plan interpersonnel, ces filtres sont liés à la façon dont elle utilise son corps (intelligence somatique et émotionnelle), son cerveau (intelligence cognitive) et ses interactions avec les autres (intelligence relationnelle et « de terrain ») lorsque celle-ci vise un but ou traite un problème.

L'une des principales fonctions d'un état dit génératif consiste à passer d'une réalité particulière, dans laquelle une situation donnée ne présente qu'une seule signification et une seule possibilité à une tout autre réalité, dont n'importe quel élément peut être plutôt perçu selon un grand éventail d'expressions et de significations possibles. Or, la première étape de tout processus créatif consiste à accéder à un état d'ouverture d'esprit (l'espace du « rêveur »). Dans cet état, un élément ou une situation peut être perçu comme un processus ayant la possibilité de nombreuses expressions différentes, au lieu d'une seule forme fixe qui est soit positive ou négative. On peut alors choisir l'expression la plus appropriée à la situation ou à l'élément à traiter en particulier (la phase « réaliste »).

Il serait intéressant d'aborder le changement génératif en parallèle à la dynamique entre le « monde quantique » et le « monde classique » selon le domaine de la physique. Le monde quantique est essentiellement « un champ de possibilités infinies », qui englobe toutes les formes possibles qu'un élément puisse prendre. Quant au monde classique, il est constitué d'une seule expression particulière, concrète et continue de toutes ces possibilités.

Afin d'être véritablement génératif, le changement doit commencer dans le champ quantique non classique et non physique des nombreuses possibilités (l'espace du « rêveur »). Ces possibilités sont ensuite adaptées à la fois aux potentiels et aux contraintes d'une situation existante (la phase « réaliste »). Enfin, des adaptations et des mises à jour doivent être effectuées pour garantir l'adéquation et la viabilité des nouvelles conditions (phase « critique »).

Par conséquent, le processus lié au changement génératif consiste à définir une direction ou une intention, à s'engager dans un état génératif, puis à passer à une éventuelle forme d'action et d'exécution, en évoluant de ce que nous désignerions comme le « monde quantique des possibilités » au « monde classique de l'expression concrète ». Ce mouvement soulève invariablement des obstacles et des entraves qu'il faut aborder et résoudre, afin de continuer à progresser dans la direction de l'intention initiale.

L'un des défis du changement génératif est que, parce qu'un individu, une équipe ou une organisation doit aller quelque part de nouveau, et qu'il existe de nombreuses possibilités, les détails de la nouvelle destination ne sont généralement pas clairs au début. Ainsi, le changement souhaité doit être initialement défini davantage comme une direction que comme une destination précise. Par analogie, si vous explorez un territoire inexploré sans aucune carte préexistante, vous devez naviguer en utilisant une boussole et les étoiles comme guides. De même, le conseil génératif implique souvent la création et l'application d'un ensemble différent ou plus étendu d'indicateurs de performance clés que le consulting traditionnel.

Dans le cadre d'une situation complexe et dynamique à traiter, un consultant génératif doit rassembler un grand nombre de renseignements pour y parvenir, puis organiser ceux-ci d'une manière ou d'une autre. Or, ce processus représente un grand enjeu; il exige du cerveau gauche une énorme capacité de concentration, au point où le consultant peut commencer à perdre ses liens avec son corps, son cœur et les autres formes d'intelligence. La consultation efficace nécessite ainsi un niveau élevé d'intelligence et de travail cérébral de même que de nombreuses habiletés en matière de collecte et d'organisation de l'information. Mais elle fait tout autant appel à l'intelligence somatique, l'intelligence émotionnelle et l'intelligence relationnelle. Or, le fait que les entreprises omettent l'importance de l'intelligence somatique, émotionnelle et relationnelle (ou «de terrain») est souvent à la base des plus importants problèmes qu'elles éprouvent.

1.6 L'utilisation des multiples formes d'intelligence

Afin de travailler en mode génératif, vous ne pouvez pas simplement utiliser des renseignements verbaux et des chiffres. Le consulting génératif fait intervenir de multiples formes d'intelligence, qui favorisent une meilleure compréhension et inspirent de nouvelles idées et solutions. Le principe de base des multiples formes d'intelligence est simple : plus on dispose de moyens pour comprendre un concept, plus on assimile celui-ci. Si vous ne disposez que d'un seul moyen mathématique ou monétaire pour comprendre une notion particulière, votre compréhension en sera limitée. Mais si vous disposez également de moyens métaphorique, somatique et visuel, vous la comprendrez davantage. La raison d'être du consulting génératif est de représenter un concept de multiples façons. Dans le cadre de ce processus, les consultants génératifs travaillent très souvent avec des représentations somatiques, des images et des métaphores de concert avec le langage verbal conventionnel.

Par exemple, lorsqu'un client définit sa direction et son intention de changement, un consultant génératif peut lui demander de créer une image visuelle en plus de fournir une description verbale de l'état souhaité. Ainsi, le consultant peut demander au client : « Quelle est votre image mentale de cet état que vous désirez atteindre? » ou « Quelle image voyez-vous? ». Plutôt que de décrire l'image avec des mots, le consultant peut demander au client de dessiner ce qu'il voit sur une feuille de papier ou un tableau blanc. Ces images visuelles sont plus efficaces que les mots pour faire ressortir les liens entre les éléments clés du changement. En outre, les représentations verbales proviennent davantage du « cerveau gauche » et se concentrent davantage sur les objets et les séquences, tandis que les représentations visuelles sont générées par le « cerveau droit » et mettent l'accent sur les modèles et les relations. De plus, l'incorporation de la couleur dans les images peut faire ressortir un degré de dynamisme tout à fait différent.

Un autre domaine essentiel de l'intelligence nécessaire pour favoriser le changement génératif est l'intelligence du corps, que nous désignons comme étant « l'intelligence somatique ». Dans le processus de consulting génératif, il est également utile d'obtenir un « modèle somatique » pour chaque élément essentiel de l'information cognitive que vous recueillerez. Supposons qu'une entreprise soit dans un état d'inertie; le consultant peut demander à ses clients d'illustrer cette inertie avec leur corps : « Avec quel mouvement ou quel geste pouvez-vous caractériser ce qui se passe? ». Le consultant génératif pourrait alors poursuivre de cette façon : « Maintenant, montrez l'état souhaité avec votre corps. Qu'est-ce qui serait différent? ». Cette approche aide souvent à faciliter la compréhension de ce qui se passe et à éviter la verbalisation superflue. De même, si une équipe est en désaccord lors d'une prise de décision, un consultant génératif

Utilisation des multiples formes d'intelligence pour communiquer
selon une approche générative

pourrait dire : « Montrez le différend avec votre corps. Quel modèle somatique pourrait représenter le différend? Maintenant, montrez avec votre corps ce qui doit changer et quel en serait le résultat souhaitable ». Les représentations somatiques ont tendance à mieux illustrer les «champs» relationnels et émotionnels d'une situation précise que les mots qui y sont liés.

Dans le cadre du coaching génératif, on utilise aussi fréquemment les métaphores comme moyen de recueillir et d'organiser l'information. Le théoricien des systèmes Gregory Bateson a souligné que « tout est une métaphore pour tout le reste ». Une voiture est une métaphore pour une entreprise. Une famille est une métaphore pour une voiture et une entreprise. Une forêt est une métaphore pour une entreprise et une voiture. Chaque système est une métaphore pour tous les autres systèmes. Une équipe de basket-ball est une métaphore pour un comité de direction. Un comité de direction est une métaphore pour un orchestre. Un orchestre est une métaphore pour le processus de développement d'un produit, et ainsi de suite. Tout système peut fournir des renseignements sur tout autre système. Un consultant génératif pourrait demander : « Quelle métaphore ou quelle analogie correspondrait au changement que l'entreprise doit apporter? Quelle est votre métaphore pour son état actuel? L'état actuel de l'organisation est comme... quoi? » Les métaphores requièrent et combinent souvent les réflexions du cerveau gauche et celles du cerveau droit.

1.7 L'état COACH

Pour maintenir l'accès à tous les types de renseignements nécessaires, le processus de consulting génératif vise principalement à ce que le consultant et les clients cultivent constamment un état intérieur, qui est caractérisé par les aspects représentés par l'acronyme « COACH » (voir SFM Vol. I, pp. 34-35 et SFM Vol. III, pp. 64-67) :

* **C**entré sur soi-même, en particulier dans la « région viscérale » (le centre de son ventre)

* **O**uvert à de nouvelles informations et à de nouvelles idées et possibilités

* **A**ttentif à ce qui se passe en soi et autour de soi, avec présence et pleine conscience

* **C**onnecté à soi-même, à ses ressources et au(x) système(s) plus vaste(s) dont on fait partie

* **H**abile à accueillir ce qui se présente à partir d'un état d'esprit de créativité et de curiosité

L'État COACH est le fondement d'un état génératif. L'opposé se produit lorsqu'on s'effondre dans un état intérieur coincé, qui peut être résumé par les lettres de l'acronyme « CRASH » :

* **C**ontraction

* **R**éactivité

* **A**nalyse paralysante

* **S**éparation

* **H**ostilité

Lorsqu'on s'effondre vers un état de « CRASH », on perd son lien avec son imagination créative et ses autres ressources intérieures; tout devient ainsi plus difficile. Lorsqu'on est confronté à un obstacle extérieur et qu'on se retrouve dans cet état particulier de CRASH, on le ressent comme un problème insoluble.

La capacité d'atteindre et de maintenir l'état COACH particulièrement dans des circonstances difficiles et éprouvantes est l'un des buts les plus importants du consulting génératif. Ainsi, le consultant génératif s'efforce constamment de demeurer dans cet état et de s'assurer que chaque acteur clé du processus de changement peut penser et agir à partir de celui-ci.

1.8 Holons, holarchies et hologrammes

La capacité d'établir une orientation et de définir les changements nécessaires concernant tous les acteurs clés du processus est l'un des enjeux principaux du consulting génératif. Tous les éléments sont concernés : le client, l'équipe et l'organisation, dont ses services, ses divisions ou rôles pertinents de même que, parfois, la culture organisationnelle. Ainsi, la capacité de réfléchir en termes de holons et de holarchies est une autre compétence essentielle du consulting génératif.

Le fait que l'on soit, d'une part, des êtres entiers et indépendants et que, d'autre part, on fasse également partie de systèmes plus grands que soi est, en réalité, une vérité intrigante de l'existence humaine. L'auteur et philosophe politique Arthur Koestler a utilisé le terme *holarchie* pour décrire la dynamique de cette relation. Dans *The Act of Creation* (1964, p. 287), Koestler a expliqué ce concept en ces mots :

> « *Un organisme vivant ou un organe social n'est pas un agrégat de particules ou de processus élémentaires. C'est une hiérarchie intégrée de sous-ensembles semi-autonomes, eux-mêmes composés de sous sous-ensembles, et ainsi de suite. Ainsi, les unités fonctionnelles à chaque échelon de la hiérarchie sont en quelque sorte à double volet : elles agissent comme un tout lorsqu'elles sont orientées vers le bas, comme des parties lorsqu'elles sont orientées vers le haut.* » [traduction libre]

En d'autres termes, un élément qui intègre des parties du niveau inférieur dans un ensemble plus vaste devient lui-même une partie du niveau supérieur. L'eau, par exemple, est une entité unique qui émerge de la liaison entre l'hydrogène et l'oxygène. L'eau elle-même, cependant, peut devenir une partie de nombreuses autres entités plus grandes, du jus d'orange aux océans en passant par le corps humain. Ainsi, l'eau est à la fois un tout composé de petites parties et une partie d'autres ensembles plus grands qu'elle-même.

Dans l'ouvrage *A Brief History of Everything* (1996), Ken Wilber, enseignant et auteur transformationnel, a décrit cette relation de la manière suivante :

> « *Arthur Koestler a inventé le terme holon pour désigner une entité qui est elle-même un tout et, simultanément, une partie d'un autre tout. Et si vous commencez à examiner de près les choses et les processus qui existent réellement, il devient vite évident que ceux-ci ne sont pas uniquement des ensembles, mais également des parties d'une autre réalité. Ce sont à la fois des touts et des parties; ce sont des holons.*

Par exemple, un atome entier fait partie d'une molécule entière, et la molécule entière fait partie d'une cellule entière. De même, la cellule entière fait partie d'un organisme entier, et ainsi de suite. Chacune de ces entités n'est ni un tout ni une partie, mais à la fois un tout et une partie, soit un holon. » [traduction libre]

Selon Wilber, chaque nouveau tout inclut et transcende à la fois les parties au niveau inférieur. Il importe de souligner qu'en l'absence d'un niveau inférieur particulier dans une holarchie, les niveaux supérieurs ne peuvent pas être pleinement exprimés. Les niveaux inférieurs sont les composantes essentielles de tous les niveaux supérieurs.

Chacun et chacune d'entre nous est donc un holon. Nous sommes constitués d'atomes entiers, qui constituent des molécules entières, qui elles-mêmes se combinent pour créer des cellules entières. À leur tour, ces dernières s'unissent pour former des tissus entiers, qui eux forment des organes entiers. Enfin, ceux-ci constituent des systèmes nerveux interconnectés à partir desquels notre corps entier est formé. À notre tour, nous faisons partie d'ensembles de plus en plus grands : une famille, puis une communauté professionnelle et ensuite l'ensemble du système des êtres vivants sur cette planète. Ce système fait, à son tour, partie de notre système solaire et, en fin de compte, de l'univers tout entier.

Selon le consulting génératif, chaque personne et chaque organisation est un holon

Dans le cadre du changement génératif et du consulting génératif, la notion de holon est cruciale. Lorsque nous travaillons avec des personnes, des groupes ou des organisations, nous les considérons comme faisant partie d'une holarchie. Ils forment un tout indépendant, mais ils sont également constitués d'autres ensembles et sont partie intégrante d'ensembles plus grands. Le concept de holon est très important au sein des organisations, parce qu'on doit y interagir avec de nombreux ensembles différents. Des équipes entières font partie de divisions entières, qui, à leur tour, font partie de toute une zone géographique, et ainsi de suite. Par exemple, une division peut se trouver aux États-Unis, une autre en France, une autre en Chine, etc. Il est donc absolument nécessaire d'avoir une conscience holistique.

Parallèlement au concept de *holon*, se trouve la dynamique du codage holographique : chaque partie d'un holon contient son entièreté et peut recréer celle-ci. Un exemple de ce principe est le corps humain. L'ADN du corps entier se trouve dans chacune de ses cellules. Par conséquent, n'importe quelle cellule du corps peut recréer le corps entier (c'est le principe à la base du clonage).

Ce concept est très présent au sein des organisations. Chaque membre d'une organisation est à la fois une partie et un représentant de l'organisation entière. Si les membres d'une organisation (en particulier, les membres principaux) ne partagent pas les mêmes valeurs fondamentales et n'ont pas d'intention commune, le chaos s'installe rapidement et les erreurs se produisent assez facilement. Le tout doit donc se retrouver dans chaque partie. Cette représentation de l'ensemble (l'ADN de l'organisation) prend ainsi la forme de sa vision, de sa mission et de ses valeurs. Si celles-ci ne sont pas partagées, cultivées et mises en œuvre par chaque membre de l'organisation, on assiste alors à des phénomènes de nature cancéreuse, dans lesquels la partie n'est plus partie intégrante du tout. Elle devient distincte et n'agit plus qu'en son propre nom.

Ainsi, l'idée de *holon* est l'élément principal du consulting génératif. Nous sommes constitués d'autres ensembles, semblables à des organes entiers composés de cellules, qui, à leur tour, sont composées de molécules, d'atomes, etc. Nous faisons également partie de plus grands ensembles - une famille, une communauté professionnelle, une culture, une planète, etc. Dès qu'une partie quelconque du holon est négligée, des problèmes sont à prévoir.

Une entreprise britannique qui a été créée par un groupe de sept personnes constitue un bon exemple. À première vue, l'entreprise a connu un grand succès financier et une croissance très rapide. Cependant, au cours des deux premières années d'activité, deux des fondateurs ont eu un cancer, deux autres ont divorcé et l'un d'entre eux a fait une dépression. De toute évidence, cette situation n'est pas viable.

Si on ne prend pas soin de sa santé physique, des problèmes sont à prévoir. De même, des problèmes sont prévisibles si on ne s'occupe pas de sa famille. Dans cette même lignée, des phénomènes comme le réchauffement planétaire et les changements climatiques sont également les résultats de notre négligence envers certains aspects du grand holon dans lequel nous évoluons.

Il est fondamental de s'occuper de l'ensemble du holon pour parvenir à un changement durable. Cependant, ce scénario est vraiment difficile à réaliser. Lorsqu'une personne lance sa propre entreprise et lutte pour sa survie, elle ne pense pas nécessairement à l'ensemble de l'holarchie. Celle-ci ne pense pas à la planète ou à sa santé, ou encore ne porte-t-elle peut-être pas attention aux besoins de sa famille. En fait, une part essentielle du travail d'un consultant consiste à rappeler à ses clients que cette holarchie existe et doit être envisagée, lorsque des décisions sont prises et des actions entreprises.

C'est à ce moment que l'intelligence esthétique devient particulièrement importante dans le cadre du consulting génératif. L'intelligence esthétique est la base de l'harmonie, de la beauté et de l'équilibre. Elle fait intervenir une sensibilité envers la façon dont les différentes parties d'une réalité (comme la musique, la peinture, la nourriture, l'architecture et la danse) sont liées les unes aux autres. Or, les organisations complexes et dynamiques comportent de nombreuses parties en interaction et un certain nombre de sphères dans lesquelles l'harmonie et l'équilibre de certains aspects peuvent devenir dissonants. Pour déterminer et aborder ces domaines de déséquilibre et de discordance, les consultants et les clients doivent représenter et s'attarder à la plus grande partie possible du holon. Afin d'être efficace, cette réflexion ne doit pas être menée de manière abstraite et intellectuelle, mais plutôt de manière à aider ceux-ci à déterminer les circonstances et le degré du désaccord ou du déséquilibre de même que sa cause. C'est l'une des principales contributions de la modélisation des facteurs de succès.

1.9 La Modélisation des Facteurs de Succès (SFM™)

L'un des aspects qui distinguent le consulting génératif de tous les autres types de consultation concerne son incorporation du cadre de la modélisation des facteurs de succès (SFM™). Cette modélisation est une méthodologie conçue à l'origine par Robert et John Dilts, afin de déterminer, de comprendre et d'appliquer les facteurs essentiels de succès qui alimentent et soutiennent les performances exceptionnelles des personnes, des groupes et des organisations. Grâce à cette méthodologie, les différences qui servent à faire la distinction entre les performances exceptionnelles, moyennes et médiocres de divers types sont explorées et répertoriées.

La SFM™ est fondée sur un ensemble de principes et de distinctions qui sont particulièrement adaptés à l'analyse et la différenciation des modèles essentiels de pratiques commerciales et de compétences comportementales, qui sont utilisés efficacement par des personnes, des équipes et des organisations pour atteindre les objectifs souhaités. L'utilisation du processus SFM™ vise à discerner les caractéristiques et les capacités fondamentales qui sont communes aux entrepreneurs, aux équipes et aux chefs d'entreprise de premier plan, afin de préciser des modèles, des outils et des compétences susceptibles d'être utilisés par quiconque pour augmenter considérablement les chances de produire un effet notable et de parvenir à la réussite.

Ainsi, le but du processus lié à la modélisation des facteurs de succès (SFM™) consiste à créer une carte instrumentale soutenue par une variété d'exercices, de formats et d'outils, qui aident les personnes à appliquer les facteurs ayant été modélisés et à atteindre des objectifs importants dans le contexte qu'elles auront choisi. Pour ce faire, la SFM™ applique le modèle de base suivant :

Le modèle de base de la modélisation des facteurs de succès

Notre état d'esprit (Mindset)- qui est constitué de notre état intérieur, de notre attitude et de nos processus de réflexion - génère des actions comportementales extérieures. C'est notre mindset qui détermine ce que nous réalisons et le type d'actions que nous entreprenons dans des situations particulières. Ces actions, à leur tour, créent des résultats à poursuivre dans le monde extérieur. Ainsi, l'atteinte des résultats souhaités dans notre environnement requiert un état d'esprit approprié pour produire les actions convenables et nécessaires en ce sens.

Nous pouvons établir une analogie avec un ordinateur. Vous ne pouvez pas vous attendre à ce qu'un ordinateur fonctionne différemment lorsque vous ne changez pas les logiciels qu'il utilise. Vous ne pouvez pas non plus dire à l'ordinateur : « Tu devrais fonctionner d'une différente manière » tout en exécutant les mêmes programmes. En fait, vous devez modifier la programmation pour changer les fonctions de l'ordinateur, en vue de modifier les résultats auxquels vous vous attendez.

À l'origine, toute intervention de consulting est essentiellement orientée vers l'aide aux clients pour atteindre un objectif souhaité - qu'il s'agisse de croissance, de gestion d'une crise, d'une transition à réaliser ou d'optimisation de la performance dans certains domaines. Or, l'atteinte d'un objectif ou non est une conséquence des actions entreprises par les membres d'une organisation. Dans le cadre du consulting génératif, on part du principe que les changements dans les actions et les performances et l'atteinte d'objectifs organisationnels sont fonction d'un changement dans l'état d'esprit qui doit se produire au sein de l'organisation. Un changement majeur dans l'état d'esprit d'ensemble est ainsi primordial pour créer de la nouveauté.

Surveille tes pensées car elles deviennent des mots.
Surveille tes mots car ils deviennent des actes.
Surveille tes actes car ils deviennent des habitudes.
Surveille tes habitudes car elles deviennent ton caractère.
Surveille ton caractère, car is devient ton destin
-- Lao Tseu

1.10 Les principaux niveaux de facteurs de succès

La modélisation des facteurs de succès réunit plusieurs niveaux de facteurs, qui contribuent à une performance réussie.

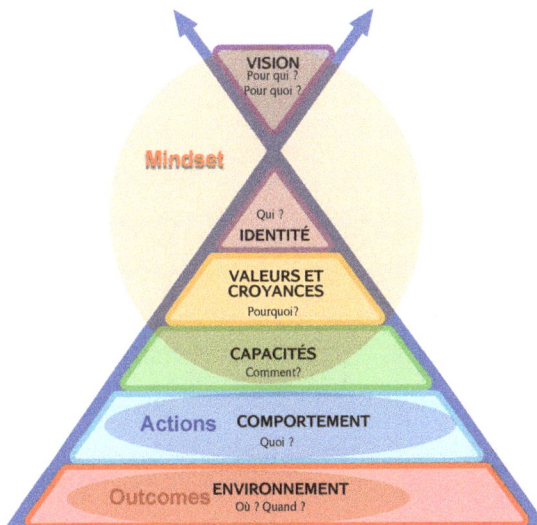

* **Les facteurs environnementaux** déterminent les possibilités ou les contraintes extérieures que les personnes et les organisations doivent reconnaître et auxquelles celles-ci doivent réagir. Ils supposent de considérer à quel endroit et à quel moment le succès se produira.

* **Les facteurs comportementaux** concernent les actions spécifiques entreprises pour réussir. Ils supposent ce qui, spécifiquement, doit être fait ou accompli pour atteindre le succès.

* **Les capacités** sont liées aux cartes mentales, aux plans ou aux stratégies qui mènent au succès. Elles orientent la manière dont les actions sont sélectionnées et surveillées.

* **Les valeurs et les croyances** fournissent le renforcement qui soutient ou inhibe des capacités et des actions particulières. Elles sont liées à la raison pour laquelle une voie particulière est empruntée et aux motivations profondes qui poussent les personnes à agir ou à persévérer.

* **Les facteurs identitaires** sont relatifs au sens du rôle ou de la mission des personnes. Ces facteurs sont fonction de la perception qu'ont les personnes ou les groupes d'eux-mêmes.

* **La vision**, quant à elle, est relative à la perception qu'ont les personnes du système plus large dont elles font partie. Ces facteurs indiquent pour qui ou pour quoi une voie ou un plan d'action en particulier a été choisi. Au sein d'une entreprise, ce choix concerne généralement les clients, les actionnaires et l'équipe.

L'environnement et le comportement ont trait aux objectifs qu'on essaie d'atteindre et aux actions nécessaires pour ce faire. C'est le fondement, ou le « résultat final », d'une intervention de consulting. Selon la SFM™, si l'on veut faire les choses différemment et obtenir des résultats tout autres, on doit faire appel à un savoir-faire et des capacités différents. Pour innover autrement, il est ainsi nécessaire de s'engager dans un état d'esprit génératif.

Afin de faire des changements de mindset une priorité, ceux-ci doivent être soutenus par des valeurs et des convictions particulières transmettant la motivation nécessaire à la création et à l'application de nouvelles capacités. Nos croyances et nos valeurs favorisent et soutiennent les capacités que nous déploierons. Nous développons et utilisons ainsi des capacités particulières, car nous croyons qu'elles sont nécessaires dans une situation donnée.

Le sentiment d'identité est un autre facteur très important de l'état d'esprit. L'identité englobe et organise les autres aspects qui constituent cet état. La plupart des crises, des zones de croissance et des transitions nécessiteront un changement significatif de comportement. En outre, la plupart d'entre elles nécessiteront de nouvelles capacités. Certaines entraîneront un changement de valeurs et de croyances, c'est-à-dire un changement de priorités et d'orientation organisationnelle. D'autres, en revanche, nécessiteront un changement d'identité de l'entreprise; celles-ci seront parmi les plus importantes.

À titre d'exemple d'un changement d'identité, *Apple, Inc.* s'appelait autrefois *Apple Computer*. Cependant, la plupart de ses revenus sont de nos jours indirectement liés aux ordinateurs. Ceux-ci proviennent des smartphones, des tablettes, de la musique en ligne, etc. La société a effectivement remplacé son nom *Apple Computer* par *Apple Inc.*, en reconnaissance du fait que leur identité ne représentait plus uniquement une société d'informatique.

Un degré de changement encore plus profond serait lié à la vision et au sens d'une organisation, ou encore à sa raison d'être. Ce genre de changement renvoie à des questions telles que : « Quelle est la nature fondamentale de l'entreprise? » ou « Qui sont ses clients et quelle est sa vision quant à la manière dont elle sert ces clients? ».

1.11 L'équilibre entre l' "ego" et l' "âme"

La combinaison des concepts de holon et d'holarchie avec les différents niveaux de facteurs de succès crée une matrice puissante, à partir de laquelle on peut examiner la dynamique des personnes, des équipes et des organisations. Selon cette matrice, notre vie et nos motivations personnelles sont guidées par deux aspects complémentaires de notre identité propre : celui qui émerge de (1) notre existence en tant qu'entité distincte et indépendante et celui qui découle de (2) notre existence en tant que partie d'un ensemble plus vaste (par exemple, la famille, la profession, la communauté, etc.). On appelle généralement l'« ego » la partie de notre existence que nous connaissons comme un tout individuel. La partie de notre existence que nous connaissons en tant que holon (partie d'un ensemble plus vaste) est désignée comme étant notre « âme ».

Notre ego est lié au développement et à la préservation de notre sentiment d'être un soi séparé, qui perçoit la réalité de sa propre perspective indépendante et isolée. Sur le plan de l'environnement, l'ego a tendance à se concentrer sur les dangers et les contraintes de même que sur la recherche du gain et du plaisir à court terme. Par conséquent, sur le plan du comportement, l'ego a tendance à être plus réactif aux conditions extérieures. Les capacités associées à l'ego sont généralement celles liées à l'intellect cognitif conscient, comme l'analyse et la stratégie. En ce qui concerne les valeurs et les convictions, l'ego se concentre sur la sûreté, la sécurité, l'approbation, le contrôle, le succès et le profit personnel. Un sentiment de permission est généralement nécessaire pour s'engager pleinement dans une activité quelconque : le sentiment que nous devrions ou ne devrions pas, ou encore que nous devons ou ne devons pas faire une action. Sur le plan de l'identité, l'ego est lié à nos rôles sociaux et à ce que nous pensons devoir être ou nécessiter pour obtenir l'approbation ou la reconnaissance. En ce qui concerne l'esprit ou le sens, l'ego est orienté vers la survie, la reconnaissance et l'ambition.

Notre âme est liée à notre sentiment d'appartenance, de contribution et de service à une réalité plus grande que nous. Sur le plan de l'environnement, l'âme a tendance à se concentrer sur les possibilités d'expression et de contribution. Ainsi, sur le plan du comportement, l'âme a la propension de réagir de manière plus proactive aux conditions extérieures. En outre, les capacités associées à l'âme sont généralement celles liées à la perception et à l'expression de l'énergie et de l'intelligence émotionnelle. En ce qui concerne les valeurs et les convictions, l'âme se concentre sur les motivations internes comme le service, la contribution, la relation, l'être, l'expansion et l'éveil. Au regard de l'identité, l'âme est liée à notre mission et aux dons uniques que nous offrons au monde. En ce qui concerne l'esprit ou le sens, l'âme est axée sur notre vision de ce que nous voulons créer dans le monde par notre entremise, mais qui est au service d'une réalité qui nous dépasse.

Du point de vue de la modélisation des facteurs de succès, l'ego et l'âme sont tous deux nécessaires à une existence saine et accomplie. Les principales questions relatives à notre ego portent sur ce que nous voulons réaliser pour nous-mêmes en termes d'ambition et de rôle : « Quel est le genre de vie que je veux me créer? » et « Quel type de personne dois-je être pour créer la vie que je souhaite? ». Il s'agit de concrétiser nos rêves pour nous-mêmes. Les principales questions relatives à l'âme sont celles liées à notre vision et à notre mission quant aux systèmes plus vastes dont nous faisons partie : « Qu'est-ce que je veux créer dans le monde par mon entremise qui soit au service d'une réalité qui me dépasse? » et « Quelle est ma contribution unique à la concrétisation de cette vision? ».

Selon l'approche liée à la SFM™, ces distinctions de l'ego (le soi en tant que tout indépendant) et de l'âme (soi-même en tant que holon faisant partie d'un système plus vaste) sont combinées avec les différents niveaux de facteurs de succès, comme le montre le diagramme suivant.

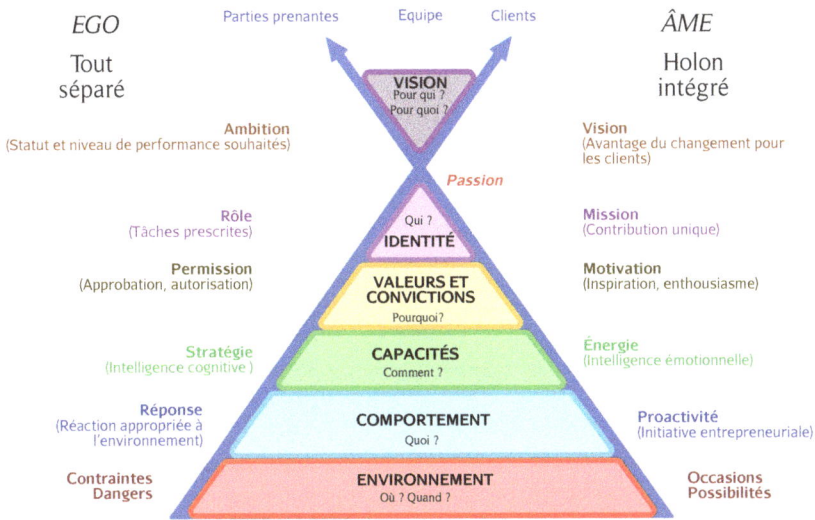

EGO
Tout
séparé

Parties prenantes   Equipe   Clients

ÂME
Holon
intégré

VISION
Pour qui ?
Pour quoi ?

Ambition
(Statut et niveau de performance souhaités)

Vision
(Avantage du changement pour les clients)

Passion

Rôle
(Tâches prescrites)

Qui ?
IDENTITÉ

Mission
(Contribution unique)

Permission
(Approbation, autorisation)

VALEURS ET CONVICTIONS
Pourquoi?

Motivation
(Inspiration, enthousiasme)

Stratégie
(Intelligence cognitive)

CAPACITÉS
Comment ?

Énergie
(Intelligence émotionnelle)

Réponse
(Réaction appropriée à l'environnement)

COMPORTEMENT
Quoi ?

Proactivité
(Initiative entrepreneuriale)

Contraintes
Dangers

ENVIRONNEMENT
Où ? Quand ?

Occasions
Possibilités

**Niveaux des facteurs de succès liés à l'« ego » et à l'« âme »
des personnes et des organisations**

Les dimensions complémentaires de l'ego et de l'âme tendent à faire ressortir une importance différente pour chaque niveau des facteurs de succès. D'une part, l'aspect de l'ego accentue l'ambition, le rôle, l'importance de la permission, la stratégie et les réactions appropriées aux contraintes et aux dangers possibles dans l'environnement. D'autre part, l'aspect de l'âme accorde la priorité à la vision, à la mission, à la motivation intérieure et à l'activation de l'énergie et de l'intelligence émotionnelle nécessaires pour profiter de manière proactive des possibilités environnementales.

La recherche axée sur la modélisation des facteurs de succès indique que la performance la plus générative d'une personne, d'une équipe ou d'une organisation se manifeste lorsque les niveaux des facteurs de succès liés à l'ego et à l'âme sont équilibrés, alignés et intégrés. En revanche, les conflits entre les facteurs liés à l'ego et à l'âme sont responsables d'une grande partie des différends et des échecs que connaissent les personnes, les équipes et les organisations.

1.12 L'ego et l'âme au sein des organisations

Les dynamiques entre l'ego et l'âme fonctionnent de manière similaire au sein d'une entreprise ou d'une organisation. L'ego d'une organisation est constitué de celui des propriétaires et des actionnaires, dont les soucis principaux sont la survie, la rentabilité *(le résultat net)* et le rendement sur l'investissement. Les organisations et leurs membres reflètent ces préoccupations dans leur ambition concernant le statut et le niveau de performance.

L'âme d'une organisation réside dans la valeur qu'elle apporte aux clients et à l'environnement social et physique plus large. Cette valeur est créée par la vision de l'organisation de même que par la contribution et la mission uniques de l'organisation et de ses membres par rapport aux systèmes plus larges qu'elle dessert.

Lorsqu'une organisation est davantage portée sur l'aspect « ego », l'accent est mis sur la gestion et la bureaucratie. Les contraintes et les risques environnementaux sont prioritaires. Par conséquent, l'organisation commence à se concentrer sur les réactions à adopter, à analyser correctement les situations de même qu'à suivre les plans et les stratégies appropriés. Une autorisation est requise avant toute action et les membres de l'équipe doivent conserver les rôles qui leur sont attribués.

Lorsqu'une organisation est plutôt portée à se concentrer sur l'aspect « âme », l'accent est mis sur le leadership et les activités entrepreneuriales. Sur le plan environnemental, l'organisation se concentre sur les possibilités, et la prise de risque proactive est alors encouragée. L'énergie et l'intelligence émotionnelle font autant partie de l'orientation du processus lié à la prise de décision que de la stratégie. Les valeurs liées à la vision et à la mission axées sur le client déterminent les priorités, qui inspirent et orientent l'action.

Tant chez les personnes qu'au sein des organisations, il importe de maintenir un équilibre entre ces deux dimensions. Plus la vision est grande, plus il faut d'ambition pour la concrétiser. En contrepartie, plus l'ambition est grande, plus il importe d'élargir la vision. Or, un ego sans âme crée une « ambition aveugle », tandis que l'âme sans ego peut conduire à l'impuissance ou à l'épuisement.

1.13 Les trois principaux modèles de la SFM™

Trois modèles de base ont été conçus en utilisant la méthodologie de modélisation des facteurs de succès et ont été appliqués dans le cadre de le consulting génératif : le Cercle de succès de la SFM™ (SFM™ Circle of Success), le Modèle de leadership de la SFM™ (SFM™ Leadership Model) et le Modèle de l'intelligence collective de la SFM™ (SFM™ Collective Intelligence Model). Ces modèles ainsi que les compétences et les outils qui y sont associés sont décrits dans la série d'ouvrages en trois volumes de Robert Dilts portant sur la modélisation des facteurs de succès.

Le Cercle de succès de la SFM™ vise à instaurer un esprit d'entreprise. Celui-ci met l'accent sur les objectifs liés à la satisfaction personnelle, à la solidité et la rentabilité financières, à la croissance évolutive, à l'innovation et à la résilience. Afin d'atteindre ces objectifs, vous devez faire participer activement vos clients, les membres de votre équipe, vos partenaires, vos parties prenantes et vos investisseurs. La création d'un cercle de succès est particulièrement utile pour les entreprises et les organisations qui sont en phase de croissance, comme nous le verrons au chapitre 2.

Le *Modèle de leadership* de la SFM™ met l'accent sur les objectifs organisationnels nécessaires pour créer et maintenir un cercle de succès, particulièrement en période de difficultés et de changements. Ces objectifs incluent la mise en valeur du changement, l'obtention de résultats, le développement des personnes et la concrétisation des valeurs. Ces objectifs sont atteints grâce à des initiatives de leadership, qui consistent à responsabiliser, à encadrer, à partager et à tirer le meilleur parti des ressources souvent limitées en les encourageant à se dépasser. Le Modèle de leadership de la SFM™ est très utile dans de nombreuses situations, mais il est d'autant important pour les entreprises préoccupées à survivre à une crise, comme décrit au chapitre 3.

Le *Modèle de l'intelligence collective* de la SFM™ définit les compétences et les conditions nécessaires pour améliorer la collaboration, afin de générer de nouvelles idées, de trouver des solutions créatives, d'augmenter ou d'améliorer les performances et de prendre des décisions judicieuses. Ces objectifs sont soutenus par des mesures d'analyse comparative collective, de partage des meilleures pratiques, de brainstorming et de collaboration générative. Le modèle de l'intelligence collective de la SFM™ est particulièrement utile pour les groupes et les organisations en transition, comme nous le décrirons au chapitre 4.

De nombreuses situations nécessiteront une combinaison de ces modèles et des compétences et outils qui sont associés. Un consultant aidera très souvent une organisation à aligner un certain nombre d'objectifs différents. Par exemple, une organisation qui souhaite une contribution significative devra développer son personnel et prendre des décisions judicieuses. Or, pour atteindre la rentabilité et la stabilité financière, il faudra souvent aligner l'amélioration des performances et l'obtention de résultats, et ainsi de suite.

De toute évidence, déterminer l'aspect au sein d'une organisation sur lequel une intervention doit mettre l'accent et les questions à aborder constitue l'essence même du succès de tout travail de consulting. Comme souligné précédemment, lorsqu'un consultant travaille avec des clients lors de situations entièrement nouvelles et sans précédent, il est impossible d'utiliser des solutions « prêtes à l'emploi » ayant fonctionné auparavant. Le consultant et son organisation-cliente doivent disposer d'une structure fondamentale de résolution des problèmes, qui les aide à déterminer leurs enjeux principaux à aborder et les ressources nécessaires au changement.

Le chapitre 5 présente un bon exemple de la manière de rassembler toutes les pièces du casse-tête.

1.14 Le Modèle S.C.O.R.E.

Le modèle S.C.O.R.E. représente le format de base servant à la collecte de renseignements dans le cadre du consulting génératif. Ce modèle a été conçu par Robert Dilts et Todd Epstein (cofondateur, avec M. Dilts, de la NLP University, à Santa Cruz, en Californie), en 1987, dans le but de décrire le processus qu'ils utilisaient intuitivement pour définir les problèmes et concevoir les interventions.

Les lettres de l'acronyme « S.C.O.R.E. » signifient Symptômes, Causes, Objectifs, Ressources et Effets. Selon le modèle, elles représentent le nombre minimal d'éléments qui doivent être abordés dans tout processus de changement. En outre, le modèle S.C.O.R.E. précise que la capacité de résolution efficace des problèmes inclut la définition de l'« espace du problème » et des domaines potentiels de l'« espace de la solution », en établissant la relation entre les éléments suivants :

1. Les symptômes sont généralement les éléments les plus perceptibles et les plus évidents d'un problème ou état d'un problème actuel.

2. Les causes sont les éléments sous-jacents de la manifestation et du maintien des symptômes. Celles-ci sont généralement moins évidentes que les symptômes qu'elles génèrent.

3. Les objectifs sont les états ou résultats souhaités qui remplaceront les symptômes.

4. Les ressources sont les éléments (compétences, outils, convictions, etc.) qui peuvent être utilisés pour transformer les causes des symptômes, afin d'atteindre et de maintenir les objectifs souhaités.

5. Les effets sont les résultats à long terme de l'atteinte d'un objectif particulier. Les objectifs précis sont généralement des tremplins générant un effet à plus long terme.

   a. Les effets positifs sont souvent la raison ou la motivation qui sous-tend l'atteinte d'un objectif particulier.

   b. Les effets négatifs peuvent entraîner une résistance ou des problèmes écologiques.

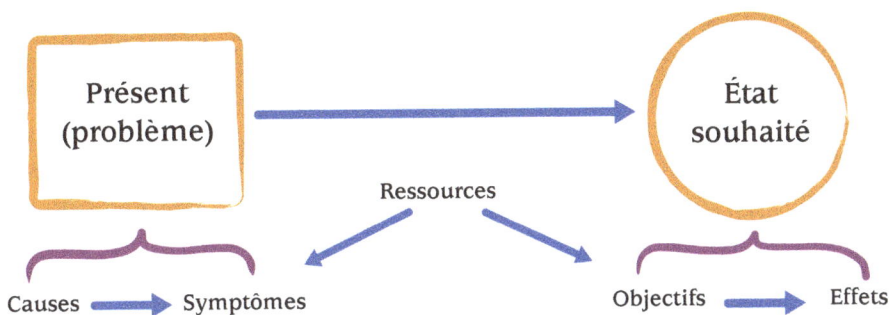

Le modèle S.C.O.R.E définit les éléments de base à aborder dans tout processus de changement

Pour mieux comprendre les distinctions S.C.O.R.E., posez-vous les questions suivantes : « Qu'est-ce qu'un problème? Qu'est-ce qui fait qu'un aspect particulier est un problème? Quels éléments importants définissent un problème et contribuent à le résoudre avec succès? »

Objectifs

Tout d'abord, il est important de réaliser que si vous n'avez défini aucun objectif, vous n'avez aucun problème. Si vous ne voulez pas être ailleurs qu'à l'endroit où vous vous trouvez présentement, vous n'avez aucun problème. En fait, le processus d'établissement d'un but crée souvent un problème. Un « problème » est l'écart entre votre état actuel et votre état souhaité, lequel génère des problèmes à résoudre pour atteindre l'état souhaité.

Il est également important de constater que vous n'avez aucune piste de solution si vous n'avez aucun objectif en tête, car vous ne savez pas où vous tentez d'aller. Ainsi, la définition des objectifs est peut-être la partie la plus essentielle de la résolution des problèmes. Vous pouvez ainsi vous poser ces questions : « Où essayez-vous d'aller? Qu'est-ce qui doit être différent? ».

Il faut se rappeler le fait que, dans le cadre particulier d'un changement génératif, l'objectif est un élément tout nouveau, inédit et difficile à définir en termes précis. Celui-ci est énoncé et représenté comme une intention ou une orientation de changement, par opposition à une destination clairement définie. Le plan, ou la combinaison de plans, du changement sur lequel porte l'objectif est un autre élément important dont il faut tenir compte : environnement, comportement, capacités, valeurs et croyances, identité et sens. Ce plan déterminera en grande partie les types d'enjeux à relever et les différentes ressources qui seront nécessaires.

Les types de questions qu'un consultant génératif utiliserait pour explorer les objectifs organisationnels avec un client comprennent notamment : « Quel aspect le plus important voulez-vous créer pour vos clients? Pour votre équipe? Pour vos parties prenantes? Pour vos partenaires? Pour votre entreprise? Quel(s) aspect(s) de votre organisation voulez-vous voir croître? Quel(s) aspect(s) de votre organisation voulez-vous voir diminuer? Quel est le prochain niveau auquel vous voulez accéder? »

Symptômes

Dans le processus d'évolution vers un état souhaité, les symptômes apparaissent sous la forme de contraintes, de résistances et d'entraves au processus dans la vision ou l'atteinte de l'objectif. De façon générale, les symptômes sont les aspects les plus apparents d'un problème et la raison pour laquelle les organisations font appel à des consultants. Dans les organisations, les symptômes peuvent notamment prendre la forme de problèmes de qualité, de perte de rentabilité, de croissance lente, d'absence d'innovation, d'absentéisme des employés et de plaintes des clients.

Ainsi, les types de symptômes courants au sein d'une organisation peuvent s'apparenter à une baisse des bénéfices, de la motivation, de l'innovation ou de la productivité. Au sein des équipes, les symptômes comportementaux peuvent se manifester par un manque d'énergie, d'initiative ou d'agilité. Les symptômes liés à un état d'esprit problématique se manifestent sous la forme d'un manque de motivation, de stress, de conflits intérieurs ou de difficultés émotionnelles.

La manière dont nous définissons, comprenons et traitons les symptômes est un élément essentiel du consulting génératif. En outre, les concepts liés à la complémentarité et la compensation sont des principes clés du consulting génératif. Ils sont essentiellement une extension de la notion en physique selon laquelle « pour chaque action, il y a une réaction égale et opposée ». Si vous inspirez, vous devrez éventuellement expirer. Si vous dépensez beaucoup d'énergie, vous devrez éventuellement vous reposer. .

Le principe de complémentarité soutient que chaque fois que vous essayez de vous déplacer ou de vous étendre dans une direction particulière, vous engagez toutes les forces d'équilibre. Par exemple, dès qu'une organisation annonce qu'elle compte augmenter ses profits de quinze pour cent, devinez ce qui se passera : toutes les forces opposées commenceront immédiatement à se manifester, entre autres sous forme de problèmes de production ou de qualité ou d'enjeux liés à la motivation, à l'innovation ou à l'effort nécessaire pour atteindre l'objectif souhaité. Lorsque nous ignorons cette dynamique de compensation, les tentatives de solutions peuvent en fait aggraver la situation.

Le consultant génératif efficace doit être conscient du fait qu'une certaine forme de compensation se manifestera et que le traitement de cette réalité constituera une partie essentielle de son travail. Si vous ne vous attendez pas à cet aspect, vous risquez d'être désagréablement surpris. Si vous le traitez comme un ennemi, le problème s'aggravera. Ainsi, il est essentiel d'établir un état génératif pour travailler avec ces complémentarités et compensations naturelles et de trouver des moyens créatifs de maintenir l'équilibre.

Comme nous l'avons souligné précédemment, de nombreux symptômes apparaissent lorsqu'on néglige de prendre en compte les éléments clés de l'holarchie dans laquelle on évolue. Sous cet angle, les symptômes ne sont pas que de simples problèmes à écarter. Au contraire, ils servent à communiquer le message qu'une partie importante du holon est négligée ou ignorée. En ce sens, les symptômes contribuent substantiellement à la recherche de solutions.

Selon le principe de complémentarité, les symptômes apparaissent généralement en quelque sorte comme une image miroir de l'objectif (et vice versa). En d'autres termes, si l'objectif recherché consiste à générer une augmentation de la rentabilité, les symptômes se manifesteront nécessairement sous la forme d'une baisse des recettes. Si l'objectif consiste à innover, les symptômes se manifesteront sous la forme d'anciennes habitudes et de résistance au changement. Or, les symptômes ont également tendance à refléter le(s) niveau(x) de changement lié(s) à l'objectif recherché : environnement, comportement, capacités, valeurs et croyances, identité et sens.

* Si l'objectif souhaité est l'expansion d'un marché (environnement), les symptômes se manifesteront sous la forme d'un marché limité ou en déclin.

* Si l'objectif souhaité est l'innovation (comportement), les symptômes apparaîtront par la répétition des anciennes habitudes ou la régression vers ces dernières.

* Si l'objectif souhaité est l'augmentation de la capacité de production (capacités), les symptômes se manifesteront sous la forme de blocages ou de réductions de cette capacité.

* Si l'objectif souhaité est la mise en valeur de l'importance du service à la clientèle (valeurs et convictions), les symptômes se manifesteront sous la forme d'autres aspects qui accaparent toute la priorité ou encore d'autres priorités qui détournent l'attention au détriment de cette priorité.

* Si l'objectif souhaité est un rôle plus important dans un secteur particulier (identité), les symptômes se manifesteront sous la forme d'une inertie ou d'une nostalgie envers l'identité précédente.

* Si l'objectif souhaité est la transformation du mode de vie des personnes par le biais de nouvelles technologies (sens), les symptômes se manifesteront sous les aspects dont ces technologies pourraient être préjudiciables aux clients de l'organisation.

Très souvent, les conflits qui apparaissent entre les symptômes et les objectifs illustrent l'équilibre dynamique entre l'ego et l'âme.

Les symptômes peuvent être déterminés et explorés en posant des questions, notamment : « Quel est le problème? Qu'est-ce qui ne fonctionne pas convenablement pour vos clients? Pour votre équipe? Pour vos parties prenantes? Pour vos partenaires? Pour votre organisation? Quelle situation devez-vous changer? Qu'est-ce qui ne va pas ou qui vous pose problème? Qu'est-ce qui empêche l'équipe, le groupe ou l'organisation d'aller vers la bonne direction? »

Causes

Bien entendu, la résolution efficace des problèmes suppose la définition et la résolution des causes plus profondes d'un symptôme ou d'un ensemble de symptômes particuliers. Ce que vous définissez comme étant la cause détermine l'espace où vous chercherez à créer la solution.

Par ailleurs, le traitement du symptôme seul n'apportera qu'un soulagement temporaire. Les causes sont souvent moins évidentes, plus larges et de nature plus systémique que les symptômes particuliers qu'elles génèrent. Une baisse de profit ou de productivité peut être le résultat de problèmes liés à la concurrence, à l'organisation, au leadership, à l'évolution du marché, aux changements technologiques ou aux canaux de communication.

Les causes comprennent souvent un degré de facteurs différent de celui des symptômes qu'elles génèrent. Par exemple, il est très probable que les symptômes apparaissant sur le plan de l'environnement soient causés par des actions inappropriées. Les problèmes sur le plan du comportement pourraient être causés par l'absence ou le caractère inapproprié de certaines capacités. Or, les problèmes ou les confusions sur le plan des capacités sont probablement liés à des valeurs ou des croyances peu claires ou contradictoires. Les conflits de valeurs peuvent être liés à une confusion quant à l'identité. Enfin, les difficultés liées à l'identité peuvent être causées par l'absence d'une vision claire ou inspirante.

Une autre source importante de « causes » d'un symptôme particulier est liée aux résultats potentiellement positifs ou aux gains secondaires générés par le symptôme. Par exemple, une baisse de profit, d'innovation ou de productivité peut être liée au gain secondaire que représente l'évitement du stress et de l'échec. Or, cette source importante de causes possibles est souvent négligée. Lorsqu'on travaille avec des organisations, il est souvent crucial de déterminer le « gain secondaire » lié à un problème ou un symptôme particulier. En réalité, les personnes peuvent tirer des avantages des problèmes comme la confusion, le chaos et l'inefficacité.

Au sein des entreprises et des organisations, les symptômes sont aussi souvent générés par le manque d'alignement entre les différentes parties de l'holarchie, c'est-à-dire les équipes, les fonctions, les divisions, les unités commerciales ou le conseil d'administration. La recherche des zones de désalignement est donc une part importante du travail d'un consultant génératif.

Le désalignement peut également résulter des différences dans les voies de développement. Toutes les parties d'une holarchie organisationnelle n'ont pas nécessairement le même degré de développement. Tous les membres d'une équipe n'ont pas les mêmes compétences ou degrés de compétence dans tous les domaines. Or, l'une des principales erreurs en matière de consulting est de présumer que tous les membres d'une organisation ont le même degré de capacité et de compréhension.

En résumé, les causes peuvent être explorées et découvertes en posant des questions, notamment : « D'où provient le symptôme? Qu'est-ce qui déclenche ou crée le symptôme? Que se passait-il en amont ou au moment où le symptôme a commencé à se manifester? Qu'est-ce qui maintient le symptôme en présence? Qu'est-ce qui vous empêche de modifier le symptôme? Quelle est l'intention positive derrière le symptôme - à quoi sert-il? Des conséquences positives résultent-elles ou ont-elles émergé de ce symptôme? ».

Effets

La définition des effets à long terme souhaités de la concrétisation d'un but ou d'un objectif particulier est un facteur important de la création d'une solution durable. Voici quelques questions importantes à explorer : « Que cherchez-vous à accomplir avec cet objectif? Où cet objectif mènera-t-il à long terme? ». Un objectif particulier marque généralement une étape sur la voie vers les effets à plus long terme. Il importe que la solution à un problème soit en accord avec les effets à long terme souhaités de l'organisation ou avec sa vision et ses ambitions plus élargies.

Pour de nombreuses organisations, trop de concentration sur les objectifs à court terme représente l'un de leurs principaux problèmes. Elles sont trop myopes. Parfois, la manière dont un objectif est obtenu peut en fait entraver l'atteinte d'une cible à plus long terme. En d'autres mots, il est possible à la fois de « gagner la bataille et perdre la guerre ».

L'orientation à court terme est une conséquence naturelle de ce que nous avons désigné comme l'« état CRASH ». C'est l'une des raisons pour lesquelles l'état CRASH et l'état génératif sont si importants.

Tout comme la relation entre les causes et les symptômes, les effets se situent souvent sur un plan du changement qui est différent des objectifs et se rapportent généralement à un niveau hiérarchiquement plus profond. Par exemple, les objectifs atteints sur le plan de l'environnement sont souvent destinés à soutenir la possibilité d'un nouveau comportement. Par ailleurs, les objectifs atteints sur le plan du comportement soutiennent le développement de nouvelles capacités visant souvent à soutenir des valeurs ou des croyances organisationnelles particulières. En revanche, le renforcement des valeurs et des croyances favorise la croissance, du point de vue de l'identité. Enfin, le développement de l'identité sert une vision plus vaste, voire plus étendue.

Les questions liées aux effets comprennent notamment : « Que se passerait-il si vous atteigniez votre objectif? Qu'est-ce que l'atteinte de votre but vous apportera? Quels seraient les avantages pour vos clients? Pour votre équipe? Pour vos parties prenantes? Pour vos partenaires? Pour votre entreprise? Une fois que vous avez atteint votre objectif, que ferez-vous ou que se passera-t-il? Quelle est votre vision, votre ambition à long terme? ».

Ressources

Afin de trouver les ressources qui faciliteront l'émergence d'une solution efficace à une situation commerciale particulière, il faut connaître les symptômes et leurs causes ainsi que l'objectif à atteindre et l'effet final souhaité. Parfois, les ressources nécessaires pour traiter l'état du problème sont différentes de celles requises pour atteindre l'objectif. Dans d'autres cas, une seule ressource facilitera le traitement efficace de l'ensemble de la situation. Il est cependant utile d'explorer à la fois les ressources qui aideraient à (a) traiter le symptôme et ses causes et à (b) réaliser l'objectif et les effets souhaités.

Les ressources nécessaires dépendront du niveau des facteurs ou de la combinaison des niveaux de facteurs qui interviennent dans la situation à traiter, dont : environnement, comportement, capacités, valeurs et croyances, identité ou vision. Comme Albert Einstein l'a souligné à l'époque, « *on ne peut pas résoudre un problème avec le même mode de pensée que celui qui a généré le problème.* » En général, on doit trouver les ressources nécessaires à un niveau plus profond et plus fondamental que celui du problème lui-même. Cependant, il faut souvent faire appel à plusieurs niveaux de ressources pour produire une solution efficace et générative.

Il est essentiel de poser des questions particulières pour déterminer les ressources requises, dont : « Qu'est-ce qui (comportement, état, capacité, croyance, soutien, etc.) est nécessaire pour atteindre l'objectif (ou résoudre le problème)? Avez-vous déjà atteint un objectif (ou résolu un problème) de ce genre auparavant? Le cas échéant, qu'avez-vous fait? Savez-vous si un objectif (ou un problème) comme celui-ci a déjà été atteint (ou résolu) auparavant par d'autres personnes, équipes ou organisations? Le cas échéant, qu'ont-elles fait? Si vous et vos clients aviez déjà atteint l'objectif (ou résolu le problème) et que vous examiniez la façon avec laquelle vous aviez procédé, quelles principales ressources auriez-vous employées? Quels autres choix susceptibles de maintenir l'intention ou les conséquences positives liées au problème s'offrent à vous tout en aidant les personnes, les équipes ou les organisations dans l'atteinte de l'état souhaité? »

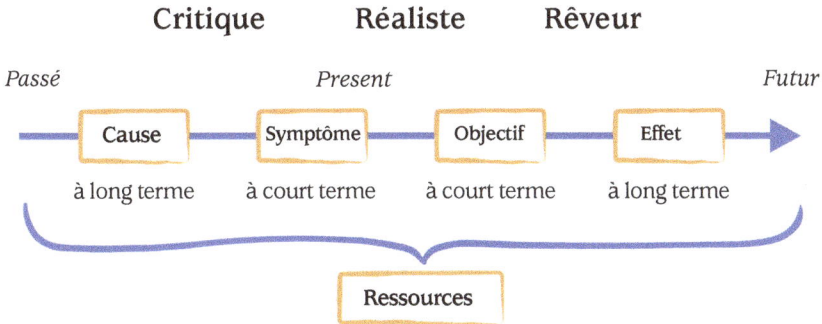

1.15 L'application du modèle S.C.O.R.E.

L'un des moyens efficaces de conceptualiser et d'utiliser les distinctions du modèle S.C.O.R.E. consiste à organiser ces éléments le long d'une ligne du temps. En général, les symptômes sont éprouvés par un client dans le temps présent ou dans un passé récent. Les causes de ces symptômes ont tendance à précéder ceux-ci dans le temps. En d'autres mots, la cause d'un symptôme le précède soit immédiatement avant, soit possiblement beaucoup plus antérieurement dans le processus.

Les objectifs se réalisent habituellement en aval des symptômes. Ce sont les résultats souhaités qui prendront éventuellement la place des symptômes. Enfin, les effets sont les résultats à long terme de l'atteinte d'objectifs particuliers. Les ressources peuvent provenir de n'importe quel moment dans le temps.

En conclusion, dans le cadre du travail de consulting génératif, nous appliquons le cadre S.C.O.R.E., afin de définir l'enjeu d'une organisation et proposer une solution possible. Des exemples de l'application du cadre S.C.O.R.E. visant à établir les enjeux et les solutions possibles seront fournis dans les chapitres suivants.

Dans le contexte de la pratique générative, on ne peut pas appliquer le cadre S.C.O.R.E. en tenant simplement compte de mots et de chiffres. Le consulting génératif rassemble de multiples formes d'intelligence. Nous encourageons donc nos clients à représenter chaque élément du S.C.O.R.E. de manière somatique, visuelle et métaphorique, en plus de l'expression verbale. Afin d'obtenir un changement génératif efficace, on doit d'ailleurs travailler avec les trois interfaces nécessaires à la création et au maintien d'un état génératif : (1) un centre somatique dans le corps, (2) une intention ou une direction pour l'avenir et (3) le champ des ressources nécessaires pour concrétiser cette intention ou cette direction.

1.16 La feuille de route du consulting génératif

Lors du travail de consulting génératif, il importe de toujours cibler les effets à long terme de l'intervention, afin de créer une plus grande résilience et viabilité de même que des résultats écologiques gagnants pour la plus grande partie possible de l'holarchie.

Écosystèmes organisationnels

En appliquant les concepts de holon et d'holarchie au processus du consulting, on peut considérer une organisation comme faisant partie d'un écosystème plus large. Ce dernier comprend l'état de l'économie, l'évolution du marché et sa relation avec son propre cycle de vie organisationnel.

L'état de l'économie – L'économie peut être en expansion, stable ou en recul. Cet état crée clairement des possibilités ou des contraintes auxquelles une organisation devra répondre.

La phase d'évolution du marché – Une organisation peut se trouver à transiger sur un marché émergent, un marché en développement ou un marché mature. Cette réalité créera des conditions importantes, qui influenceront nécessairement les décisions et les actions de l'organisation.

Le cycle de vie de l'organisation – Le cycle de vie de l'entreprise est un autre facteur clé. Les organisations elles-mêmes passent par différentes phases d'un cycle de vie. Elles naissent d'une idée ou d'une vision initiale, elles grandissent et elles deviennent stables, puis elles atteignent généralement un point de renouvellement ou de déclin.

Les types de situations où le consulting génératif est considéré comme le plus pertinent et nécessaire sont les situations où les dynamiques qui constituent l'écosystème d'une organisation se recoupent, afin de créer des conditions auxquelles personne n'a jamais eu à faire face auparavant, c'est-à-dire des circonstances qui exigent une réponse totalement nouvelle.

Par exemple, une organisation peut devoir trouver un moyen de se renouveler ou de renouveler sa gamme de produits, afin qu'elle soit entièrement différente de tout ce qu'elle a fait auparavant. Il se peut même que le changement en soi doive être totalement différent de tout ce qui a été fait auparavant sur le marché de l'organisation. La capacité d'Apple à se renouveler grâce à de nouveaux produits comme l'iPod, l'iPhone, l'iPad et l'Apple Watch en est un bon exemple.

Effet organisationnel et réponses aux changements au sein de l'écosystème

Selon le recoupement de ces différentes étapes au sein de son écosystème, une organisation peut se retrouver dans l'un ou l'autre des états suivants :

Stimulation de la croissance – Il devient nécessaire d'augmenter la capacité de production, les recettes, les ventes ou la taille de l'organisation. La générativité est généralement nécessaire à la croissance, surtout si l'organisation s'aventure dans un nouveau domaine. Par exemple, elle peut essayer de se développer sur un nouveau marché émergent. Pendant une phase de croissance, une organisation doit mettre l'accent sur le développement de l'esprit d'entreprise et sur le renforcement ou l'élargissement de son cercle de succès (voir le chapitre 2).

Survie à la crise – Il devient nécessaire de réduire les pertes et les dépenses, de réorganiser les processus ou de récupérer les ventes ou les clients. Dans de nombreuses situations de crise, les anciennes méthodes ne fonctionnent plus. Ce qui était efficace auparavant ne donne plus de bons résultats et peut même aggraver la situation. Il devient donc nécessaire de créer une toute nouvelle façon de procéder. En période de crise, une organisation doit mettre l'accent sur le développement et le renforcement du leadership et de la résilience (voir le chapitre 3).

Gestion de la transition – Il devient nécessaire de se préparer aux changements internes ou externes, notamment en optimisant les structures et les processus. L'adaptation au changement nécessite une transition, particulièrement pour éviter une crise. Une organisation peut ne pas être sur le point de se développer ou de traverser une crise, mais elle doit néanmoins s'adapter aux changements de son écosystème. Elle tente peut-être du mieux qu'elle peut pour survivre et prospérer, mais tout le reste de son écosystème est en mode changement. Elle doit donc s'adapter de manière créative, en s'aventurant dans des processus qui ne lui sont pas familiers ou qui sont sans précédent. Pendant une période de transition, l'organisation doit mettre l'accent sur la promotion et l'exploitation de l'intelligence collective (voir le chapitre 4).

Bien entendu, ces trois types de situations et de réponses ne sont pas complètement distincts les uns des autres. Parfois, la croissance conduit à la crise. Une organisation peut être en pleine croissance et, tant qu'elle reste dans de certaines limites, tout va bien. Mais si elle commence à se développer trop rapidement, si elle ne dispose pas d'une structure nécessaire pour ce faire, ou encore, si son financement ou ses autres ressources sont insuffisants, elle finira par être en crise.

Tesla Motors s'est heurtée à ce problème avec son modèle 3. Elle n'a pas pu honorer toutes les commandes de cette voiture et, de ce fait, l'entreprise s'est vue aux prises avec une crise importante. On a appris que le PDG, Elon Musk, passait 120 heures par semaine au bureau et s'alimentait mal. Trop de succès dans un domaine précis peut créer des problèmes importants dans d'autres parties du holon.

Un consultant génératif comprend qu'il n'est pas possible de maîtriser toutes ces forces extérieures. Ces dynamiques de l'écosystème créent des situations qui doivent être traitées de manière créative. Pour répondre efficacement à ces dynamiques extérieures, il est donc nécessaire d'examiner la structure et les capacités internes de l'entreprise et de les prendre en compte : « L'entreprise et toutes ses parties sont-elles suffisamment résilientes? Est-elle prête à réagir de manière appropriée et efficace? Prend-elle les mesures appropriées pour préparer l'avenir? ».

Les réponses à ces questions ont trait à la capacité d'une organisation à faire preuve d'esprit d'entreprise, de leadership et d'intelligence collective. La manière dont ces trois capacités sont mobilisées et combinées détermine l'efficacité et la créativité avec lesquelles une organisation, une entreprise ou une équipe réagiront à ses circonstances extérieures. Même pour une organisation ne comptant qu'un seul membre, le leadership de soi demeurera nécessaire. En outre, il est toujours possible pour une seule personne de mobiliser l'intelligence collective en s'adressant à des conseillers, des partenaires et d'autres alliés.

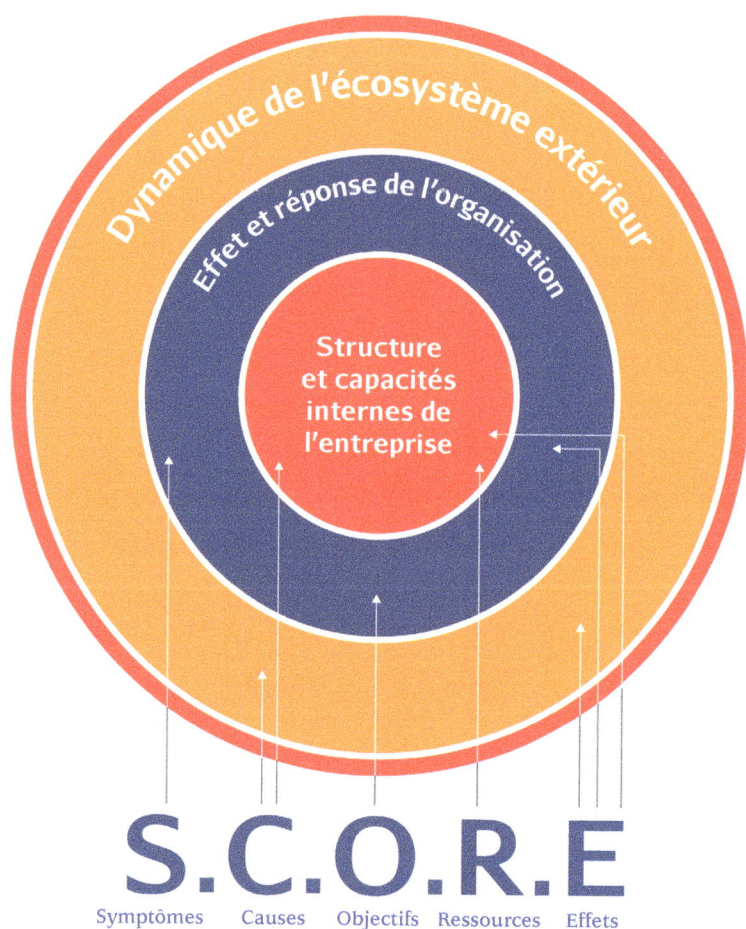

La dynamique de l'écosystème extérieur et son effet sur la structure et les capacités internes d'une entreprise déterminent sa réponse

En résumé, les **objectifs** et les **symptômes** sont liés à l'effet organisationnel et aux exigences de la dynamique imposée par l'écosystème extérieur (l'économie, le stade d'évolution du marché, le cycle de vie de l'organisation) et par la réponse interne qui en découle (c'est-à-dire la stimulation de la croissance, la survie à la crise, la gestion de la transition).

Les **causes** et les **ressources** proviennent à la fois de la dynamique de l'écosystème extérieur et de la structure et des capacités internes de l'entreprise (c'est-à-dire la condition de son « cercle de succès », son état d'esprit, son leadership, son niveau d'intelligence collective, etc.)

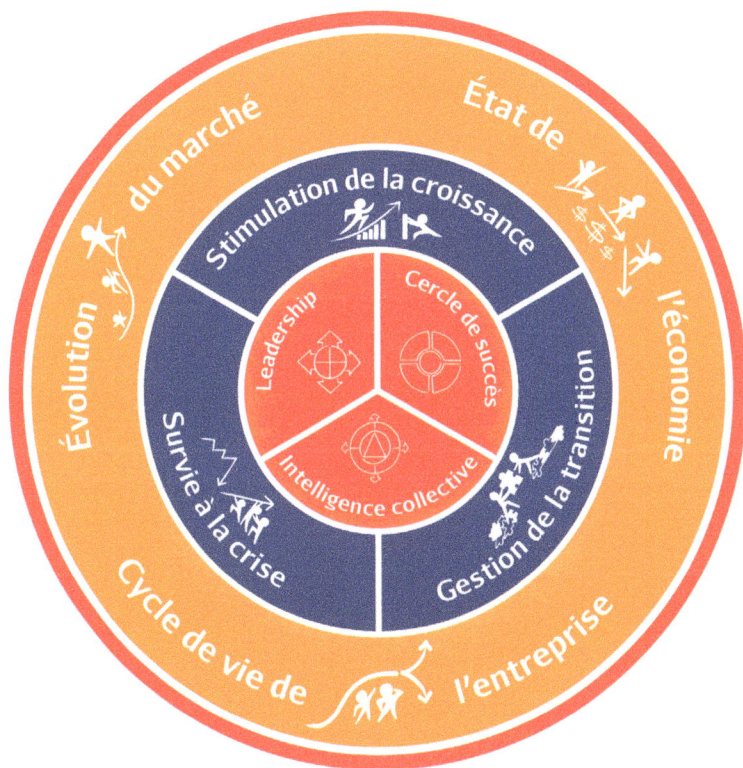

On peut appliquer les différents modèles de la SFM™ pour encadrer la réponse d'une organisation aux changements dans son écosystème extérieur

1.17 Le modèle DIAMOND de la SFM™

Les sept étapes du consulting génératif

Sept étapes et neuf compétences essentielles caractérisent le consulting génératif. Il existe de multiples façons de réaliser chaque étape; mais ce que ces étapes ont en commun, ce sont les compétences nécessaires pour réaliser celles-ci de manière appropriée et convenable.

La première étape consiste à recueillir des renseignements et à *diagnostiquer les conditions principales de l'état présent d'une organisation* : « Est-elle dans un état de croissance, de crise ou de transition, ou sa situation résulte-t-elle d'une combinaison de ces états? Quelles sont les dynamiques en cours dans son écosystème et dans les autres parties de l'holarchie organisationnelle? » Il s'agit d'une étape cruciale. Pour la mener à bien, un consultant génératif peut être appelé à recueillir des renseignements auprès d'un groupe de personnes dans son ensemble et parfois des dizaines, voire des centaines de personnes.

La deuxième étape consiste à préciser l'état souhaité et *l'intention quant à l'orientation du changement*. Cette étape aidera à déterminer l'ampleur de la générativité que requièrent l'organisation et ses membres. Il s'agit de définir ce qui doit changer ainsi que le moment, le lieu et l'ampleur du changement.

La **troisième étape** consiste à *adapter un plan d'action*, en intégrant éventuellement plusieurs niveaux de changement. Cette étape est souvent réalisée par le biais d'un scénario définissant la ligne de conduite à suivre par les principaux membres de l'organisation.

La **quatrième étape** consiste à *mettre en œuvre le plan*, en passant à l'action et en incitant tous les acteurs concernés de l'organisation à participer. Une action efficace requiert à la fois des connaissances et de l'énergie – la connaissance de ce qui doit être réalisé et le déploiement de la motivation pour ce faire.

Cette action conduit naturellement à **la cinquième étape**, qui consiste à déterminer et à surmonter *les obstacles, les difficultés et les entraves* qui se présenteront inévitablement. Les obstacles se manifesteront parfois de manière très active et apparente, tandis qu'à d'autres moments, ceux-ci se présenteront sous la forme d'une « résistance passive ».

La sixième étape de la méthodologie du consulting génératif consiste à noter les progrès du changement. La clé de tout processus de changement est la capacité d'*évaluer convenablement les progrès et d'effectuer les adaptations nécessaires*. D'ailleurs, ce processus nécessite souvent une évaluation comparative collective. Or, le suivi des progrès d'un nouveau processus de changement ne peut être réalisé en appliquant à la lettre les anciens indicateurs clés de performance ou des mesures de succès désuètes. Par exemple, le processus de suivi peut devoir se concentrer sur le taux du changement, c'est-à-dire pas nécessairement sur ce qui s'est passé au cours d'une période donnée, mais plutôt sur la rapidité avec laquelle un élément ou un aspect a changé.

La septième étape de la méthodologie consiste à aider à mettre en place des pratiques qui aideront l'organisation à renforcer et à *approfondir le changement qui s'opère*. La pratique est particulièrement importante; si l'on veut changer une réalité, les principales parties prenantes doivent être engagées dans la pratique en cours. En outre, les membres des parties concernées de l'holarchie organisationnelle doivent constamment s'exercer à apprendre de nouvelles habitudes, dont celles liées au mode de réflexion.

Afin d'aider les personnes à se souvenir de ces sept étapes et à les appliquer, nous avons conçu ce que nous désignons comme le modèle DIAMOND™ de la SFM™ (nos remerciements à Jean-François Thiriet pour la suggestion de cet acronyme).

Les sept étapes du consulting génératif formant l'acronyme DIAMOND sont au cœur du modèle DIAMOND de la SFM™. Le tableau suivant résume les sept facettes fondamentales du modèle DIAMOND, accompagnées des icônes que nous avons choisies pour les symboliser : un stéthoscope pour Définir l'état présent; une boussole de navigation pour Identifier l'intention; une carte pour Aménager le plan d'action; une fusée pour Mettre en œuvre le plan d'action; une barrière de circulation pour Oser transformer les obstacles; un compas de mesure pour Noter les progrès et un Bouddha de méditation pour Déterminer les pratiques d'approfondissement du changement.

Définir l'état présent : Rassembler les informations et faire le diagnostic de la situation présente.

Identifier l'intention : Etablir l'état désiré et la direction du changement.

Adopter un plan d'action : Construire un chemin critique.

Mettre en oeuvre le plan d'action : Appliquer le chemin critique.

Oser transformer les obstacles : Faire face aux challenges et aux pièges.

Noter les progrès : Evaluer et mesurer le changement.

Déterminer les pratiques d'approfondissement : Suivi pour un changement durable et profond.

Le modèle DIAMOND de la SFM™ représente ces étapes à l'instar des facettes d'un diamant, plutôt que par une simple série linéaire d'actions. Le fait que les étapes ne sont pas nécessairement réalisées de manière linéaire illustre remarquablement la métaphore du diamant. Afin qu'un processus soit à la fois complet et génératif, il peut être nécessaire de revenir plusieurs fois sur certaines étapes ou de mener celles-ci en parallèle. En qualité de consultant génératif, vous pourrez parfois appliquer différentes étapes à différentes parties du système organisationnel (ou holon).

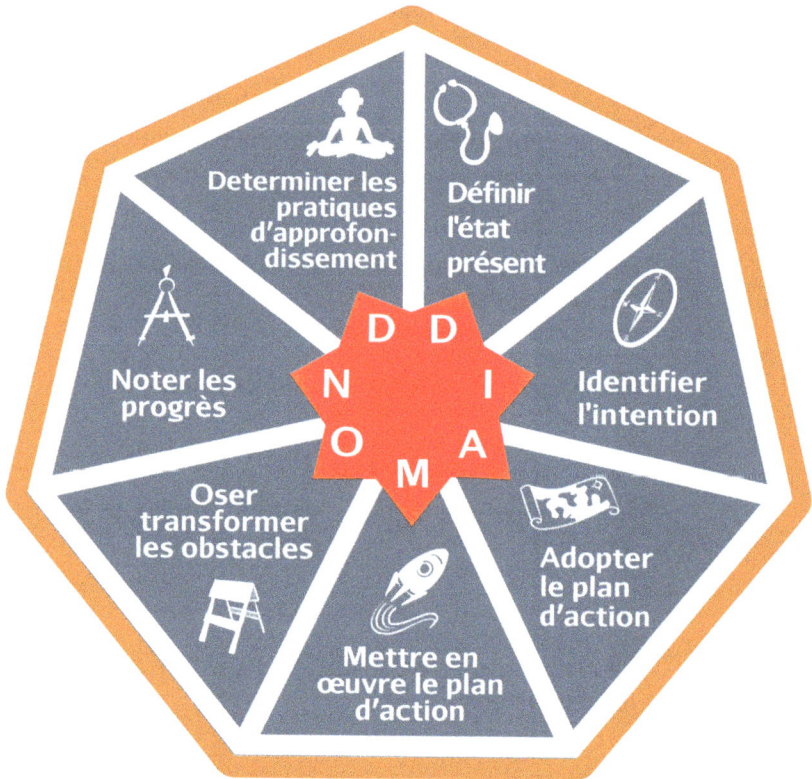

Le noyau du modèle DIAMOND de la SFM™ est formé
des sept étapes du consulting génératif

Les neuf compétences du consulting génératif

La clé de l'application de ces sept étapes dans le modèle DIAMOND du
consulting génératif réside dans la capacité d'établir et de maintenir un état
génératif de type « flux créatif », tant chez le consultant que chez ses clients.
Cet état émerge de l'interaction des dynamiques cognitives, somatiques et
relationnelles. Pour y parvenir, vous devrez développer et renforcer les *neuf
compétences de base du consulting génératif*.

Compétences en matière de réflexion systémique – l'habileté à déceler la façon dont les éléments s'intègrent dans la vision globale et à travailler avec des perspectives ou des vérités multiples – Elle est essentielle à la prise en compte des éléments clés de l'holarchie organisationnelle et, par le fait même, à leur traitement. Cette capacité est particulièrement importante pour la collecte de renseignements et la planification des actions.

Compétences en matière d'influence – la capacité à persuader par la présence, la congruence et l'alignement – Un consultant efficace doit être apte à motiver et à influencer les personnes clés à agir, surtout lorsque ces actions leur sont moins familières et possiblement risquées.

Compétences en matière d'intelligence émotionnelle – la capacité à travailler avec différents états émotionnels et à détecter des courants émotionnels sous-jacents (par exemple, l'ombre ou l'« éléphant dans la pièce » dont personne ne parle) – Il s'agit d'une compétence essentielle pour déterminer et traiter les obstacles et les résistances.

Compétences en matière d'animation – l'habileté à reconnaître et à appuyer la résonance et la synergie entre les membres d'un groupe – Cette compétence est potentiellement importante pour chaque étape du processus de le consulting génératif, afin d'obtenir une contribution de haute qualité de la part de tous les acteurs et parties prenantes concernés

Compétences en matière de communication – l'aptitude à interagir à l'oral aisément avec différents types de personnes provenant de strates sociales distinctes – Il s'agit d'un autre domaine de compétence essentiel à chaque étape du consulting génératif. L'efficacité et la rentabilité du travail d'un consultant reposent sur son aptitude à communiquer efficacement avec différents types d'interlocuteurs.

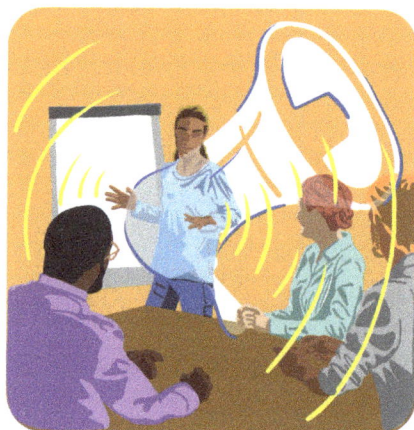

Compétences en matière de présentation – l'habileté à s'adresser à un auditoire en utilisant de multiples canaux de communication (verbal, visuel, métaphorique, somatique, etc.) – La réussite d'un consultant dépend, en fin de compte, de son habileté à présenter des renseignements et des propositions d'action et de changement.

Compétences relationnelles – la capacité à établir des relations et un climat de confiance – Un consultant efficace doit établir des relations de confiance avec ses clients, afin que le changement soit significatif. Sans le sentiment de confiance, les gens ne sont pas disposés à essayer de nouveaux processus et à prendre des risques.

Compétences en matière de détection de patterns – l'habileté à déceler différents niveaux de tendances et de significations dans des ensembles de données et dans les relations interpersonnelles, tout en se mettant au diapason des signaux forts et faibles – Un consultant efficace doit pouvoir détecter les patterns à plusieurs niveaux et dans différentes parties d'une holarchie.

Compétences en matière de réflexion stratégique – la capacité à travailler à la fois sur l'ambition et la vision (le sens et la direction) et à connaître comment de petites étapes créent une voie essentielle vers un objectif plus important – De toute évidence, il s'agit de l'une des compétences les plus importantes pour assurer la planification efficace des actions.

Le tableau suivant résume les neuf compétences relatives au consulting génératif, accompagnées des icônes que nous avons choisies pour les symboliser.

Réflexion systémique : déceler la façon dont les éléments s'intègrent dans la vision globale et travailler avec des perspectives ou des vérités multiples.

Compétences d'influence : persuader par la présence, la congruence et l'alignement.

Intelligence émotionnelle : travailler en différents contextes d'états émotionnels et déceler les courants émotionnels sous-jacents dans une situation donnée (par exemple, l'ombre ou l'« éléphant dans la pièce » dont personne n'ose faire allusion).

Compétences en matière de facilitation : reconnaître et appuyer la résonance et la synergie entre les membres d'un groupe.

Compétences en matière de communication : transmettre aisément de l'information importante à différents types de personnes provenant de strates sociales distinctes (hiérarchie, niveau d'éducation, culture).

Compétences en matière de présentation : s'adresser à un auditoire en utilisant de multiples canaux de communication (verbal, visuel, métaphorique, somatique, etc.).

Compétences relationnelles : établir des relations et un climat de confiance.

Compétences en matière de détection de patterns : déceler différents niveaux de tendances et de significations dans des ensembles de données et dans les relations interpersonnelles, tout en se mettant au diapason des signaux forts et faibles.

Réflexion stratégique : travailler à la fois sur l'ambition et la vision (le sens et la direction) et connaître comment de petites étapes créent une voie essentielle vers un objectif plus important.

[Remarque : dans nos séances de formation sur le consulting génératif, nous travaillons avec des cartes des scores pour chacune de ces compétences (voir l'annexe 1)].

Dans le modèle DIAMOND de la SFM™, nous représentons les neuf compétences relatives au consulting génératif comme constituant une autre couche de facettes qui encadrent les sept étapes du consulting génératif. Nous avons disposé les compétences adjacentes aux étapes pour lesquelles celles-ci sont les plus utiles et les plus pertinentes.

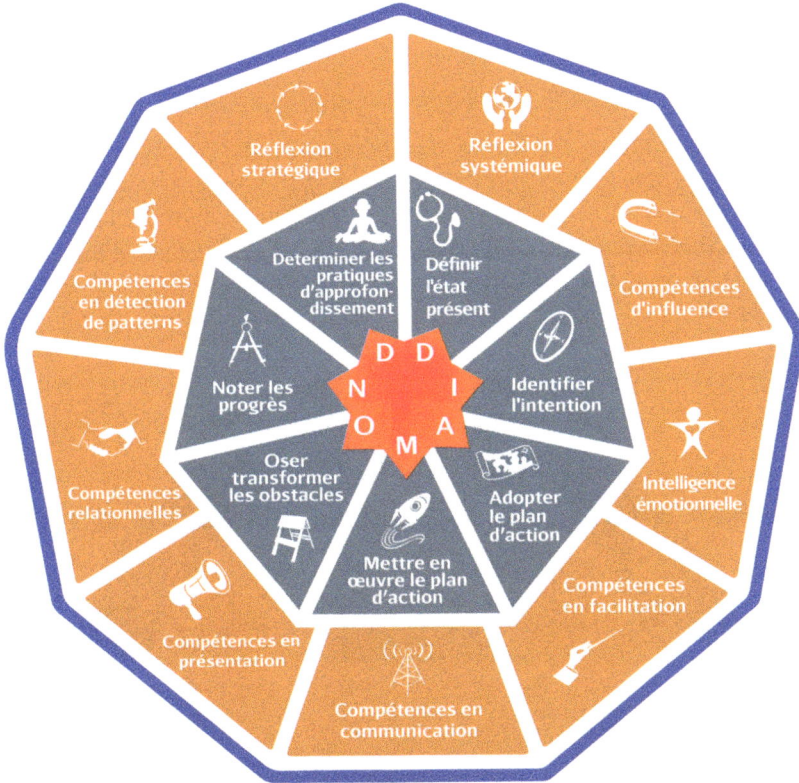

La relation entre les compétences de base du consulting génératif et les sept étapes du modèle DIAMOND de la SFM™

Enjeux organisationnels nécessitant des changements génératifs

La dernière couche de facettes du modèle DIAMOND de la SFM™ représente les trois enjeux organisationnels fondamentaux qui nécessitent des changements génératifs :

1. Stimulation de la croissance

2. Survie à la crise

3. Gestion de la transition

De toute évidence, les neuf compétences du consulting génératif sont toutes pertinentes à chaque étape du changement. Toutefois, certaines de ces compétences sont plus essentielles que d'autres pour des étapes et des enjeux particuliers, comme nous le verrons dans les chapitres suivants. On peut représenter ces relations selon le diagramme suivant :

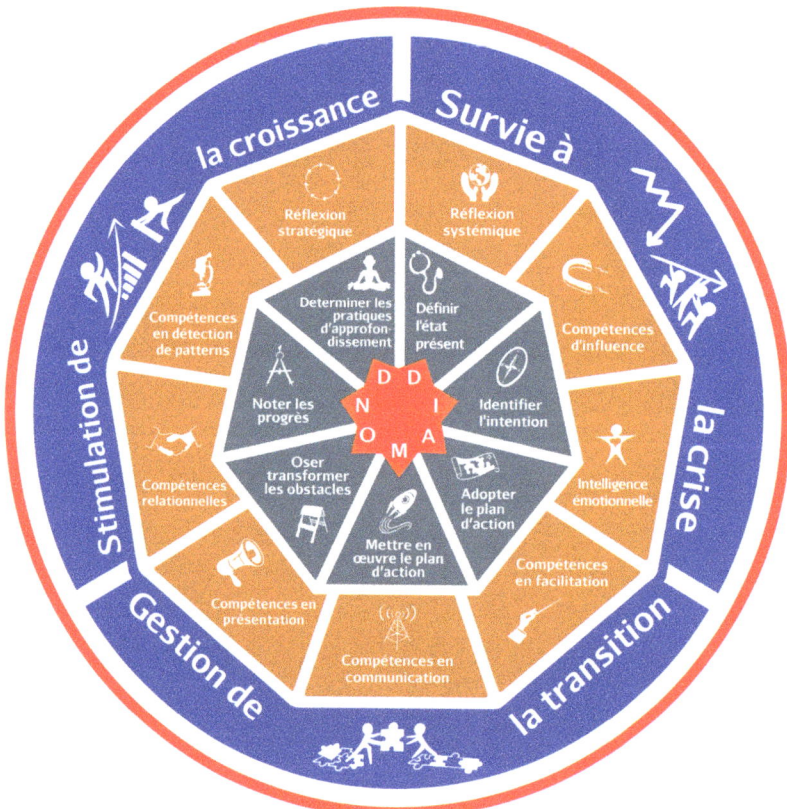

Le modèle DIAMOND de la SFM™ du consulting génératif

Dans les chapitres 2 à 4, nous aborderons l'application des principes liés au consulting génératif et le modèle S.C.O.R.E. ainsi que les sept étapes et les neuf compétences de l'approche du consulting génératif, afin d'examiner les questions essentielles qui concernent la stimulation de la croissance, la survie à la crise et la gestion de la transition. En outre, nous fournirons des précisions et des exemples de cas pour chaque enjeu et démontrerons de quelle façon les étapes et les compétences du consulting génératif peuvent être appliquées pour produire des résultats créatifs et durables.

Par ailleurs, les organisations peuvent faire l'expérience de toute combinaison de ces étapes, en fonction de leur cycle de vie et de l'état de leur écosystème élargi. Au chapitre 5, nous illustrerons comment le consulting génératif peut être appliqué pour aider les organisations qui font face à un amalgame complexe d'enjeux.

Dans le dernier chapitre 6, nous réunissons tous les auteurs pour vous expliquer comment, sur le plan personnel, la mise en œuvre de l'approche du consulting génératif a contribué à notre travail et à notre vie et de quelle manière elle façonne notre créativité et notre sens de l'innovation ainsi que ceux de nos clients.

Nous sommes heureux et honorés que vous vous joigniez à nous tout au long de cette aventure.

"Le monde que nous avons créé est un produit de nos pensées. Nous ne pouvons pas le changer sans changer notre façon de penser."

— Albert Einsten

"Certaines personnes rêvent de succès, tandis que d'autres se lèvent tous les matins et y parviennent."

— Wayne Huizenga

Chapitre 2

Gestion de la croissance en affaires

Colette Normandeau et Robert B. Dilts

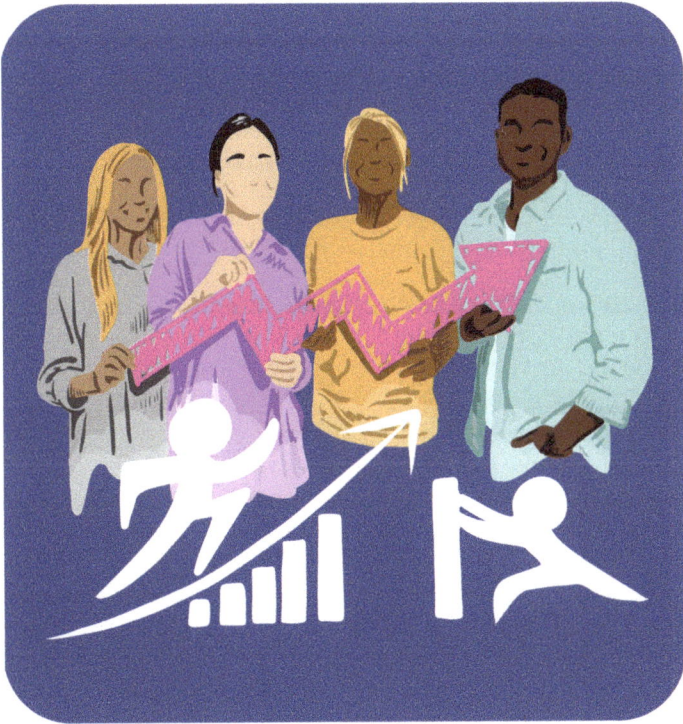

2.1 Vue d'ensemble

Dans le présent chapitre, nous nous pencherons sur la manière dont vous, en tant que consultant génératif et chef d'entreprise, pouvez accompagner une entreprise et stimuler sa croissance le plus efficacement possible, grâce à une approche-conseil générative. Vous apprendrez comment une entreprise peut atteindre un équilibre entre l'ego et l'âme, en appliquant le modèle du Cercle de succès™ selon la SFM™ et la Success Mindset Map™ de la SFM™. Comme mentionné dans le premier chapitre, les domaines essentiels abordés dans le Cercle de succès™ de la SFM pourront aider une entreprise à atteindre la rentabilité et une croissance évolutive, à assurer sa contribution significative et sa résilience de même qu'à faire preuve d'innovation. Ce chapitre propose également une analyse approfondie de la manière dont les états d'esprit optimaux constituent le fondement du succès et de la prospérité qu'une entreprise peut atteindre. Enfin, les différents exercices et outils proposés contribueront à améliorer vos compétences en tant que leader de changement.

2.2 Pourquoi ce chapitre est-il important?

Imaginez que vous construisiez un château sur des cure-dents! Que se passera-t-il au premier coup de vent?

Les éléments abordés dans ce chapitre constituent les fondements sur lesquels toute entreprise peut être bâtie. Une croissance durable est possible lorsque ses fondations sont posées sur un terrain solide. S'il vous manque un pilier ou un mur, ou encore si le sol sous les fondations est inégal, votre château s'effondrera. Lorsque vos fondations sont solides, les possibilités sont infinies et le succès génératif est à votre portée. En tant que consultant génératif ou chef d'entreprise, vous serez le serrurier, et les modèles de la SFM™ seront les clés. Ces dernières offriront un moyen de libérer le véritable potentiel de votre entreprise ou de celle de vos clients et d'établir la voie à suivre, afin d'en faciliter le développement. Une connaissance et une expérience accrues des compétences associées à le consulting génératif vous aideront à affiner votre art et à propulser votre entreprise et celle de vos clients vers de nouveaux sommets de succès.

2.3 Qu'est-ce que la croissance? - Contexte

De par sa sémantique, le mot croissance fait fonction d'un nom et désigne un acte, un processus, un stade de développement, une augmentation de la valeur sur une certaine période ou l'expansion d'une entreprise. En anglais, le mot *growth* tire son origine du vieil anglais racine "growan", qui signifie « croître ou prospérer ».

En période de croissance, l'entreprise s'efforce de se donner les moyens d'augmenter sa clientèle, ses recettes, sa capacité de production, la taille de ses équipes, etc. En phase de croissance, l'accent est mis sur la création d'un esprit d'entreprise et sur le renforcement, ou l'expansion, de ce que nous désignons comme le Cercle de succès (CdeS), selon la modélisation des facteurs de succès (SFM™). La capacité de croître efficacement requiert également de l'agilité et un sens élevé de l'innovation. Par conséquent, la croissance est une situation courante qui appelle à un changement génératif, surtout si l'entreprise est une start-up ou si elle s'efforce de se développer au sein d'un marché émergent.

Avant d'aborder le modèle du Cercle de succès de la SFM™, examinons le contexte et les circonstances actuels des entreprises, dont les entreprises en démarrage.

Importance de la phase de croissance pour une entreprise

Au cours de mes premières années comme entrepreneure, les statistiques de 2001 indiquaient que seules deux entreprises sur cinq parvenaient à survivre au-delà de la période de deux ans. Selon Forbes Magazine, les chiffres pour 2018 étaient assez similaires : la moitié des entreprises avaient survécu cinq ans et une entreprise sur trois avait dépassé la barre des dix ans[1] . Le désintéressement face aux besoins du marché, des lacunes en savoir-faire commercial, le manque de fonds pour maintenir les activités commerciales ou attirer des investisseurs et l'incapacité de créer ou de soutenir une équipe efficace qui fonctionne à plein régime sont parmi les principales causes de faillite des entreprises. Comme mentionné au chapitre 1, l'état d'esprit génère des actions, qui, à leur tour, créent des résultats. Des statistiques préoccupantes montrant de faibles taux de succès ont tendance à entraver l'esprit de croissance des entreprises. « Est-ce que ça va fonctionner? », « Serai-je de ceux qui réussiront ou qui ne réussiront pas? » « Suis-je fait pour être un entrepreneur à succès? » ou « Ai-je ce qu'il faut? » sont des réflexions et des craintes qui hantent l'esprit des entrepreneurs, comme elles ont habité le mien durant les deux premières années après le lancement de mon entreprise.

Pendant ma propre phase de démarrage, j'ai dû créer un plan d'affaires pour obtenir les fonds afin de soutenir ma nouvelle entreprise. J'ai constaté que la préparation de ce type de plan s'est avérée d'autant plus douloureuse que l'accouchement de mes deux enfants. Je me souviens d'avoir pensé : « Est-ce que j'ai vraiment besoin de ça? », « Est-ce que je vais vrai-

---

1   *https://www.forbes.com/sites/forbesfinancecouncil/2018/10/25/what-percentage-of-small-businesses-fail-and-how-can-you-avoid-being-one-ofthem/#2722e18643b5*

https://smallbiztrends.com/2019/03/startup-statistics-small-business.html

ment utiliser ceci? ». Fort heureusement, les connaissances que j'ai acquises en préparant ce plan d'affaires ont assuré les fondements nécessaires à la viabilité de mon entreprise... bien que ce ne soit pas ce qui m'ait aidée à continuer. Ce qui m'a plutôt aidée à cheminer durant mes années de démarrage et les périodes de croissance, ce sont en fait des réflexions et des états d'esprit alignés sur ce que Robert Dilts et son frère défunt John Dilts ont créé et appelé le « Cercle de succès de la SFM » (CdeS).

Qu'une entreprise soit en phase de démarrage ou d'expansion de son cycle de vie, il va de soi que la capacité de se développer est nécessaire. Cependant, le potentiel de croissance d'une entreprise est continuellement influencé par les fluctuations économiques, les technologies émergentes et les marchés en constante évolution. Cet état des faits rend la phase de croissance d'une entreprise primordiale! Elle détermine le succès sur le marché ou non d'une entreprise. Or, la capacité de croissance d'une entreprise dépend de l'établissement de solides fondements, qui l'aident à gérer efficacement les crises inévitables autant que les transitions. Comme décrit dans les prochains chapitres, vous êtes manifestement, en tant que consultant génératif et chef d'entreprise, un allié inestimable du succès d'une entreprise et de sa prospérité durant ces phases.

La croissance n'est pas uniquement une question de survie... C'est une question de prospérité.

2.4 Enjeux et défis liés à la croissance

Des défis importants peuvent se présenter lorsqu'une entreprise s'efforce de se développer dans un contexte de récession économique ou de marché mature. Les défis peuvent comprendre l'accentuation de la concurrence ou l'insuffisance des ressources essentielles à la croissance (ressources financières, humaines, techniques, etc.).

L'entreprise qui ne dispose pas des connaissances, de la capacité de collaboration et du leadership nécessaires pour créer une structure évolutive, comme le souligne le Cercle de succès de la SFM™ aura du mal à se développer, et ce, même dans un écosystème favorable. Cette réalité peut nuire à la motivation et à l'ambition et accorder un espace démesuré ou insuffisant au rêveur (« dreamer »).

Définir l'état présent

Qu'un défi soit créé à l'interne ou à l'externe, la collecte des renseignements et la détermination des problèmes et des préoccupations actuels constituent une première mesure efficace visant à soutenir correctement une entreprise. Cette mesure correspond à la première des sept étapes de la consultation générative dans le cadre du modèle DIAMOND de la SFM™ : Définir l'état présent.

Cette étape comporte la collecte de renseignements et le diagnostic de la situation actuelle visant à cerner les défis liés à la croissance de l'entreprise.

Détection de patterns   **Compétences relationnelles**

En tant que consultant génératif et chef d'entreprise compétent, vous devrez utiliser plusieurs compétences essentielles génératives. Par exemple, les compétences relationnelles et les compétences en matière de détection de patterns sont nécessaires pour déterminer l'état présent de l'entreprise (symptômes et causes) et l'état souhaité (objectifs et effets). Ces compétences aident à tracer la voie visant à combler le fossé entre ces deux états, en déterminant les éléments principaux sur lesquels se concentrer.

Éléments essentiels à examiner tout en stimulant la croissance

Le modèle S.C.O.R.E. présenté en détail au chapitre 1 peut encadrer au mieux les première et deuxième étapes du modèle DIAMOND de la SFM™ lié à l'approche-conseil générative. Il aborde les cinq éléments fondamentaux de toute situation et donne un aperçu de l'ensemble du système d'une entreprise. L'utilisation du modèle S.C.O.R.E. offre également un cadre de réflexion pour troquer les problèmes à résoudre pour les solutions à trouver, puis de se concentrer sur l'amélioration de la corrélation entre les objectifs, d'une part et les actions et les ressources proposées, d'autre part.

Utilisons le modèle S.C.O.R.E. pour explorer les problèmes et les aspirations les plus fréquentes d'une entreprise pendant sa phase de croissance.

Remarque : pour cette présentation, nous n'utiliserons que les quatre premiers éléments du modèle, excluant ainsi les effets.

Stimulation de la croissance

Symptômes	Causes possibles		Objectifs souhaités	Ressources possibles
	Externes	Internes		
• Réponse lente du marché • Résistance, blocages, inertie • Manque de motivation à avancer • Sentiment de faux départ ou manque de connaissance pour commencer le processus chez les dirigeants et les propriétaires d'entreprise	• Économie stable ou en recul • Concurrence croissante, manque de ressources (financière, humaines, etc.) • Phase de démarrage, d'expansion ou de renouvellement du cycle de vie de l'entreprise	• Structure inadéquate pour faire évoluer une équipe inefficace à un niveau supérieur • Faible motivation cu ambition • Espace démesuré ou insuffisant pour le rêveur (dreamer) • Contrebalancement des plans et de la motivation de l'entreprise par les défis • Perte de lien des membres d'équipe avec leur passion et le sens • Manque de persévérance	• Enthousiasme • Motivation • Lien avec ce qui motive les dirigeants et les propriétaires d'entreprise et les membres d'équipe • Agilité, créativité et innovations • Espace d'envergure pour surmonter les défis • Augmentation de la capacité de production, des ventes, des recettes et de la taille de l'entreprise	• État d'esprit propre à la croissance • Exploration des passions • Création d'une vision convaincante • Développement d'un cercle de succès équilibré • Spirale de la collaboration (voir le chapitre 4 portant sur la transition)
• Difficultés à attirer les clients et à maintenir leur fidélisation	• Beaucoup d'offres sur le marché, moins de distinction	• Manque de vision inspirante et d'ambition claire • Segment du marché ou clientèle idéale non défini clairement ou adéquatement	• Attraction de 20 nouveaux clients dans les deux prochaines années et maintien de leur fidélisation • Renforcement de la satisfaction et de la confiance de la clientèle envers l'entreprise grâce à un processus clair	• Développement d'un cercle de succès équilibré • Vision claire • Établissement des ambitions • Éveil de la générativité pour déterminer l'unicité • Embauche d'un représentant du service à la clientèle

• Annonce par l'entreprise que « Notre vision consiste à être la référence dans le domaine de... » • Excellente vision axée sur l'âme, mais sans but suffisamment ambitieux ou action suffisamment concrète pour l'actualiser	• Influence par les présentations d'autres entreprises • Copiage-collage	• Confusion entre ce que la vision ou l'ambition représente • Déséquilibre entre l'âme et l'ego	• Buts précis • Vision inspirante axée sur le client • Confiance • Audace • Actions harmonisées	• Application du modèle du CdeS • Examen des convictions et de l'état d'esprit relatif à la croissance
• Aucune mobilisation et difficultés chez les membres de l'équipe à suivre le leader ou à rompre la routine quotidienne ennuyante • Confusion au sein du système • Rien ne se fait; on tourne en rond • Actions n'obtiennent pas les meilleurs résultats possibles, efforts dispersés et manque d'orientation	• Comparaison avec d'autres milieux de travail • Traitement quotidien des urgences des clients et du marché	• Générations différentes • Excès de directions • Leaders connaissent leur direction, mais l'information n'est pas communiquée aux équipes • Les équipes et leurs membres ne connaissent pas clairement leurs rôles	• Clarté de la vision d'ensemble • Communication avec charisme • Équipe mobilisée • Alignement avec VMAR (vision, mission, ambition, rôle) • Équipes à haut rendement et meilleure collaboration générative • Harmonie, équilibre et attention ciblés	• Création d'un avenir convaincant • Communication à l'aide de multiples intelligences • Développement de l'intelligence émotionnelle – Boussole de l'état d'esprit / état de COACH • Définition de ses super pouvoirs

Et qu'en est-il de vous? Dans quelle situation votre client se trouve-t-il actuellement? Prenez le temps de réfléchir à la situation actuelle de votre client et aux objectifs qu'il souhaite atteindre. Vous pourriez également vouloir réfléchir à votre propre entreprise en tant que consultant génératif et chef d'entreprise.

Symptômes	Causes	Objectifs	Ressources

Personnellement, lorsque les situations se compliquent et que des problèmes surviennent, j'aime me rappeler que « je n'ai tout simplement pas trouvé à ce jour la meilleure façon d'atteindre les objectifs que je souhaite ». Cet état d'esprit découle du concept de la *Loi de la variété requise*[2] mis au point par William Ross Ashby. Ce concept stipule qu'un système peut être stable, pourvu que le nombre d'états que son mécanisme de contrôle peut atteindre (sa variété) soit supérieur ou égal au nombre d'états du système contrôlé. Cela signifie que, dans un système, l'élément présentant la plus grande flexibilité est celui qui survit et qui est le plus susceptible de prospérer. Or, comme consultant génératif et chef d'entreprise, votre rôle est d'éveiller ce type de pensée, afin de favoriser au mieux le succès d'une entreprise qui est aux prises avec des enjeux considérables.

Tous les problèmes (d'affaires), qu'ils soient causés par des circonstances externes ou internes, sont des occasions de stimuler la créativité et d'encourager l'innovation. « Innover ou mourir » est un mantra commercial qui est présent dans le milieu des affaires depuis un certain temps! En faisant un survol rapide dans le passé, au début des années 1900, il fallait de 50 à 60 ans pour qu'une entreprise se renouvelle. En raison des avancées technologiques et des écosystèmes actuels, les entreprises sont dorénavant contraintes à changer rapidement, à devenir encore plus flexibles et innovantes, de même qu'à revoir et à renouveler leurs stratégies commerciales fréquemment.

Si la nécessité est la mère de l'innovation...
...la générativité peut être son père.[3]

De nombreuses entreprises se sont lancées dans l'innovation de rupture; elles sont ainsi réduites à perturber ou à être perturbées pour trouver des solutions. Ce processus s'est avéré coûteux pour certaines d'entre elles, parce que ces changements rapides n'étaient pas toujours conformes à la raison d'être fondamentale de l'entreprise ou à ses besoins de marché. De nombreuses innovations perturbatrices sont générées par la peur et non par la passion et la vision de l'entreprise. Or, notre époque exige des solutions génératives et des changements génératifs. Par le biais du modèle DIAMOND de la SFM™, nous souhaitons vous appuyer en tant que consultant et leader de changement dans votre volonté de devenir encore plus génératif et de stimuler la générativité écologique au sein des entreprises.

Pour chaque problème, il existe une solution générative, que les entrepreneurs ou les dirigeants le sachent ou non! Votre rôle consiste donc à déclencher cette générativité dans l'esprit de votre client ou de votre équipe.

---

2   Robert Dilts - Law of Requisite Variety (1998) NLP University Press

3   Citation originale – « La nécessité est mère de l'invention. » Platon

2.5 L'encadrement de la croissance par une approche-générative

En tant que consultant génératif, votre mission primordiale consiste à aider tous les types d'entrepreneurs et de dirigeants qui sont conscients à construire un *cercle de succès efficace*, équilibré et évolutif. Qu'une entreprise veuille augmenter sa capacité de production, ses recettes, ses ventes et sa taille ou favoriser l'agilité et les innovations d'envergure, chacun de ces objectifs est pris en compte dans ce modèle. D'ailleurs, ce modèle propose un outil indéniable pour vous aider à déceler les facteurs essentiels sur lesquels une entreprise doit se pencher pour atteindre ses objectifs souhaités.

Pour soutenir la croissance durable d'une entreprise, vous voudrez également favoriser un esprit d'entreprise positif – un esprit de croissance – que ce soit le vôtre, en tant que responsable du changement interne ou celui de votre client. Pour croître efficacement et de manière durable, il est primordial pour une entreprise de disposer d'une « vision d'ensemble » claire et d'une vision inspirante de l'avenir qu'elle s'efforce de créer, d'établir des habitudes favorables au succès et de veiller à ce que ses priorités en cours soient claires.

Les principaux mindsets propices à la croissance

Un état d'esprit favorable à la croissance comporte trois niveaux :

1. **Meta Mindset -** Clarté de la vision d'ensemble

2. **Macro Mindset -** Habitudes de succès

3. **Micro Mindset -** Priorités continues

Meta Mindset a trait à l'attitude fondamentale d'une personne envers son travail, le monde et sa propre place dans ce monde. Elle concerne les facteurs de succès sur le plan du sens et de l'identité. Cet état d'esprit est essentiellement constitué d'une connaissance de la passion, de la vision, de la mission, de l'ambition et du rôle d'une entreprise. Ces éléments essentiels définis aident à instaurer la « clarté d'une vision d'ensemble » au sein de l'organisation.

Macro Mindset concerne les disciplines et pratiques mentales nécessaires pour mettre en évidence la « vision d'ensemble » d'une entreprise et la mise en œuvre de ces éléments. Les meilleures pratiques et disciplines font intervenir le développement des capacités, comme la gestion des efforts et de la concentration, la quête de l'honnêteté et du feedback fréquent, la recherche d'occasions de développement, la gestion efficace des risques et de l'adversité de même que la régénération et l'équilibre de soi. En outre, cet état d'esprit aide à déterminer *les habitudes favorables au succès* d'une entreprise.

Micro Mindset génère et encadre les actions précises nécessaires pour construire une entreprise durable. Cet état d'esprit se rapporte essentiellement aux facteurs de succès liés au *comportement*. Celui-ci détermine les *aspects à envisager en priorité*, comme la clarification du sens et la motivation personnelle, la conception d'un produit ou service, la génération d'intérêts et de recettes, l'expansion et l'harmonisation d'une équipe efficace, l'acquisition de ressources pertinentes, l'expansion d'une entreprise, la création de valeur à l'intention des parties prenantes et l'établissement de partenariats gagnants qui enrichissent les ressources disponibles et en tirent parti.

Ces trois domaines généraux de la Success Mindset Map sont constitués de plusieurs modèles précis d'état d'esprit, de comportements et d'habitudes qui soutiennent la croissance d'une entreprise. Ces modèles sont décrits en détail dans la Success Mindset Map™ de la SFM™, qui a été créée en 2016 par Mickey A. Feher et Robert Dilts, avec la collaboration de l'illustrateur Antonio Meza. Success Mindset Map™ est un outil très puissant et complet, qui met l'accent sur les facteurs de succès et sur les éléments essentiels à observer, à définir et sur lesquels intervenir, afin de soutenir favorablement la croissance d'une entreprise selon une approche générative. Bien que, dans ce chapitre, nous présentions l'outil sur les moyens de stimuler une entreprise dans sa phase de croissance, celui-ci vous aidera également à Surmonter une crise et à gérer une transition.

Modèle de croissance du Cercle de succès de la SFM™

Le Cercle de succès de la SFM™, publié dans l'ouvrage *Tome I : Entrepreneurs Nouvelle génération[4] de la modélisation des facteurs de succès (SFM™)* consiste à élaborer et à appliquer une approche et un état d'esprit efficaces envers l'entrepreneuriat. Un « Cercle de succès » se conçoit en rassemblant résultats désirés, les Mindsets, actions pertinents pour créer une entreprise à succès durable. Lorsque vous agirez à titre de consultant et leader génératif auprès des organisations en phase de croissance, il vous sera particulièrement utile de connaître les aspect(s) sur lesquels mettre l'accent en leur offrant votre soutien, car un Cercle de succès rassemble les cinq domaines essentiels qui doivent être abordés, renforcés et équilibrés.

---

4   Robert B. Dilts, *Success Factor Modeling Volume I: Next Generation Entrepreneurs*, Dilts Strategy Group 2017 ASIN: B0743M8BR5

Cinq objectifs fondamentaux d'un entrepreneur ou d'une entreprise de la nouvelle génération

Le Cercle de succès (CdeS) de la SFM est axé sur cinq objectifs fondamentaux à atteindre pour faire d'une entreprise de la nouvelle génération une entreprise durable et à succès. Ils s'appliquent autant à vous, en tant que consultant génératif ou chef d'entreprise qu'aux éléments essentiels dont vous avez besoin pour accompagner vos clients dans leurs propres entreprises. Ces objectifs comprennent notamment :

1. Satisfaction personnelle
La satisfaction personnelle est une conséquence du sentiment d'être en lien étroit avec sa passion, tout en évoluant personnellement et spirituellement en tant que fondateur, dirigeant ou entrepreneur.

2. Contribution significative
La contribution significative d'une personne est ancrée dans sa capacité de contribuer à la société et à l'environnement et d'ainsi favoriser son propre bien-être émotionnel et physique et celui des autres.

3. Innovation et résilience
L'innovation et la résilience émergent lorsqu'on lie sa contribution avec les visions et les ressources d'autres personnes, ce qui donne lieu à de nouvelles possibilités.

4. Croissance évolutive
La croissance évolutive est un résultat de l'exploitation de nouvelles possibilités et des visions communes pour construire une entreprise à succès et durable.

5. Solidité et rentabilité financières
La solidité et la rentabilité financières résultent du lien entre la contribution d'une personne, la société et l'environnement, dans l'intention de bâtir une entreprise ou une carrière à succès et durable.

Atteinte des cinq objectifs fondamentaux - Perspectives et actions essentielles

Peter Senge a un jour indiqué que « les entreprises commerciales et humaines sont des systèmes... On se demande pourquoi les problèmes les plus profonds ne sont jamais résolus, alors qu'on tend à mettre l'accent sur des aspects isolés du système ». [Traduction libre]

Afin d'atteindre ces objectifs, il importe qu'un consultant génératif encadre les dirigeants d'entreprise à succès en vue d'équilibrer la répartition de leurs intérêts et de leurs actions selon cinq perspectives fondamentales :

* Soi / identité
* Clients / marchés / produits
* Membres de l'équipe / employés
* Parties prenantes / investisseurs
* Partenaires / alliances

En d'autres termes, pour construire une entreprise à succès de la prochaine génération et atteindre les cinq objectifs fondamentaux, un entrepreneur ou un chef d'entreprise doit s'engager dans un certain nombre d'actions essentielles, qui comprennent notamment :

1. Se connecter avec **eux-mêmes**, avec leur passion, leur *sens/but* et leur *motivation* pour l'entreprise;

2. *Élaborer des produits et des services* pour leurs **clients** et *générer suffisamment d'intérêts et de recettes* pour soutenir leur entreprise;

3. Rassembler une **équipe** de membres compétents en *créant une harmonisation* avec la mission de l'entreprise et en continuant à *perfectionner leurs compétences* au fur et à mesure que l'entreprise mûrit;

4. *Recueillir des fonds et obtenir d'autres ressources essentielles* pour soutenir l'entreprise, afin qu'elle concrétise son ambition, puis *poursuivre le développement de l'entreprise et la création de valeur* à l'intention des **parties prenantes et des investisseurs**;

5. *Établir de relations gagnantes* et forger des alliances avec des **partenaires** stratégiques, qui aideront toutes les parties à *enrichir les ressources et à en tirer parti*, dans le but d'accroître leur visibilité et d'accentuer leur rôle sur le marché.

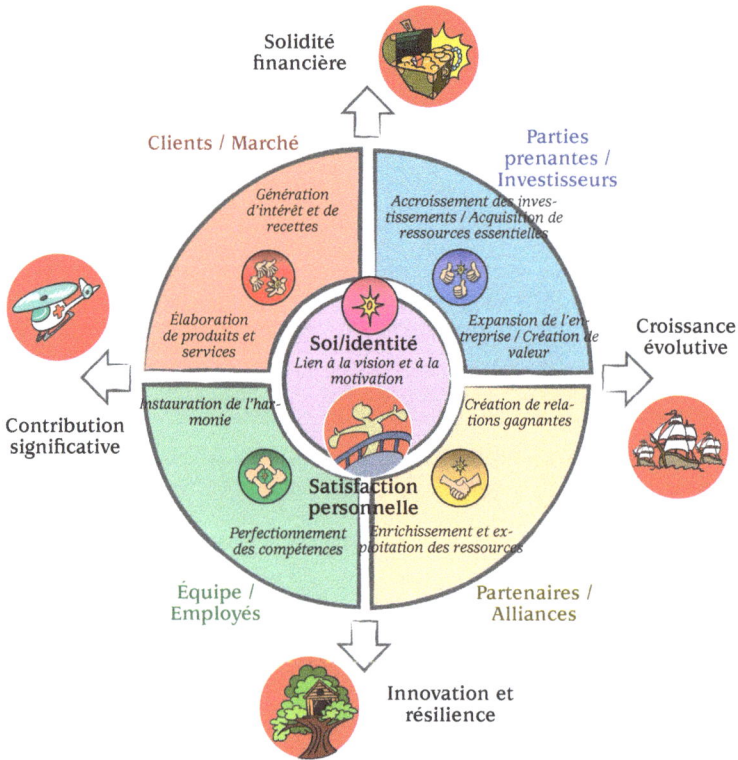

Solidité financière

Clients / Marché

Génération d'intérêt et de recettes

Parties prenantes / Investisseurs

Accroissement des investissements / Acquisition de ressources essentielles

Élaboration de produits et services

Soi/identité
Lien à la vision et à la motivation

Expansion de l'entreprise / Création de valeur

Croissance évolutive

Instauration de l'harmonie

Création de relations gagnantes

Contribution significative

Satisfaction personnelle

Perfectionnement des compétences

Enrichissement et exploitation des ressources

Équipe / Employés

Partenaires / Alliances

Innovation et résilience

Le Cercle de succès^MC de la SFM™ et les objectifs fondamentaux des entreprises de la prochaine génération

Le diagramme ci-dessus du Cercle de succès suppose que la **satisfaction personnelle** est au cœur du succès d'un consultant génératif et chef d'entreprise. Elle peut être atteinte en (1) *se connectant au sens et à la motivation.*

L'objectif d'une **contribution significative** est principalement atteint grâce aux actions suivantes : (2) *élaboration d'un produit ou d'un service* qui profite aux clients et (3) *instauration de l'harmonie entre les membres de l'équipe.*

Le développement de **l'innovation et de la résilience** est fondamentalement l'objectif des actions d'un chef d'entreprise (4) visant *le perfectionnement des compétences* des membres de son équipe et (5) *l'enrichissement et l'exploitation des ressources* par le biais de partenariats et d'alliances.

La croissance évolutive est principalement atteinte par les actions suivantes : (6) *établissement de relations gagnantes* avec les partenaires et les alliés et (7) *expansion de l'entreprise et création de valeur* pour les parties prenantes et les investisseurs.

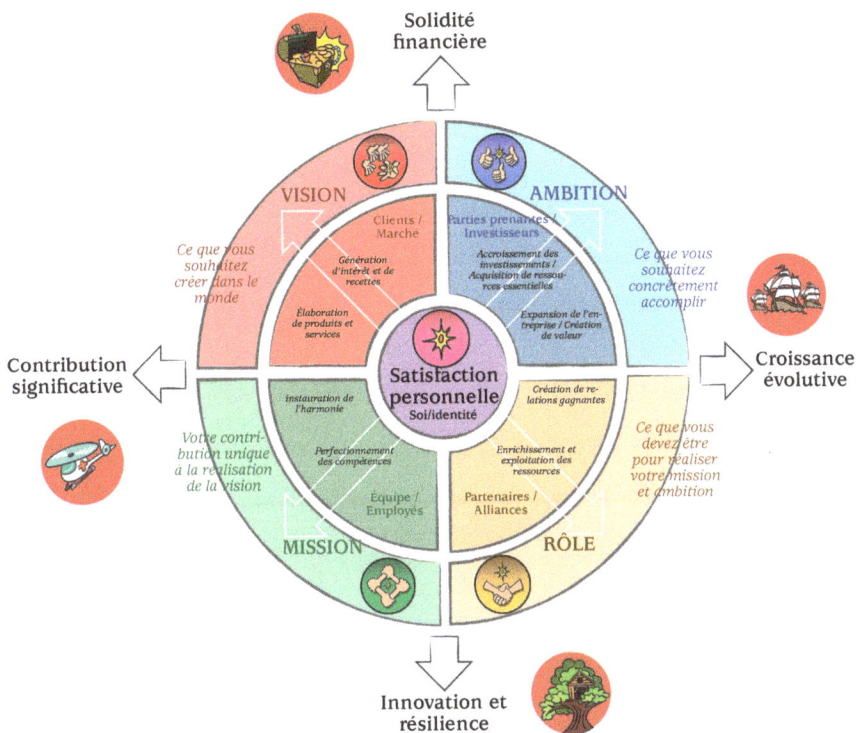

Solidité financière

VISION — AMBITION

Ce que vous souhaitez créer dans le monde

Clients / Marché

Génération d'intérêt et de recettes

Élaboration de produits et services

Parties prenantes / Investisseurs

Accroissement des investissements / Acquisition de ressources essentielles

Expansion de l'entreprise / Création de valeur

Ce que vous souhaitez concrètement accomplir

Contribution significative

Croissance évolutive

Satisfaction personnelle
Soi/identité

Votre contribution unique à la réalisation de la vision

Instauration de l'harmonie

Perfectionnement des compétences

Équipe / Employés

Création de relations gagnantes

Enrichissement et exploitation des ressources

Partenaires / Alliances

Ce que vous devez être pour réaliser votre mission et ambition

MISSION — RÔLE

Innovation et résilience

Le Cercle de succès^MC de la SFM^TM : vision, mission, ambition et rôle

La solidité financière est en grande partie le résultat des actions (8) d'*accroissement des investissements et d'acquisition de ressources essentielles* auprès des parties prenantes et des investisseurs de même que (9) de *génération d'intérêt* auprès des clients et de recettes.

Établissement d'un mindset entrepreneurial

Un *mindset entrepreneurial* générera et encouragera les actions nécessaires pour atteindre les objectifs fondamentaux. Les entrepreneurs accèdent à cet état d'esprit grâce à leur capacité à partager leur *passion*, sous la forme d'une *vision*, d'une *mission*, de leur *ambition* ou de leur *rôle*, en lien avec les perspectives essentielles qui sont définies par le Cercle de succès.

> * *La passion personnelle émerge du lien étroit à son* soi *intérieur et à son* identité *la plus profonde, associée à la quête de ce qui comble une personne d'enthousiasme et d'énergie. En fait, il s'agit d'explorer la question suivante : « Qu'est-ce que vous aimez vraiment faire? »*

* *Votre vision est fonction de la passion personnelle que vous extériorisez envers les clients et le marché, en vue d'apporter une contribution significative. En d'autres mots, c'est la réponse à la question suivante : « Que voulez-vous créer dans le monde? »*

* *L'harmonisation du travail des membres de l'équipe et des employés œuvrant ensemble pour la réalisation d'une vision est le fruit de la communication et du partage de votre passion sous la forme de la mission de l'entreprise. Plus précisément, c'est la réponse à la question suivante : « Quelle est votre contribution unique à la vision? »*

* *La passion exprimée sous forme d'ambition à bâtir une entreprise à succès et durable et à créer de la valeur est à la base de ce qui motive les parties prenantes et les investisseurs à offrir les ressources nécessaires pour ce faire et, ainsi, à prendre le risque de se joindre à l'entreprise. Il s'agit de répondre clairement à la question suivante : « Que voulez-vous accomplir concrètement? »*

* *La passion que vous éprouvez pour votre domaine d'excellence et qui se manifeste sous la forme d'un rôle ainsi qu'établir des relations gagnants-gagnants avec vos pairs afin d'enrichir les ressources constitue la base de partenariats et d'alliances efficaces. Pour ce faire, il suffit de poser cette question claire : « Qui devez-vous être pour réaliser votre mission et votre ambition? »*

Les entreprises qui connaissent le plus grand succès sont celles qui génèrent de véritables percées dans leur domaine et contribuent de sorte à « changer la donne » dans un contexte socio-économique plus large ou dans un « domaine de l'innovation » dans lequel elles évoluent.

À titre de consultante œuvrant dans une grande société au début des années 2000, j'ai demandé au PDG de Cascades Papier : « Qu'est-ce qui vous fait avancer? Qu'est-ce qui fait que l'entreprise est en croissance constante? »

> *Eh bien, ce ne sont ni les réunions de salle du conseil ni mon comptable [rires]... Il s'agit de suivre mon intuition, de continuer à réaliser ce que nous aimons faire; d'écouter et de rester en lien avec les personnes et le sens de notre organisation; créer une culture fondée sur la créativité et l'écoresponsabilité.[5]*

Après m'être attardée sur sa réponse, je réalise maintenant qu'il avait embrassé les mêmes facteurs de succès et états d'esprit entrepreneuriaux énoncés par le Cercle de succès de la SFM™. Il n'est donc pas surprenant que cette société se soit classée en 2019 parmi les principaux chefs de file écoresponsables au Canada.[6]

> *"Un petit pas pour l'homme... Un bond de géant pour l'humanité." "Le voyage vers un tel succès commence toujours par un premier pas."*
> *– Neil Armstrong (premier homme sur la Lune)*

Détermination de ce qui doit croître

Les stratégies et les outils utilisés pour encourager efficacement la croissance comprennent la détermination des Méta Objectifs de l'entreprise. Les Méta Objectifs favorisent l'élan nécessaire pour atteindre les objectifs souhaités de l'entreprise. Comme indiqué précédemment, vous pouvez travailler en tant que consultant génératif avec la carte des états d'esprit Mindset Map et évaluez les principaux Mindsets (Méta, Macro et Micro) qui aideront vos clients à réussir et à atteindre leurs Méta Objectifs.

Les facteurs essentiels précisés dans cette section vous aideront lors de la **deuxième étape** du modèle DIAMOND de la SFM lié à l'approche-conseil générative : **Identification de l'intention** – Établissement de l'état ou de la direction souhaité pour le changement.

Identification de l'intention

---

5   Cascades- Propos recueillis durant un entretien avec le PDG Alain Lemaire

6   https://www.newswire.ca/news-releases/cascades-recognized-for-its-responsible-best-practices-890166687.html

Clarification des Métas Objectifs

Un *Méta Objectif* se veut l'*orientation actuelle* d'un projet ou d'une entreprise. Une personne peut travailler sur de nombreux objectifs importants à la fois, mais un Méta Objectif demeure prioritaire. Un Méta Objectif, ou l'orientation actuelle se rapportera à l'un des cinq *objectifs fondamentaux* associés à la construction d'un cercle de succès équilibré.

À titre de consultant génératif et chef d'entreprise compétent, vous voudrez avoir une idée claire des Métas Objectifs de vos clients (voir la feuille de travail sur la page suivante). Vous aiderez ainsi vos clients en déterminant lesquels de ces Métas Objectifs requièrent le plus d'attention.

Compétences relationnelles

Compétences en matière de détection de patterns

Compétences stratégiques

Vos compétences relationnelles, vos compétences en matière de détection de patterns et vos compétences stratégiques[7] vous aideront à réaliser les étapes suivantes :

1. Présenter une situation de façon aussi factuelle et inter-reliée que possible, en appliquant le modèle S.C.O.R.E

2. Déterminer les domaines essentiels du *Cercle de succès* qui sont nécessaires pour stimuler la croissance

3. Proposer des stratégies et des actions pour construire un Cercle de succès efficace

L'établissement de buts est une étape essentielle pour transformer l'invisible en visible et atteindre les objectifs souhaités d'une entreprise. Ce faisant, vous pourrez orienter l'organisation de manière efficace, holistique et durable, tout en aidant l'entreprise de votre client à atteindre une croissance évolutive.

---

7   Voir les cartes d'auto-évaluation à la fin du chapitre.

Évaluation des Métas Objectifs

Vous pouvez utiliser la feuille de travail ci-dessous pour aider vos clients et vos équipes à évaluer les Métas Objectifs de leurs entreprises, en leur attribuant un score de 1 à 5, 1 étant le plus important et 5, le moins important. Pour vous diriger dans cette évaluation, il est utile de déterminer l'orientation actuelle et l'orientation souhaitée.

* Lequel(lesquels) parmi les objectifs suivants décrit(décrivent) le mieux l'orientation actuelle (OA) de vos clients ou de vos équipes?

* Lequel(lesquels) parmi les objectifs suivants sera(seront) le(s) plus important(s) à l'évolution de vos clients ou de vos équipes au cours des six à douze prochains mois, en ce qui a trait à l'orientation souhaitée (OS)?

Méta Objectif	Score OA	OS
1.**Accroître votre satisfaction personnelle dans ce que vous faites** – Cet objectif se manifeste par un sentiment de joie, d'enthousiasme et de plaisir dans ses actions et activités courantes. Choisissez cet objectif si ce que vous faites ne vous emballe pas ou vous intéresse peu, même si tout se déroule plutôt bien au sein votre entreprise.		
2. **Établir la solidité ou stabilité financière** – Choisissez cet objectif s'il est essentiel pour votre entreprise d'atteindre la rentabilité.		
3. **Construire une entreprise évolutive** – Choisissez cet objectif s'il est important pour votre entreprise de se développer, d'élargir ses groupes d'unités qui collaborent étroitement et de partager une origine, un sens et un mode de coordination communs.		
4. **Apporter une contribution réelle et significative** – Choisissez cet objectif s'il est nécessaire pour votre entreprise de clarifier ou de rehausser les avantages dont bénéficient vos clients ou créés pour ceux-ci et leur communauté.		
5. **Accroître l'innovation et la résilience** – Choisissez cet objectif si vous avez besoin d'augmenter vos capacités ou votre créativité, afin de vous adapter aux nouvelles situations problématiques, comme traverser une crise, de faire face à un changement important ou de demeurer concurrentiel.		

Il pourrait également être intéressant de comparer l'auto-évaluation de votre client ou de votre équipe avec votre propre évaluation de spécialiste (externe), afin de déceler d'éventuels écarts dans les perceptions.

*Un poisson dans l'eau ne voit pas l'eau. Ce n'est qu'une fois
sorti de l'eau qu'un poisson remarque qu'il était dans l'eau.*

En outre, il faut souligner qu'un état émotionnel peut parfois brouiller les
perceptions. Il est donc important de cultiver un état d'esprit génératif de
COACH, comme décrit au chapitre 1, avant de procéder à une quelconque
forme d'évaluation.

2.6 Les Success Mindset Maps et leur utilisation générative dans la stimulation de la croissance

Méta Mindset - La clarté d'une vision d'ensemble

Comme nous l'avons établi, le *Méta Mindset* est lié aux
facteurs de succès en ce qui a trait au *sens et à l'identité*.
Il concerne d'ailleurs l'attitude fondamentale d'une
personne envers le travail, le monde et sa place dans
ce monde. L'état d'esprit Méta des entrepreneurs et des
dirigeants à succès est composé des six aspects suivants.
Afin d'explorer ces derniers, réfléchissez à la capacité avec
laquelle vous pouvez répondre clairement aux questions
suivantes concernant vos clients ou vos équipes. Vous
pouvez évaluer l'état d'esprit Méta de votre client en
attribuant un score aux six énoncés suivants, selon une
échelle de 0 à 10 (10 étant ce qui est le plus vrai pour votre
client et 0, ce qui ne l'est pas du tout).

Évaluation de l'état d'esprit Méta

Méta Mindset	Score
1. **Vos clients savent-ils ce qu'ils aiment vraiment faire (ce qui les passionne)?** La passion est un désir ou un enthousiasme intense envers un intérêt particulier. C'est une pulsion intérieure constante qui motive une personne à trouver ce qui lui tient tant à cœur et qu'elle souhaite poursuivre de tout cœur.	0 - 10

2. Vos clients savent-ils ce qu'ils désirent créer à l'avenir (connaissance claire de ses buts et de ses visions à long terme)? La vision peut être définie le plus efficacement comme « une image mentale de ce que l'avenir sera ou de ce à quoi il pourrait ressembler ». La vision créatrice des entrepreneurs à succès concerne celle qui leur donne la capacité d'imaginer et de se concentrer sur les possibilités à long terme qui améliorent la vie des personnes d'une certaine manière. Il s'agit de la capacité à concevoir une réalité au-delà des limites du « ici et maintenant » et à imaginer des scénarios d'avenir. Elle comprend également la capacité de fixer des buts à long terme et de s'y concentrer de même que d'adopter des plans à long terme et une vision holistique.

0 - 10

3. Vos clients connaissent-ils clairement leur orientation, peu importe qu'ils en connaissent ou non la destination finale? La vision consiste à se tourner vers l'avenir pour valider ce que l'on veut créer dans le monde par le biais d'une entreprise. Cependant, on ne peut pas toujours visualiser un résultat final aussi clairement que souhaité en regardant aussi loin devant. Parfois, un entrepreneur a une orientation en tête, mais ne connaît pas précisément le but final ou la destination.

0 - 10

4. Vos clients connaissent-ils leur raison d'être (connaissance de ce qu'ils représentent et de la raison pour laquelle ils agissent ainsi)? Connaissent-ils clairement leur mission - la contribution unique qu'ils veulent apporter par le biais de leur entreprise? La mission d'une personne ou d'une organisation, c'est sa contribution à la manifestation d'une vision particulière. Elle se rapporte au don et à la contribution qui sont uniques à la réalisation d'une vision. La mission d'une personne au sein d'une organisation a trait à sa contribution à cette dernière et à sa vision. De même, dans une perspective plus élargie, la mission d'une organisation se manifestera par rapport à l'ensemble de ses clients et de leurs besoins.

0 - 10

5. Vos clients ont-ils une idée claire de leurs ambitions (que souhaitent-ils devenir et réaliser d'ici les deux à cinq prochaines années)? L'ambition est à la fois le résultat du désir et de la détermination à atteindre le succès et la reconnaissance personnelle. Elle est définie comme « un fort désir de réaliser ou d'atteindre un objectif, généralement avec de la détermination et des efforts à l'appui », ce qui génère des bénéfices personnels. L'ambition prend la forme de rêves et d'aspirations. En outre, un ego sain provient de la volonté d'instaurer la croissance et la maîtrise.

0 - 10

6. Vos clients sont-ils conscients de leur rôle au sein de l'organisation et de la position qu'ils occupent par rapport aux autres dans leurs marchés ou environnements ? Le rôle est défini comme étant « la fonction ou la charge assumée par une personne dans une situation particulière ». Une « fonction » est basée sur la compétence, tandis que la « charge assumée » est déterminée par le poste ou le statut d'une personne. D'une part, un rôle reflète les compétences, les capacités et les efforts personnels et est lié à ce qu'une personne exécute (ou est censée réaliser). D'autre part, le rôle reflète le « statut », c'est-à-dire ce que l'on représente par rapport aux autres. Par conséquent, le rôle est un croisement entre la position qu'une personne occupe par rapport aux autres et les capacités et comportements prévus qui sont liés à celle-ci.

0 - 10

À cette étape, examinons les résultats. Lesquels sont en dessous d'un score de 7/10? Il s'agit là de domaines susceptibles d'amélioration. Il peut même s'agir de domaines essentiels à améliorer en fonction des Métas objectifs de votre client, pour leur entreprise ou encore pour la vôtre en tant que chef d'entreprise. Nous vous invitons à explorer davantage ces domaines avec vos clients, car ils sont utiles pour déterminer les actions essentielles à inclure dans la troisième étape du modèle DIAMOND de la SFM lié à l'approche-conseil générative : Adopter un plan d'action – *Établir une voie essentielle.*

Adopter un plan d'action

Questions à prendre en compte dans l'aménagement du plan d'action

1. Passion
- *Qu'est-ce que vos clients aiment vraiment faire?*
- *Qu'est-ce qui les enthousiasme?*
- *Que trouvent-ils d'intéressant et de fascinant?*
- *Qu'est-ce qui leur apporte un profond sentiment d'enthousiasme et de dynamisme?*

2. Vision à long terme
- *Que veulent créer vos clients dans le monde par le biais de leur entreprise?*
- *Quelles nouvelles possibilités veulent-ils voir dans le monde?*
- *À quel monde veulent-ils appartenir?*

3. Orientation
- *Quels aspects de ce monde vos clients veulent-ils voir améliorés ou changés?*
- *Que veulent-ils voir davantage ou moins à l'avenir?*

4. Contribution et mission
- *Quel service vos clients rendent-ils au système et à la vision d'ensemble?*
- *Quelle est leur contribution unique à la réalisation de cette vision?*
- *Quels dons, ressources, capacités et actions en particulier apportent-ils au système d'ensemble pour contribuer à la réalisation de la vision?*

5. Ambition
- *Quel type de vie vos clients souhaitent-ils instaurer pour eux-mêmes?*
- *Que veulent-ils accomplir? Quel type de statut et de performance veulent-ils atteindre pour eux-mêmes et pour les autres?*
- *Pour quoi voudraient-ils être reconnus ou qu'on se souvienne d'eux? Que voudraient-ils ajouter à leur C.V. ou à leur biographie?*

6. Rôle
- *Quel type de personne vos clients doivent-ils être et quel rôle doivent-ils jouer, afin de construire la vie qu'ils souhaitent et de réussir leurs ambitions? Missions? Visions?*
- *Quelle position occupent-ils par rapport aux autres dans leur environnement ou marché?*
- *Quelles compétences fondamentales sont-elles nécessaires pour devenir le type de personne qu'ils doivent être ou atteindre et pour demeurer dans la position ou le statut nécessaire pour ce faire?*

Macro Mindset - Habitudes de succès

Comme nous l'avons mentionné précédemment, Macro Mindset est lié aux disciplines et aux pratiques mentales nécessaires pour mettre l'accent sur la vision d'ensemble d'une entreprise et pour contribuer à sa mise en action. Ces pratiques renforcent la discipline mentale nécessaire au succès durable. Il s'agit de bien gérer ses efforts et sa concentration, de rechercher fréquemment la rétroaction honnête, d'être à l'affût des occasions à saisir, de faire face efficacement aux risques et à l'adversité de même que de se ressourcer et de trouver l'équilibre.

Le Macro Mindset des entrepreneurs et des dirigeants qui connaissent le succès est constitué des cinq « habitudes à l'origine du succès » ci-dessous. Évaluez votre Macro Mindset et celui de vos clients, en attribuant une cote aux cinq énoncés suivants selon une échelle de 0 à 10 (10 étant ce qui est le plus vrai pour votre client et 0, ce qui ne l'est pas du tout). En tant que consultant génératif ou chef d'entreprise, vous pourriez répondre à ces énoncés en vous plaçant en deuxième ou troisième position, ou encore en interviewant directement vos clients ou votre équipe.

Évaluation du Macro Mindset

Macro Mindset	Score
1. **S'adonner à ce qui est gratifiant et investir beaucoup d'efforts et de concentration sur la réalisation de ce qui est souhaité.** C'est un attribut essentiel pour commencer ou mener à bien tout projet d'entreprise.	0 - 10
2. **Rechercher la rétroaction honnête et mettre en place des moyens de l'obtenir fréquemment.** Il s'agit d'une habitude de succès importante, qui aide à éviter les problèmes et les obstacles et à apporter les corrections de parcours nécessaires.	0 - 10
3. **Rechercher constamment des occasions à saisir et consacrer le temps nécessaire à les créer.** Il s'agit de scruter constamment son horizon à la recherche de possibilités et de « signaux faibles », qui peuvent représenter des occasions à saisir importantes. C'est une caractéristique essentielle du succès de tous les entrepreneurs.	0 - 10
4. **Être bien ancré dans son intériorité et plein de ressources, disposer de moyens pour se régénérer et retrouver son équilibre et mettre ces habitudes en pratique quotidiennement.** Il importe de disposer des moyens et de la discipline nécessaires pour prendre soin de soi et d'éviter de devenir trop stressé ou même épuisé. Il est essentiel d'utiliser des pratiques qui aident à s'ancrer, à retrouver son équilibre et à se régénérer, afin de parvenir à un succès durable et sain.	0 - 10
5. **Être conscient des risques et des problèmes éventuels et ne pas se décourager ou se laisser distraire face à l'adversité et aux réactions négatives.** Il faut disposer des outils et des ressources nécessaires pour conserver la maîtrise de la situation dans des conditions difficiles et fluctuantes. Le fait de maintenir son attention sur l'objectif et de « garder le cap » est l'un des plus importants attributs des entrepreneurs à succès. Il faut savoir comment « tenir la barre » et gouverner en eaux troubles.	0 - 10

Une fois de plus, réfléchissez aux scores attribués ci-dessus. Lesquels sont en dessous de 7/10 ? Prenez note de ces notes moins élevées dans votre Macro Mindset et commencez à explorer les moyens de les améliorer. Il s'agit là de domaines où l'amélioration est possible. En outre, comme pour les différents aspects du Méta Mindset de vos clients, ils constitueront des domaines essentiels d'amélioration en lien avec les Métas Objectfs de vos clients ou équipes.

En explorant la façon d'améliorer ces habitudes de succès, vous pourrez déterminer les actions essentielles à aborder dans le cadre de la troisième étape du modèle DIAMOND de la SFM™ liée au consulting génératif : Aménager le plan d'action – Établir une voie essentielle. Cette étape comporte souvent l'intégration de plusieurs niveaux de changement.

Adopter un plan d'action

Trousse à outils du consulting génératif – Adopter des habitudes de succès

En travaillant sur la première *(Définir l'état actuel)* et la deuxième (Identifier l'intention) étape du modèle DIAMOND de la SFM™ lié à l'approche-conseil générative, il pourrait être facile de déterminer de nombreux éléments sur lesquels se pencher simultanément. Or, comme vous le savez, consacrer votre attention à l'ensemble de vos intérêts ne vous mènera nulle part. Il est peut-être préférable de hiérarchiser les éléments sur lesquels se concentrer. Pour soutenir vos projets ou ceux de vos clients de manière efficiente, vous voudrez créer votre propre trousse à outils de consultant génératif.

Voici un exemple d'outil efficace à ajouter à votre trousse à outils. Il vous aidera à déterminer les initiatives à traiter en priorité pour assurer un *aménagement du plan d'action* efficace.

Traitement des initiatives par priorité

Il peut s'avérer difficile de choisir les projets à éliminer et ceux à réaménager en priorité. La matrice suivante propose une approche visant à évaluer les projets ou les actions, en vue d'interrompre les initiatives de moindre valeur et de réaffecter les ressources à des projets ou actions de plus grande valeur.

* Commencez par dresser un inventaire des principales initiatives en cours. Puis séparez-les en une liste A, B et C, en fonction du nombre de personnes et de ressources qu'ils accaparent et de l'ampleur des bénéfices qu'on attend comme résultats.

* Prenez la liste de projets A et, pour chaque projet, estimez les éléments suivants :

  - Les bénéfices attendus (élevés, moyens, faibles)

  - La période au cours de laquelle les bénéfices peuvent être obtenus (à court, moyen ou long terme)

  - La faisabilité de la mise en œuvre (élevée, moyenne, faible)

  - L'investissement nécessaire pour obtenir les bénéfices ($)

* Cartographiez chaque projet ou action dans la matrice illustrée ci-dessous.

Effet

Élevé

A B C

Faible

E D

F G

Faible   Élevé

grosseur de
l'investissement
en argent

Faisabilité

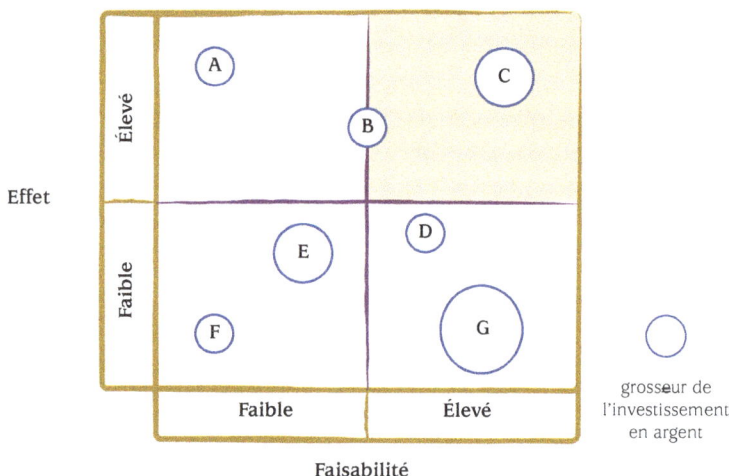

* Combinez les bénéfices et la période de temps en une moyenne de scores élevée, moyenne ou faible pour chaque projet ou action. Utilisez l'importance de l'investissement nécessaire à l'obtention des bénéfices pour correspondre à la taille de la « bulle » de chaque projet ou action.

  - Par exemple : si vous aviez l'intention de déplacer l'entreprise vers un autre lieu pour en améliorer la visibilité, attirer plus de clients, accroître la capacité de production et disposer d'un environnement adapté aux besoins et aux critères de vos équipes et si vous estimiez que ce projet aurait pour conséquence des effets ou des bénéfices élevés quant à la faisabilité à court et à moyen terme de sa mise en œuvre, quoiqu'associée à des coûts importants, vous traceriez un grand cercle dans le quadrant supérieur proche de la section médiane située près de « B », dans le diagramme ci-dessus.

  - Remarque : vous pourriez également éveiller vos multiples formes d'intelligence et faire preuve de générativité, en utilisant des symboles ou des métaphores pour illustrer chaque projet de la matrice.

* Faites de même sur des matrices distinctes pour les projets ou actions B et C. Puis, en collaboration avec une équipe pluridisciplinaire, concevez une stratégie pour chaque projet ou action. Choisissez ensuite de l'éliminer, de le réaménager en priorité, de le fusionner ou de l'actualiser en y ajoutant des ressources. Vous pouvez assurer le suivi de chaque projet le long d'une

ligne de temps pour vous assurer que ces stratégies soient mises en œuvre. Par ailleurs, les anciens projets prennent parfois bien du temps à être révolus, quoiqu'ils puissent refaire surface sous différentes formes. Enfin, apportez les changements nécessaires aux processus ou aux politiques, au besoin.

Quels autres exercices ou techniques ajouteriez-vous à votre boîte à outils pour encadrer vos projets et ceux de vos clients visant à développer un Macro Mindset ?

_____

_____

_____

Micro Mindset - Priorités continues

Comme nous l'avons établi, un Micro Mindset génère et oriente les actions précises nécessaires pour construire une entreprise durable. Le Micro Mindset des entrepreneurs et des dirigeants à succès est fonction de la détermination de leurs priorités continues. Le Micro Mindset des entrepreneurs et des dirigeants à succès se décline selon neuf actions fondamentales.

1. **Catalyseur de motivation personnelle :** s'accorder le temps nécessaire pour explorer et renouer avec ce que vous aimez faire, ce qui vous est important et ce pourquoi vous êtes doué - c'est-à-dire votre passion, votre sentiment d'avoir une vision à atteindre et votre domaine d'excellence.

2. **Créateur de marchés :** créer des possibilités de dialogue continu avec les clients et les prospects - Le Mindset du créateur de marché est d'ouvrir et de maintenir le dialogue avec de multiples clients et représentants du service à la clientèle, afin de générer des intérêts et des recettes.

3. **Créateur de produits :** faire du brainstorming et mettre en place des produits et des services qui anticipent et comblent les besoins des clients – Le Mindset du créateur de produits vise à anticiper et à satisfaire les besoins et les désirs des clients en élaborant des solutions (produits et services).

4. **Fédérateur d'équipes** : attirer des membres dans votre équipe et leur offrir une orientation et de l'accompagnement, tout en encourageant la coopération au sein de l'équipe - L'importance du Mindset du fédérateur d'équipes est d'attirer l'intérêt des personnes susceptibles de soutenir la mission de l'entreprise (ses produits et services) et de les orienter, en favorisant la synergie, la complémentarité et l'alignement.

5. **Développeur de compétences** : encourager les membres de l'équipe et leur offrir des possibilités d'apprentissage et de développement - L'objectif premier du Mindset du développeur de compétences est de fournir les occasions et les ressources nécessaires aux membres de l'équipe afin de se perfectionner et d'accroître leurs compétences.

6. **Sourceur financier** : déceler les investisseurs potentiels et les fournisseurs d'autres ressources essentielles et capter de manière créative leur intérêt et leur engagement à soutenir l'entreprise - La priorité liée au Mindset du sourceur financier consiste à rassembler les sources de financement et d'autres ressources essentielles (parties prenantes et investisseurs) et à les associer de manière créative aux ambitions et aux forces de l'entreprise..

7. **Stratège d'entreprise** : créer et développer une infrastructure durable et une voie vers la croissance et l'évolutivité pour votre entreprise - Le Mindset lié au stratège d'entreprise se concentre sur la mise en place d'une infrastructure durable et d'une voie vers la croissance et l'évolutivité pour l'entreprise, afin de créer de la valeur pour les investisseurs et les autres parties prenantes.

8. **Créateur de partenariats** : rechercher et établir des relations gagnantes avec des partenaires et des alliés potentiels qui se reconnaissent dans vos valeurs et votre vision – La vision liée au Mindset du créateur de partenariats est de rechercher d'autres entreprises (partenaires ou alliances) qui partagent vos visions et valeurs et se complètent mutuellement grâce à leurs rôles et forces (par le partage, la combinaison ou l'échange), afin d'établir des relations gagnantes.

9. **Visionnaire de potentiels** : déterminer et exploiter les synergies entre ce que vous faites et les produits, les services ou les compétences d'autres entreprises – L'objectif principal lié au Mindset du visionnaire de potentiels est de reconnaître, d'explorer et de mettre en œuvre des synergies importantes avec les produits, les services ou les compétences, etc. d'entreprises complémentaires (partenaires ou alliances), afin d'enrichir et d'exploiter les ressources accessibles.

Évaluation du Micro Mindset

Le questionnaire suivant vous aidera à déterminer les Micro Mindsets à acquérir. Vous pouvez vous évaluer individuellement, en tant que consultant génératif ou chef d'entreprise avec vos propres clients, ou encore l'utiliser dans une perspective externe lorsque vous évaluez une équipe ou une entreprise.

Micro Mindset	Je, il, elle ou ils/elles l'apprécie(nt) / Nous l'apprécions	J'y, il y, elle y ou ils/ elles y suis/ est/sont doué(s).e(s) / Nous y sommes doués.es	J'y, il y, elle y ou ils/elles y consa-cre(nt) / Nous y consacrons du temps
1. S'accorder le temps nécessaire pour explorer et renouer avec ce que vous aimez faire, ce qui vous est important et ce pourquoi vous êtes doué – c'est-à-dire votre passion, votre sentiment d'avoir une raison d'être à atteindre et votre domaine d'excellence			
2. Créer des possibilités de dialogue continu avec les clients et les prospects			
3. Faire du brainstorming et mettre en place des produits et des services qui anticipent et comblent les besoins des clients			
4. Attirer des membres dans votre équipe et leur offrir une orientation et de l'accompagnement, tout en encourageant la coopération au sein de l'équipe			
5. Encourager les membres de l'équipe et leur offrir des possibilités d'apprentissage et de développement			
6. Déceler les investisseurs potentiels et les fournisseurs d'autres ressources essentielles et capter de manière créative leur intérêt et leur engagement à soutenir l'entreprise			
7. Créer et développer une infrastructure durable et une voie vers la croissance et l'évolutivité pour votre entreprise			
8. Rechercher et établir des relations gagnantes avec des partenaires et des alliés potentiels qui se reconnaissent dans vos valeurs et votre vision			
9. Déterminer et exploiter les synergies entre ce que vous faites et les produits, les services ou les compétences d'autres entreprises			

Indiquez un « X » dans les colonnes qui correspondent le mieux à l'autoréflexion de vos clients ou de vos équipes, en ce qui concerne les actions figurant dans le tableau ci-dessus.

Cette fois, en référence aux réponses données ci-dessus, prenez conscience des différents aspects de l'état d'esprit qui correspondent aux diverses réponses.

* Si l'on aime une activité particulière, si l'on est doué pour la pratiquer et si l'on y consacre du temps, elle est décidément une force. Cependant, cette force pourrait être un atout ou un frein, en ce qu'elle représente ou non l'aspect le plus important à réaliser pour atteindre les buts de l'entreprise.

* Si l'on aime une activité particulière et si l'on est doué pour la pratiquer, mais qu'on n'y consacre pas suffisamment de temps, tout porte à croire que les priorités sont accordées à d'autres actions. Dans ce cas, la question principale consiste à établir si on doit consacrer du temps ou non à cette activité afin d'atteindre le but du projet ou de l'entreprise.

* Si l'on aime une activité particulière et qu'on y consacre du temps, sans toutefois y être doué, elle deviendra probablement une source de frustration. Ainsi, il serait souhaitable d'obtenir une formation ou un encadrement pour l'activité en question.

* Si l'on est doué pour une activité particulière et qu'on y consacre du temps, et ce, même si on ne l'aime pas, on la considérera probablement comme une activité nécessaire, mais ennuyeuse et fastidieuse. Dans ces circonstances, il serait utile d'explorer les moyens d'accroître la motivation personnelle. Par exemple, il peut être stimulant de passer du temps avec une personne qui aime vraiment pratiquer cette activité et de prendre modèle sur elle.

* Si l'on aime une activité particulière, sans y être doué et sans y consacrer du temps, elle n'ajoutera probablement que peu de valeur, et ce, même si on peut y prendre plaisir. Il faudra sans aucun doute investir du temps à pratiquer cette activité, afin d'en apprendre davantage et d'y apporter des améliorations, et ce, en fonction des buts de l'entreprise.

* Si l'on consacre du temps à une activité particulière, mais qu'on ne l'aime pas et qu'on n'y est pas doué, on risque de se sentir fréquemment dépassé et d'éprouver le sentiment de « tourner en rond » ou de perdre son temps, même si on pense que l'activité est importante à réaliser. Visiblement, il s'agit là d'un contexte pour lequel il est préférable d'obtenir du soutien quant au développement de ses capacités autant que de sa motivation.

* Si l'on est doué pour une activité particulière, mais qu'on ne l'aime pas et qu'on n'y consacre pas du temps, décidément, il s'agit là d'une question de motivation plutôt que de compétence ou de priorité. Il serait utile d'investir du temps pour mieux comprendre les raisons pour lesquelles l'activité est importante et pour explorer comment accroître son intérêt et prendre davantage goût à la réaliser.

* Si l'on n'aime pas une activité particulière, on n'y est pas doué et on n'y consacre pas de temps, il s'agit visiblement d'un aspect qui se prête au développement. Il faudra un soutien sérieux pour développer la motivation et les capacités, ou encore se trouver un partenaire de confiance qui a les compétences liées à cette activité.

De nouveau, prenez note des domaines les plus importants susceptibles de développement.

Trousse à outils du consulting génératif – Encadrement du développement du Macro Mindset

Traitement des tâches par priorité

Les entrepreneurs, les dirigeants et les managers doivent souvent sélectionner et hiérarchiser leurs activités et initiatives. Selon la règle des 80/20, les managers auraient avantage à se concentrer sur les 20 % des actions ou initiatives qui produisent 80 % des résultats. L'outil suivant propose une approche pour explorer et sélectionner les initiatives qui sont susceptibles d'être les plus significatives et, ainsi, d'exercer le plus grand effet de levier, afin d'obtenir des résultats à plus long terme. Dans la colonne à l'extrême gauche du tableau, indiquez les initiatives que vous-même, en tant que chef d'entreprise ou votre client devez établir en ordre de priorité ou parmi lesquelles il faut choisir. Ensuite, évaluez le degré auquel chaque initiative (élevé, moyen ou faible) correspond aux six critères de prise de décision énumérés au haut du tableau.

* **Essentielle à la mission** : Quelle est l'importance de l'initiative en ce qui concerne la mission de votre groupe ou de votre organisation?

* **En accord avec les valeurs essentielles** : Dans quelle mesure l'initiative correspond-elle aux valeurs essentielles de votre groupe ou de votre organisation?

* **Correspond aux compétences fondamentales** : Dans quelle mesure l'initiative correspond-elle aux compétences fondamentales de votre groupe ou de votre organisation?

* **Convient aux facteurs essentiels de succès** : Dans quelle mesure l'initiative correspond-elle aux facteurs essentiels de succès? (par exemple, un besoin évident, un parrainage approprié, l'adhésion des parties prenantes, des commentaires tangibles, etc.)

* **Génère un degré de rentabilité** : Quelles sont les retombées potentielles de l'initiative?

* **Associée à un coût ou un risque** : À quel montant s'élève le coût ou le risque associé à l'initiative?

Pour comptabiliser rapidement les résultats, attribuez un numéro (3-Élevé, 2-Moyen, 1-Faible) à chaque score donné (associez un nombre négatif au coût ou au risque) et additionnez ces derniers.

Quels autres éléments ajouteriez-vous à votre trousse à outils pour soutenir votre projet ou celui de votre client, dans le cadre du développement d'un Micro Mindset ?

Critères de prise de décision

Échelle de scores : E (3) = Élevé, M (2) = Moyen, F (1) = Faible

Initiative	Essentielle à la mission	En accord avec les valeurs essentielles	Correspond aux compétences fondamentales	Convient aux facteurs essentiels de succès	Génère un degré de rentabilité	Associée à un coût ou un risque

Success MindsetMap™ de la SFM™

L'assemblage de toutes les pièces Métas Objectifs, Meta Mindset, Macro Mindset et Micro Mindset –liées au Cercle de succès sont résumés dans la Success Mindset Map™ de la SFM™. De nombreux éléments sont étroitement interreliés.

La Success MindsetMap™ de la SFM™ répertorie les aspects précis du mindset qui sont nécessaires pour atteindre les différents objectifs fondamentaux définis selon le Cercle de succès. Assurer la solidité financière, par exemple, nécessiterait une combinaison différente d'attributs Meta, Macro et Micro Mindset que ce qui serait nécessaire, par exemple, pour augmenter l'innovation et la résilience financière d'une entreprise.

Ainsi, littéralement à l'instar d'une carte, la Success MindsetMap™ de la SFM™ créée par Mickey A. Feher et Robert Dilts indique la voie à suivre si vous voulez ou devez orienter le projet ou l'entreprise de vos clients dans une certaine direction.

En résumé, la Success MindsetMap™ de la SFM™ précise, parmi les éléments des trois domaines du mindset, soit Méta, Macro et Micro, lesquels sont les plus importants et les plus pertinents pour atteindre les différents objectifs fondamentaux définis par le Cercle de succès. En fonction du but Méta ou de l'orientation actuelle de votre entreprise, le renforcement de votre satisfaction personnelle, une contribution significative, l'accentuation de la solidité financière, l'accroissement de l'innovation et de la résilience ou la croissance évolutive pourrait constituer un objectif important. Ainsi, la Success MindsetMap™ de la SFM™ vous aide à déterminer les aptitudes et tendances particulières de vos clients et à reconnaître lesquelles vous et vos clients devez traiter en priorité, dans l'optique de renforcer et d'orienter le projet ou l'entreprise de vos clients vers une nouvelle étape.

En évaluant les trois domaines du mindset, soit Méta, Macro et Micro, en fonction des Méta Objectifs, la Success MindsetMap™ de la SFM™ vous aidera à cibler les éléments les plus importants et pertinents de ces trois domaines, afin d'atteindre le but Méta ou l'orientation actuelle de l'entreprise, en vous fournissant une carte de l'état d'esprit idéal pour y arriver.

Comme vous l'avez fait dans les pages précédentes en examinant les différentes formes d'évaluation du Mindset selon une perspective dite du cerveau gauche, il pourrait également s'avérer très enrichissant d'utiliser de multiples formes d'intelligence pour répondre aux questions plus précisément. Vous pourriez utiliser des symboles, des métaphores, de la gestuelle ou des sons pour approfondir votre connaissance des aptitudes et des tendances particulières de vos équipes ou de vos clients, en ce qui concerne vos Mindsets, compétences et habitudes ou les leurs. Une fois que c'est fait, vous pourrez comparer les réponses avec la carte idéale du Mindset quant à leurs buts Métas. Vous décèlerez ainsi les réponses qui doivent être abordées en priorité et renforcées, afin d'orienter le projet ou l'entreprise vers une nouvelle étape.

Pour trouver la carte idéale du Mindset associée à chaque Méta Objectif, nous vous invitons à visiter : www.mindsetmaps.com.

Enfin, pour obtenir un exemple concret de l'utilisation de cette carte, nous vous invitons à lire le chapitre 5 de Mickey. Dans ce chapitre, il décrit comment il a utilisé la Success Mindset Map de la SFM™ pour aider un de ses clients à refaçonner son Mindset, afin de se développer et de transformer son équipe et son entreprise.

Voici l'ensemble du système de la carte de l'état d'esprit. Vous pouvez trouver votre propre carte de l'état d'esprit au www.mindset-maps.com.

2.7 La croissance et les sept étapes du consulting génératif - Exemple d'application

Dans cette section, nous présenterons comment utiliser le Cercle de succès (CdeS) de la SFM™ comme modèle de base pour soutenir les trois premières étapes du processus lié à l'approche du consulting génératif. De plus, il sera question de certains outils supplémentaires nécessaires aux étapes suivantes. En tant que consultant génératif, votre sens de la générativité, vos connaissances et vos expériences vous aideront à créer votre propre trousse à outils, qui servira à assurer le suivi de chaque étape du processus du modèle DIAMOND de la SFM™ lié à l'approche générative.

Comme Robert le souligne au chapitre 1, le consulting peut prendre des jours, des semaines, voire des mois. Bien que les trois premières étapes du modèle DIAMOND de la SFM™ puissent évoluer assez rapidement, la quatrième étape de la mise en œuvre du plan d'action peut prendre plusieurs mois. Or, votre rôle comme consultant génératif et chef d'entreprise consiste à élaborer un programme et une feuille de route pour vos clients ou vos équipes visant à intégrer des interventions multiples, dans le but d'atteindre les principaux objectifs organisationnels qui n'ont peut-être jamais été atteints auparavant. À titre de rappel, vous devez vous concentrer essentiellement sur le processus plutôt que sur le contenu. Vous n'avez pas besoin d'être un « expert en contenu » pour guider les gens à travers des processus. Votre rôle est de les aider à maximiser leurs propres ressources, à utiliser leur imagination en stimulant l'utilisation de leurs intelligences multiples et de leur proposer des solutions stratégiques et optimisantes.

J'aime m'inspirer des histoires à succès entrepreneuriales. Voici un fait vécu dont j'ai pris connaissance lors du Sommet du leadership de la PNL tenu à Alicante, en Espagne, en janvier 2020. Une personne a mis en lumière avec enthousiasme l'étonnante synchronicité entre les concepts de la générativité et la façon dont la SFM™ et les processus conçus par Robert et son frère John, aujourd'hui décédé, avaient contribué à la croissance et au succès de deux de ses propres entreprises. Cette personne a notamment déclaré : « Il y a eu un avant la SFM™ et puis il y a eu un après ». **Vous trouverez, à l'annexe II**, l'intégralité de l'histoire inspirante de MailNinja, l'une des entreprises de Tony Nutley, décrivant notamment les débuts de cette entreprise et sa transformation en une expérience de « zéro à héros ». En prenant connaissance de l'entretien et des échanges à caractère génératif que j'ai eus avec lui, vous obtiendrez un aperçu de la façon dont le modèle DIAMOND de la SFM™ lié à l'approche générative a été appliqué et continue, à ce jour, à stimuler la croissance de son entreprise.

En bref, MailNinja a fait ses premiers pas en 2005, à Swindon, au Royaume-Uni. Doug Dennison était le PDG de l'entreprise, tandis que Tony Nutley était le chef de l'exploitation. En 15 ans et à partir de rien, ils ont mis sur pied une agence qui compte maintenant neuf employés et qui réalise un chiffre d'affaires annuel de près d'un million de livres sterling.

Voici la synthèse de l'application du modèle S.C.O.R.E. et du Cercle de succès (CdeS) à la base du succès génératif de MailNinja :

Aperçu du modèle S.C.O.R.E.

Symptômes personnels et liés au marché	Causes possibles		Objectifs souhaités	Ressources possibles
	Externes	Internes		
• Entreprises de petites à moyennes tailles éprouvent des difficultés avec le marketing par courriel • Doug n'était plus heureux dans son poste précédent et a suivi une formation en marketing par courriel	• Manque de temps et de ressources appropriées	• Manque de formation et de savoir-faire	• Création d'une entreprise prestataire de services ESP et courriel utile et efficace	• Exploration des passions de Doug • Création d'une vision d'affaire convaincante • Établissement des ambitions • Création d'une équipe • Recherche de partenaires • Conception d'un Cercle de succès équilibré

La feuille de route du succès de MailNinja en bref – L'application du Cercle de succès de la SFM™

1. Ces deux entrepreneurs ont mis en place le Cercle de succès de la SFM™, avec Doug au cœur du processus.

   - *Nous avons exploré – **Qui** est cette personne et la passion qui l'animait.*

   - *Nous avons déterminé – **Comment** nous allions contribuer à ce que cette passion se manifeste le long des niveaux logiques.*

   - *Nous avons précisé – **Où serait** l'écart susceptible de causer certaines difficultés.*

2. Ensuite, ils ont ciblé le type de clients qu'ils voulaient, soit :

   - *Les propriétaires de petites et moyennes entreprises et tous les responsables marketing des entreprises un peu plus grandes*

3. Ils ont rassemblé une équipe en trouvant les personnes dont ils avaient besoin :

   - *Nous avons dû embaucher des personnes, parce que nous ne pouvions pas tout faire nous-mêmes.*

   - *Nous avons investi une somme colossale pour soutenir les membres de notre équipe, en leur offrant de la formation, du soutien au perfectionnement et des initiatives d'aide à l'emploi.*

4. Ils ont trouvé les parties prenantes dont ils avaient besoin :

   - *HSBC - Cette banque est devenue la principale partie prenante, parce qu'elle nous avait avancé des fonds; ce fut un geste très apprécié de leur part. Merci beaucoup, HSBC!*

5. Ils ont établi des partenariats efficaces :

   - *Nous nous sommes associés avec MailChimp, le plus grand fournisseur de services de courrier électronique au monde, avec lequel nous avons maintenant une incroyable relation gagnante et mutuellement bénéfique.*

   - *Nous nous sommes également associés avec quelques autres personnes essentielles et des sociétés de développement de logiciel, qui se sont montrées énormément solidaires.*

6. Ils ont fait leurs plans et sont passés à l'action :

- *Nous avons déterminé notre vision et notre ambition.*

7. Ils ont surmonté les obstacles pour rester sur la bonne voie, garder le cap et s'en tenir à leur plan :

- *Nous veillons à ce qu'il y ait des vérifications régulières et que tout soit équilibré, afin de demeurer sur notre voie.*

Pour en connaître davantage et obtenir la version complète de la mise en œuvre du modèle DIAMOND de la SFM™, **voir l'annexe II**. J'espère que l'histoire de Tony vous inspirera, stimulera la croissance de votre propre entreprise et vous fournira des lignes directrices efficaces à proposer à vos clients pour leurs entreprises..

Vision : ajouter de la valeur aux petites et moyennes entreprises et contribuer à leur croissance de manière significative

Ambition : devenir le numéro un des services de soutien de messagerie électronique au Royaume-Uni et établir une clientèle mondiale, en envoyant des millions de courriels et faisant ainsi un million et demi de tonnes d'affaires d'ici la fin de l'année (2020)

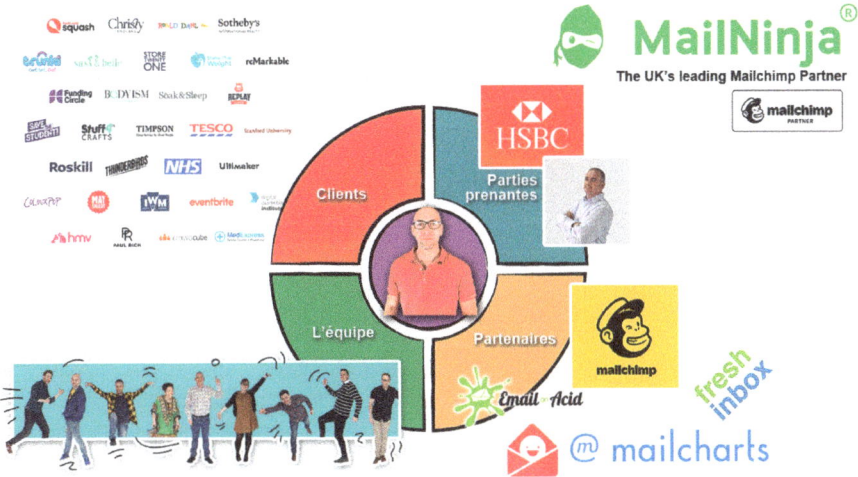

Mission : être un fournisseur de services de courrier électronique et effectuer du marketing par courriel, afin d'assister les personnes qui privilégient MailChimp comme leur ESP

Rôle : s'associer au plus important fournisseur de services de courrier électronique (ESP) au monde – MailChimp

MailNinja – Cercle de succès

2.8 Compétences visant à stimuler la croissance

Les compétences essentielles à tout consultant génératif ou chef d'entreprise regroupent une curiosité assidue, la créativité et la flexibilité. La capacité de faire appel à de multiples formes d'intelligence (visuelle, somatique, métaphorique, collective, etc.) pour définir un Cercle de succès maximise vos chances d'obtenir la perspective la plus riche et la plus complète de la situation de vos clients et de leurs défis. En plus de ces compétences, il existe des aptitudes essentielles à intégrer spécifiquement à votre travail auprès des entreprises de vos clients et de la vôtre durant la phase de croissance.

Un degré très élevé de compétences relationnelles représente l'une des compétences essentielles de tout entrepreneur, leader ou consultant génératif qui souhaite favoriser la croissance.

* **Compétences relationnelles** – la capacité d'établir des rapports et à inspirer la confiance – Un consultant efficace doit être en mesure d'établir des relations de confiance avec les clients, afin d'inciter un changement significatif. Sans confiance, les personnes ne sont pas disposées à essayer de nouvelles approches et à prendre des risques.

Pour être efficace dans la création d'un programme et d'un parcours pour vos clients, vos compétences en matière de détection de schémas et votre capacité à réfléchir de manière stratégique sont également essentielles.

* **Compétences en matière de détection des schémas** – la capacité de déceler à la fois les signaux forts et faibles à différents niveaux de tendances et de signification dans les données, l'écosystème de l'entreprise et les interactions personnelles.

* **Pensée stratégique** – la capacité de se concentrer à la fois sur l'ambition et la vision (signification et vision) et de déterminer la manière avec laquelle les étapes plus petites tracent une voie essentielle vers un objectif plus important.

Comment vous évaluez-vous, selon ces trois compétences essentielles?

Les questions suivantes vous aideront à évaluer vos propres capacités. Vos réponses pourront vous fournir des indications utiles quant à ce sur quoi vous pourrez vous concentrer personnellement et travailler avec votre prochain client.

Questions d'autoévaluation

a) Compétences relationnelles

1. Qu'avez-vous fait pour instaurer la confiance et créer un environnement empreint d'un sentiment de sécurité psychologique avec votre client?

2. À quelle fréquence avez-vous reconnu les réactions, les préoccupations et les idées de votre client?

3. De quelle manière avez-vous adapté votre langage et l'espace-temps pour suivre le rythme de votre client?

b) Compétences en matière de détection des schémas

1. Sur quels plans (environnement, comportement, capacités, valeurs et convictions, identité et sens) avez-vous observé des schémas possibles en ce qui concerne le Cercle de succès de la SFM?

2. Quels types de liens avez-vous établis entre les renseignements donnés et vos observations personnelles?

3. De quelle façon avez-vous intégré les différents niveaux d'information tirée des données, de l'écosystème de l'entreprise de votre client de même que des interactions interpersonnelles pour trouver des schémas essentiels?

c) Compétences en matière de réflexion stratégique

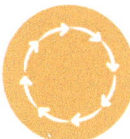

1. Comment vous êtes-vous assuré que votre client ne se concentre pas uniquement sur les étapes suivantes (buts à court terme), mais qu'il accorde également une attention constante à la vision d'ensemble (orientation à long terme)?

2. Comment vous êtes-vous assuré que les ambitions de votre client s'inscrivent dans une vision plus large?

3. Comment avez-vous utilisé à la fois les détails et les connaissances sur la vision d'ensemble pour tracer une voie fondamentale menant à la fois à l'ambition et à la vision?

2.9 Principaux éléments à retenir de ce chapitre

La stimulation de la croissance est une étape nécessaire pour assurer le succès d'une entreprise et son avenir durable. Le rôle que vous jouerez en tant que consultant génératif et chef d'entreprise est d'une importance capitale pour atteindre cette finalité. En résumé, pour aider vos clients et vos équipes à créer un Cercle de succès™ de la SFM™ robuste, vous devrez les aider à :

* S'harmoniser à leur passion et à leur sens;

* Formuler une vision à long terme inspirante (axée sur l'humain, systémique et authentique) et la transmettre avec charisme;

* Créer un produit ou un service qui répond aux besoins de leurs clients;

* Créer un alignement en ayant une mission qui soutient leur vision;

* Fixer des buts et des ambitions clairs, mesurables et en harmonie avec leur vision;

* Augmenter les investissements et acquérir les ressources essentielles visant à avancer avec succès;

* Améliorer et exploiter leurs ressources et leurs talents et définir des rôles clairs au sein de leur projet d'entreprise;

* Établir des relations gagnantes au sein de l'entreprise et avec les partenaires, les collaborateurs, les parties prenantes et les clients.

Lorsque nous sommes nous-mêmes en mesure, en tant que consultants génératifs et chefs d'entreprise, « d'incarner le changement » que nos clients souhaitent, nous devenons les catalyseurs de leur succès.

Selon mon expérience personnelle, je constate que nous soutenons mieux nos clients par notre croissance personnelle et professionnelle (voir le chapitre 6 – Incarner le changement génératif). Que ce présent chapitre sur la stimulation de la croissance et les chapitres à venir vous fournissent des conseils et des éclaircissements qui vous aideront à trouver vos propres possibilités de croissance et d'expansion, afin de passer à un nouveau niveau de succès.

Une fois qu'un Cercle de succès robuste aura été mis en place, vos clients seront sur la voie de merveilleux succès génératifs. Votre ultime tâche et huitième étape « non officielle » consistera à célébrer le succès!

Incarnez le changement génératif que vous souhaitez se manifester dans la vie et les entreprises de vos clients.

Longue vie et prospérité aux entreprises de vos clients de même qu'aux vôtres.

Une crise (du grec κρίσις - krisis; forme adjectivale : critique) est une circonstance qui conduit (ou est censé conduire) à une situation instable et néfaste susceptible d'affecter une personne, un groupe, une collectivité ou une société entière. Une crise est considérée comme étant un changement nuisible sur les plans de la sécurité, de l'économie, de la politique, de la société ou de l'environnement, en particulier lorsque celle-ci se produit de manière abrupte, avec peu ou pas d'avertissement. [traduction libre]

https://en.wikipedia.org/wiki/Crisis

Chapitre 3

La gestion générative des crises en affaires

Kathrin M. Wyss et Robert B. Dilts

3.1 Vue d'ensemble

Lors d'une situation de crise, il est important de soutenir rapidement l'organisation en vue d'obtenir des résultats, de créer et gérer le changement, de contribuer au développement des personnes et de concrétiser les valeurs. Dans le présent chapitre, nous aborderons la manière dont, en tant que consultant génératif ou chef d'entreprise, vous pouvez utiliser le *modèle de leadership de la modélisation des facteurs de succès* (SFM) et le modèle DIAMOND de la SFM™. Au chapitre 2, nous avons présenté les domaines principaux de succès que toute entreprise peut atteindre en appliquant le Cercle de succès™ et la Success MindsetMap de la SFM™. Dans ce chapitre, nous nous appuierons sur tous ces domaines pour aborder plus particulièrement le rôle important que le leadership joue dans l'orientation et l'encadrement du monde actuel (des affaires), alors qu'il devient de plus en plus volatile, incertain, complexe et ambigu (VICA).

3.2 Pourquoi ce chapitre est-il important?

Le leadership est le processus par lequel une personne établit une vision pour les autres et les motive à la poursuivre avec efficacité et un engagement total. Grâce au leadership, le potentiel individuel peut se transformer en rendement collectif. En 2008, Rakesh Khurana et Nitin Nohria ont postulé dans leur article *It's Time to Make Management a True Profession*[1] que « lorsqu'on bâtit son entreprise de manière consciente, il devient plus facile de se souvenir de son intention (la passion harmonisée à la vision) et de remettre en question le statu quo (mission, ambition, rôle) ». En analysant la culture du leadership d'une organisation à travers le prisme du modèle de leadership de la SFM™ durant la première étape du processus de consulting génératif DIAMOND (Définir l'état présent), depuis les perspectives du modèle de leadership de la SFM™, les consultants génératifs et chefs d'entreprise trouveront des éléments d'ancrage essentiels aux initiatives de management du changement qui sont susceptibles de remettre l'efficacité collective sur la bonne voie. Ces initiatives de changement peuvent être mises en œuvre efficacement en appliquant les principes du modèle de l'intelligence collective de la SFM™, qui seront détaillés au chapitre 4.

---

1   Hippocratic path for managers. It's Time to Make Management a True Profession. 2008. HBR 86 no 10 70-77 https://hbr.org/2008/10/its-time-to-make-management-a-true-profession

3.3 Mise en contexte

Avant d'aborder le modèle de leadership de la SFM™, examinons le contexte à travers les prismes des philosophies et des tendances actuelles et ceux des attentes des employés à l'égard d'un leadership efficace.

Au cours des deux dernières décennies, un nouveau paradigme commercial a émergé et s'est amplifié depuis que la génération Y (le plus souvent désignée comme « les milléniaux ») est apparue sur le marché du travail. Tandis que de nombreux PDG de la vieille école sont critiqués et perçus comme des dirigeants cupides, de véritables visionnaires comme Elon Musk et Richard Branson croient en une vision et des buts qui leur sont profitables autant qu'aux autres. Ils savent que c'est la vision et « l'âme » d'un leader qui attirent des employés loyaux qui sont prêts à aller au-delà de l'appel du devoir au sein d'une entreprise. Cette prise de conscience cadre avec les besoins et les désirs des milléniaux, comme décrits dans la plupart des recherches. Ces derniers ont une préférence pour la culture d'entreprise horizontale et s'attendent à des relations de travail étroites et à des feedback fréquents de la part de leurs superviseurs. Ils mettent également l'accent sur l'équilibre entre la vie professionnelle et la vie privée de même que sur la conscience sociale.[2] [3]

De nos jours, les entreprises et le travail de cette époque ont remplacé la religion et la politique comme piliers centraux de la vie contemporaine. Cette réalité fait en sorte qu'il est primordial pour beaucoup de gens, surtout pour les milléniaux, de se valoriser dans leur contribution au travail, et ce, non seulement pour trouver leur propre bonheur, mais aussi pour créer une société juste et évolutive. Dans son livre *Good Business: Leadership, Flow, and the Making of Meaning* [4], Mihaly Csikszentmihalyi souligne le fait que les humains ne peuvent pas survivre sans espoir et mentionne trois facteurs cruciaux à l'exploitation efficace d'une entreprise :

1. La confiance

2. L'engagement à contribuer à l'épanouissement personnel des employés

3. La volonté de créer des produits qui aident l'humanité

---

2 Myers, Karen K.; Sadaghiani, Kamyab (1er janvier 2010). "Millennials in the Work place: A Communication Perspective on Millennials' Organizational Relationships and Performance". dans Journal of Business and Psychology. 25 (2) : pp. 225–238.

3 Hershatter, Andrea; Epstein, Molly (1er janvier 2010). "Millennials and the World of Work: An Organization and Management Perspective". dans Journal of Business and Psychology. 25 (2) : pp. 211–223

4 Mihaly Csikszentmihalyi. Good Business: Leadership, Flow and the Making of Meaning, Penguin Books. 2004, ISBN 9780142004098

En outre, Daniel Pink affirme, dans son livre *Drive: The surprising truth about what motivates us*[5] de 2009, que les entreprises uniquement préoccupées par les profits et coupées d'une vision porteuse se retrouveront avec un mauvais service à la clientèle et des employés malheureux. Or, M. Pink indique que trois facteurs similaires sont essentiels pour motiver les employés à exceller dans leurs tâches principales et à accroître leur rendement et leur satisfaction :

1. Autonomie - le désir d'être autonome pour renforcer l'engagement plutôt que la conformité

2. Maîtrise – le désir d'être plus compétent

3. Sens - le désir d'atteindre un but qui a un sens et une importance

3.4 Importance du leadership conscient en cas de crise

Qu'est-ce qui rend si cruciale la nécessité de garder tous ces concepts à l'esprit lorsqu'on cherche à surmonter le plus aisément une crise? Dans de nombreuses situations de crise, les anciennes méthodes et la pensée linéaire ne fonctionnent plus. Ce qui était efficace auparavant ne génère plus de résultats positifs et peut même aggraver la situation. La plupart du temps, les situations de crise vont de pair avec des ruptures ou des contraintes financières, qui alimentent la nécessité de réduire les dépenses, de récupérer les ventes ou les clients ou de recouvrer l'image de marque de l'entreprise, afin de mettre fin à la diminution des ventes. Pour y parvenir efficacement et rapidement, l'ensemble de l'organisation doit comprendre la situation et entreprendre des démarches harmonisées visant notamment à concevoir de nouveaux produits, à réaménager les processus ou à réduire le gaspillage.

Afin de surmonter une crise, il devient donc nécessaire d'encourager les membres du personnel à donner le meilleur d'eux-mêmes pour créer une toute nouvelle façon de fonctionner. Pourtant, ce n'est souvent pas la réaction spontanée. Les employés, qui sont a priori des êtres humains de par leur nature, font face aux crises individuellement de différentes manières. Le personnel dans son ensemble devient anxieux, perd confiance dans la capacité de l'organisation à assurer un milieu de travail sécuritaire ou devient inconfortable face aux changements qui doivent être mis en œuvre en temps opportun, voire de manière urgente. Les inquiétudes et les préoccupations sont au premier plan dans l'esprit des employés, qui perdent de vue l'efficacité, démontrent des niveaux de rendement moins élevés et peuvent même se désengager sous un niveau de stress excessivement élevé.

---

5   Daniel H. Pink. Drive: The surprising truth about what motivates us. Riverhead Books. 2009. ISBN : 978-1594488849

En période de crise, tous ces facteurs rendent obligatoire d'accorder une attention particulière au développement et au renforcement de l'ensemble des aspects du *leadership conscient* et de la *résilience*.

Le leadership, ce n'est pas diriger; le leadership, c'est prendre soin des personnes dont on a la charge.

-- Simon Sinek

3.5 Comment commencer à résoudre une crise grâce à l'approche générative

Certains prétendent qu'en situation de crise, il faut rester « la tête froide et un cœur chaud ». En d'autres termes, vous devez rester concentré sur les enjeux pertinents ET en contact avec les personnes concernées, tout en accordant la même importance à chacun de ces aspects.

Si vous étiez coach, dont le travail est fondé sur une approche axée sur l'individu, vous mettriez l'accent sur le leadership de soi et la résilience individuelle. Or, en tant que consultant génératif ou chef d'entreprise, vous devez consacrer votre intérêt et votre engagement à trouver la meilleure façon de favoriser chez de nombreux groupes de personnes la compréhension du concept du changement, leur préparation au changement en soi et leur capacité à accueillir celui-ci. Ces groupes peuvent comprendre de nombreux membres d'une équipe ou d'un groupe, de nombreuses équipes, différentes fonctions, ou encore différents bureaux ou filiales, et ce, possiblement répartis dans un grand nombre de pays dont les fuseaux horaires et les cultures diffèrent. Ce processus peut représenter un degré substantiel de complexité.

Toutefois, recentrer la situation de crise sur quelques cibles uniques en définissant ce qui doit être réalisé et en déterminant la meilleure façon de le faire, selon un état d'esprit génératif, vous aidera à tracer une voie vers le changement. Dans toute crise, l'évaluation fréquente des avancements réalisés selon les différentes facettes du modèle DIAMOND de la SFM™ est nécessaire. La facette 6 - Noter les progrès - est particulièrement essentielle pour orienter le processus, une fois qu'une base solide est acquise grâce à une évaluation de l'ensemble de la situation actuelle (facette 1 – Définir l'état Présent) et que l'horizon du changement est établi (facette 2 – Identifier l'intention).

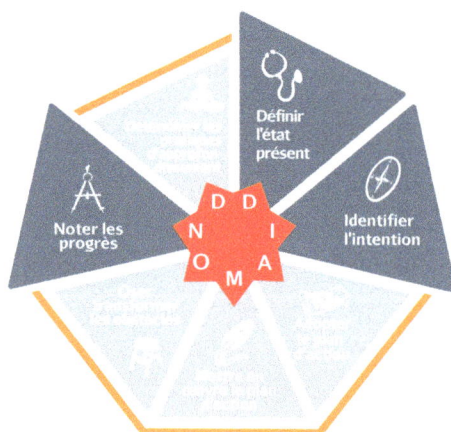

Le Cercle de succès de la SFM™ décrit en détail dans le chapitre précédent constitue une excellente référence quant à la cueillette de renseignements à réaliser durant les deux premières facettes du modèle DIAMOND de la SFM. Il peut vous aider à déterminer laquelle, parmi les sources suivantes, est liée à une crise particulière :

* La clientèle ou le marché relatif aux produits ou services

* L'équipe, par exemple, lorsque le personnel de l'organisation est instable et n'a pas confiance en la haute direction

* La stabilité financière de l'organisation ou sa réputation auprès des parties prenantes

* La perte de partenaires clés (internes ou externes), empêchant possiblement l'organisation d'accomplir des rôles et fonctions importants

Dans une situation de ce genre, surtout si la crise met en cause plus d'un domaine du Cercle de succès, l'objet premier d'un processus de consulting consiste à sensibiliser rapidement et efficacement les parties prenantes au regard de ce qui se passe au sein du système. En écoutant ce que vos clients vous transmettent, en y réfléchissant et en vous assurant de comprendre clairement les renseignements que vous recueillez auprès d'eux, vous devez trier tous les aspects d'une situation donnée selon leur lien avec le modèle S.C.O.R.E. Comme présenté au chapitre 1, ce processus vous aidera à classer chacun de ces aspects comme étant :

* un événement antérieur possiblement lié à la cause (C) de la crise,

* la manifestation actuelle de ses symptômes (S) et, ensuite,

* l'objectif (O) et l'effet souhaité (E) qui est prévu comme le résultat de l'actualisation de l'objectif.

Le tableau suivant donne un exemple de certains des facteurs types que vous pourriez rencontrer dans une situation de crise en particulier.

Surmonter une crise

Symptômes	Causes possibles		Objectifs souhaités	Ressources possibles
	Externes	Internes		
• Perte de recettes, de réserves et de financements • Perte de confiance, de motivation et de productivité • Incapacité à accomplir la mission fondamentale	• Recul de l'économie • Déclin/ effondrement du marché • Déclin dans le cycle de vie de l'entreprise • Incertitude	• CRASH • Confinement dans des stratégies de survie • Stratégie inappropriée de leadership • Perte de vision • Critique excessive	• Réduction du gaspillage et des dépenses • Réaménagement des processus • Récupération des ventes, des clients, etc. • Correction majeure de la direction/pivot	• Réinvention, renouvellement et renforcement • Recherche de partenaires • Leadership conscient et intelligent sur le plan affectif • Harmonisation à la vision et aux valeurs claires • Prise et communication des décisions, structuration des personnes et mise en œuvre des décisions

Il n'est cependant pas rare, lors d'une situation de crise, que des parties prenantes aient des perspectives différentes et divergentes susceptibles d'être déformées par leurs réponses émotionnelles et subjectives. La capacité de jeter toute la lumière sur la source d'une crise particulière, en structurant l'information et en fournissant des connaissances pertinentes peut réduire considérablement le niveau de fébrilité et le degré d'attachement émotionnel. Cette capacité peut également clarifier les liens qui n'ont pas encore été saisis ou compris. En outre, ce processus augmente le potentiel de créativité et de réflexion stratégique des personnes. En temps de crise, ces dernières sont fréquemment submergées par leurs présomptions, divers types de pensées négatives ou des besoins de porter des accusations à l'endroit des responsables de la « catastrophe ou crise ».

Détection de patterns

Réflexion stratégique

Intelligence émotionnelle

Réflexion systémique

Dans des situations de ce genre, il est important d'appliquer les outils pertinents et d'utiliser de multiples formes d'intelligence, afin de renforcer votre expertise en tant que consultant génératif. Ce processus nécessite de se concentrer plus particulièrement sur les compétences en matière de *détection de patterns*, *l'intelligence émotionnelle* pour composer avec les « ombres dans la pièce » et les habiletés de *réflexion stratégique et systémique*.

D'après mon expérience de la dernière décennie, l'une des approches les plus utiles pour aborder les « ombres dans la pièce » est celle où on utilise des métaphores et des images pour parler de « ce qui ne va pas » (facette 1 – Définir l'état Présent) ou de ce que l'on souhaite (facette 2 - Identifier l'intention). Bien que de nombreuses cartes d'aide visuelle soient en vente sous différents formats, je trouve que c'est un exercice très utile de laisser les équipes travailler sur leurs propres collages pour ensuite les présenter à leurs pairs. Ainsi, chaque membre de l'équipe peut exprimer dans son propre style sa perspective du défi actuel et les pistes de solutions qu'il espère trouver. En tant que consultant génératif ou chef d'entreprise, vous pouvez d'ailleurs recueillir auprès des participants des métaphores utiles et des expressions populaires à caractère affectif, qui pourront éventuellement être utilisées tout au long du processus de résolution de la crise. Cette approche est en effet très utile : plus vous pourrez aborder le processus de changement et en parler en utilisant un langage qui est accessible à toutes les parties prenantes et qui englobe leur état émotionnel, plus vous obtiendrez du succès.

Encourager les échanges sur « ce qui ne va pas bien » (Définir l'état Présent) et le concept de « l'objectif souhaité » (Identifier l'intention) est une pratique très utile pour amorcer le processus de consulting génératif visant à surmonter une crise.

En résumé, l'application de ces compétences vous aidera dans les actions suivantes :

1. Présenter la situation de la manière la plus factuelle et la plus cohérente possible, à l'aide du modèle S.C.O.R.E.

2. Déterminer, à l'aide du Cercle de succès de la SFM, les principaux domaines d'intervention pour faire face à la crise

3. Trouver de manière créative des possibilités de mise en œuvre des stratégies essentielles décrites dans le Modèle de leadership de la SFM™ (plus loin) visant à engager efficacement l'équipe

Cette approche vous aidera à accompagner l'organisation ou l'équipe durant une crise, de manière efficace, holistique et durable.

3.6 SFM Leadership Model™ : assurer un leadership conscient et la résilience

Dans une situation de crise, le SFM Leadership Model™ présenté dans l'ouvrage *La modélisation des facteurs de succès Tome III : Leadership Conscient et Résilience*[6] se veut très utile pour illustrer trois domaines essentiels devant être abordés et équilibrés en période de stress intense.

I. **Leadership du système** – se concentrer sur la mise en valeur efficace du changement et l'obtention de résultats

II. **Leadership des autres** – s'engager dans le développement des personnes et la concrétisation des valeurs essentielles

III. **Leadership de soi** – aborder le jeu intérieur et la résilience personnelle des personnes principales engagées dans le changement

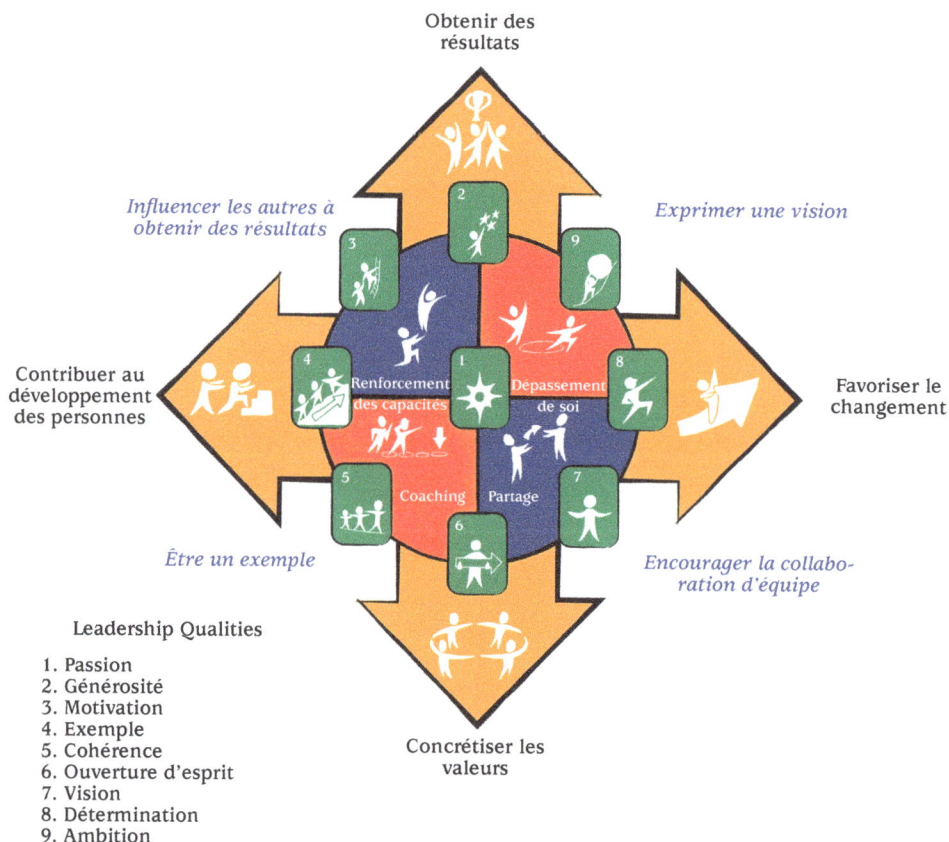

Leadership Qualities

1. Passion
2. Générosité
3. Motivation
4. Exemple
5. Cohérence
6. Ouverture d'esprit
7. Vision
8. Détermination
9. Ambition

Fig. 1 Le modèle de leadership de la SFM™

---

6   Robert B. Dilts. La modélisation des facteurs de succès Tome III : Conscious Leadership and Resilience – Orchestrating Innovation and Fitness for the Future. Dilts Strategy Group. 2017. ASIN : B0743M8BR5

Pour de nombreuses organisations, le *leadership du système* a tendance à être le concept le plus facilement assimilé parmi les trois domaines. Les cadres de l'entreprise se précipitent souvent dans son exécution en se concentrant sur l'ambition et la vision liées à ce qui doit être changé. Les principaux leaders prennent en charge la direction des initiatives dans les moments difficiles, souvent avec peu d'équilibre entre le travail, la santé et le bien-être.

Cependant, particulièrement en temps de crise, il est nécessaire d'adopter l'approche contre-intuitive visant à prendre le temps d'échanger, d'encourager les personnes à se développer, de réfléchir et d'investir dans des efforts collectifs avec les équipes. Il est tout aussi important d'inciter les personnes à participer à des activités plus expérimentales dans lesquelles elles peuvent exprimer leurs préoccupations ou leurs réflexions, à l'aide d'une approche plus métaphorique, visuelle ou somatique plutôt qu'avec des modalités verbales analytiques. La plupart du temps, les personnes sont à court d'arguments et de raisonnements lorsqu'elles sont confrontées à une crise (existentielle). Si une organisation néglige les liens interpersonnels du *leadership des autres* ou les aspects du soin de soi liés au *leadership de soi*, certains aspects écologiques et directifs propres à de nombreuses actions entreprises lui échapperont. Cette réalité se traduit généralement par une perte d'adhésion et de viabilité au sein du personnel.

Par ailleurs, le *leadership de soi* découle d'une compréhension approfondie des *neuf qualités intérieures essentielles propres aux leaders efficaces*. Ces qualités soutiennent efficacement tout leader ou agent de changement dans leurs efforts à mener à bien les quatre actions essentielles du renforcement des capacités, du coaching, du partage et du dépassement de soi. D'une perspective individuelle, nous pouvons résumer ces actions de la manière suivante :

1. **Passion:** trouver ce qui vous tient profondément à cœur et pour lequel vous avez du talent et le poursuivre de tout votre cœur – La passion provient du plein rapport entre soi-même et son identité la plus profonde; elle est d'ailleurs le fondement de toutes les autres qualités essentielles du leadership.

2. **Vision:** établir une vision globale et des buts à plus long terme et les maintenir au centre de vos démarches.

3. **Ambition:** être animé d'un « profond désir de réaliser ou de concrétiser une vision » – L'ambition consiste à orienter ses actions vers l'obtention de résultats précis et à maintenir un niveau élevé d'engagement envers leur réalisation.

4. **Détermination:** demeurer résolu et ferme envers votre mission et votre vision – La détermination favorise la disposition à prendre des risques et à essayer de nouvelles solutions.

5. **Ouverture d'esprit:** être curieux et disposé à accueillir de nouvelles idées – L'ouverture d'esprit signifie avoir foi en autrui et la propension à favoriser l'estime et le respect mutuels.

6. **Congruence:** adhérer à vos propres valeurs et convictions et vous comporter de manière éthique et cohérente au fil du temps (c'est-à-dire « joindre le geste à la parole »).

7. **Motivation:** être déterminé à aller de l'avant, à « être présent », à s'engager avec enthousiasme et à déployer de l'énergie dans l'action.

8. **Générosité:** consacrer du temps et s'engager personnellement, afin de contribuer à la reconnaissance et au développement du potentiel des autres – La générosité renvoie à la qualité de la propension à donner plus que ce qui est strictement nécessaire ou attendu, comme du temps ou toute autre ressource.

9. **Exemple:** représenter une base de référence crédible et fiable, c'est-à-dire un modèle à suivre – Être un exemple est synonyme de congruence entre le « message » et le « messager ».

En tant que consultant génératif et leader de changement qui se préoccupe de chaque membre de votre équipe ou de celle de votre client, la reconnaissance de quelconques schémas de déséquilibre ou d'absence de l'une ou de plusieurs de ces neuf qualités en vous-même ou chez les principales parties prenantes générera un signe avant-coureur. Ce dernier vous indiquera que vous devez traiter ces situations par vous-même ou avec des représentants des ressources humaines. Souvent, ces personnes en particulier pourront bénéficier d'un coaching spécial et ciblé visant ainsi à assurer leur bien-être et l'état d'esprit qui se prête à leur rendement optimal tout au long d'une situation de crise donnée.

En résumé, les actions tangibles et mesurables liées à l'application du SFM Leadership Model^MC pendant une crise comprennent notamment :

* Formuler une orientation pertinente et inclusive visant à inciter un changement et communiquer cette dernière à tous les niveaux de l'organisation

* Se concentrer sur une vision plus élevée et à plus long terme et inculquer l'espoir nécessaire à sa réalisation

* Influencer toutes les personnes concernées en favorisant l'inspiration et l'authenticité

* Intégrer de multiples perspectives en encourageant toute l'équipe à s'engager dans la résolution de la situation actuelle

* Mener en montrant l'exemple (joindre le geste à la parole)

* Exercer un leadership de soi conscient et réfléchir attentivement malgré le stress et les contraintes

3.7 Stratégies pour guider le changement avec le cœur et l'esprit

Le principal défi à relever pour faire face à une crise consiste à accélérer le processus du changement dans la bonne direction. Or, les stratégies et les outils nécessaires pour composer efficacement avec les situations de crise comprennent la capacité à prendre du recul vis-à-vis du problème en question et à l'examiner du point de vue de « l'observateur ». Ce faisant, vous aiderez vos clients à éviter d'être entraînés dans des états d'esprit négatifs et à dans les résultats nuisibles qui en découlent.

Afin de créer un mouvement d'entraînement vers un objectif positif, le maintien d'un « cadre objectif » et l'établissement de croyances aidantes vous aideront ainsi que votre client à emprunter une direction générative.

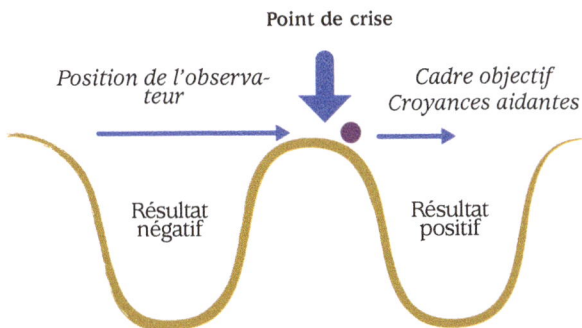

Fig. 2 La voie générative propice à surmonter une crise

Pour ce faire, vous devez, en tant que consultant génératif, aider vos clients à prendre des décisions, à communiquer leurs décisions clairement et efficacement et à structurer les personnes afin de mettre en œuvre ces décisions.

Ces activités de leadership se déroulent principalement selon les dimensions suivantes : 1) réaliser des *tâches* essentielles et 2) établir et renforcer les *relations* de base.

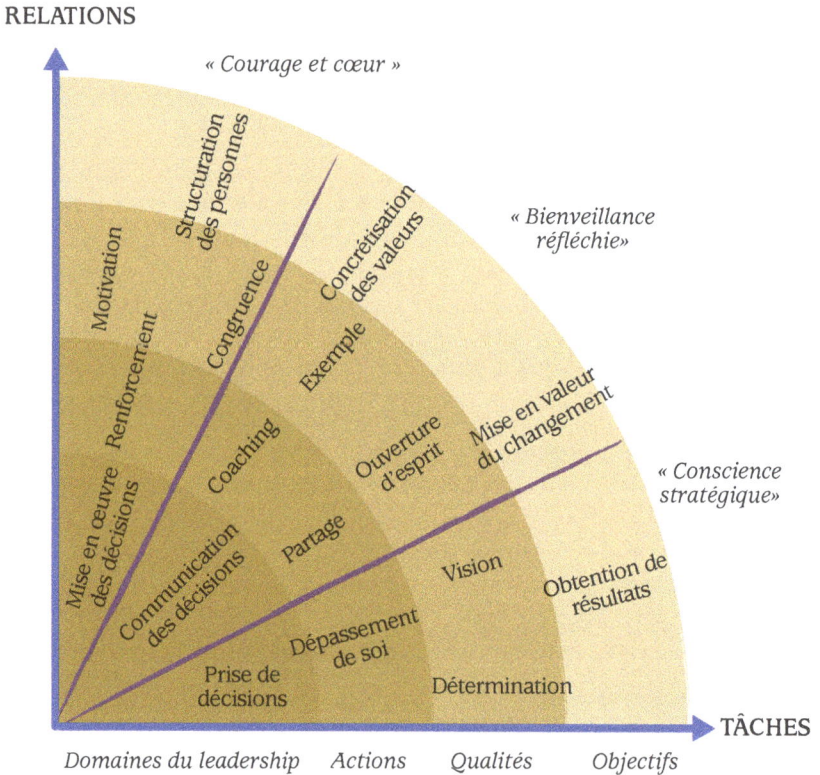

Fig. 3 Aperçu du leadership axé sur « la raison et le cœur » et ses objectifs

* *La prise de décisions* est principalement axée sur la série de tâches cruciales à accomplir.

* *La mise en œuvre des décisions* est plutôt axée sur la création et le soutien des relations essentielles, c'est-à-dire la structuration des personnes et de l'organisation, afin de les aider à accomplir les tâches qui auront été convenues.

* *La communication des décisions* nécessite un équilibre quant à l'attention accordée tant aux tâches qu'aux relations. Ces dernières sont le plus souvent à l'origine des frictions qui surviennent lors de la mise en œuvre des décisions. La communication ne s'avère pas suffisamment ciblée ou transparente pour le reste du personnel n'ayant pas participé au processus décisionnel a priori.

La prise de décisions est essentiellement liée aux retombées organisationnelles découlant de *l'atteinte d'objectifs* et à la détermination des résultats qui doivent faire l'objet des démarches de l'équipe et de l'organisation. Dans une situation de crise, ce processus comporte une bonne dose de *dépassement de soi*, c'est-à-dire la capacité de tirer le meilleur parti des ressources disponibles (souvent limitées). Or, la capacité de se dépasser efficacement en vue d'obtenir les résultats escomptés met à contribution les qualités de *visionnaire*, afin de rester centré sur les buts à long terme et d'imaginer des scénarios possibles de même que de la *détermination*, afin de donner suite au plan ayant été choisi pour atteindre ces buts. La prise de décisions efficace est ainsi principalement liée à ce que certains cadres désignent comme étant une certaine force d'esprit en matière de leadership.

La communication des décisions est axée sur les retombées organisationnelles découlant de la *mise en valeur du changement* et de la *concrétisation des valeurs*. Le changement est nécessaire à l'adaptation aux défis engendrés par une crise. Cependant, les valeurs fondamentales doivent être clarifiées et maintenues, afin d'obtenir une base de référence stable et cohérente. Dans la perspective de faciliter le changement, le *partage* et l'*ouverture d'esprit* sont nécessaires. Les renseignements essentiels doivent être échangés librement et facilement. Afin de concrétiser les valeurs, les leaders doivent assurer des manifestations concrètes de ces valeurs par leur propre *exemple*. De plus, ils doivent être prêts à *accompagner* les personnes lors de situations nécessitant davantage de connaissances ou d'expérience. La possibilité d'assurer la justification bienveillante dudit changement est essentielle pour maintenir un équilibre efficace entre la facilitation du changement et la concrétisation des valeurs.

La mise en œuvre efficace des décisions découle de la capacité à contribuer au *développement des personnes*. L'action fondamentale du leadership nécessaire à la réalisation de cet objectif découle du *renforcement des capacités*, visant à encourager les personnes à apprendre et à intégrer les compétences de base nécessaires pour accomplir efficacement les tâches. La responsabilisation et l'autonomie doivent être encouragées en fixant des buts et des priorités, car, comme l'ont souligné plusieurs leaders, « si vous donnez les moyens aux personnes d'atteindre leurs buts sans qu'elles connaissent leur environnement, elles prendront de mauvaises décisions ». Par conséquent, favoriser efficacement la responsabilisation et l'autonomie des personnes nécessite des qualités de leadership particulières, dont la congruence et la motivation. La cohérence est particulièrement requise pour veiller à ce que les personnes comprennent clairement les buts et les priorités, tandis que la motivation est essentielle pour veiller à ce que l'énergie et les actions appropriées soient investies pour accomplir le travail.

3.8 Trois outils et leur utilisation générative en cas de crise

Comme indiqué au chapitre 1 et précédemment dans ce chapitre, l'une des principales stratégies de tout agent de changement génératif consiste à faire appel à de multiples formes d'intelligence et à utiliser non seulement des mots, mais aussi des représentations visuelles ou somatiques pour donner un sens à une situation. A priori, il peut sembler étrange aux leaders de devoir démontrer de quelle façon ils perçoivent une crise, en utilisant une posture corporelle ou une métaphore. Pourtant, en incarnant physiquement la situation ou en la transposant en une métaphore, certaines solutions commenceront à émerger plus facilement qu'en se limitant à la logique verbale. Lorsqu'un leader démontre comment il perçoit la situation de crise avec son corps ou en précisant certains éléments à l'aide d'une métaphore, tout en posant des questions comme « De quoi avez-vous absolument besoin présentement? » ou « Que vous manque-t-il dès maintenant, que ce soit de votre part, de celle de votre équipe de spécialistes ou de celle de vos parties prenantes? », on obtient souvent plus facilement une analyse approfondie de la situation et certaines indications quant aux éventuelles étapes à franchir qu'en se livrant à toutes autres formes de discussion purement rationnelle sur le sujet.

a) Cartographie des « dangers » et des possibilités

La cartographie des dangers et des possibilités constitue un outil très utile aux facettes 1 et 2 du modèle DIAMOND de la SFM utilisé dans le cadre du consulting génératif. D'ailleurs, elle s'applique de manière efficace en utilisant de multiples formes d'intelligence. Elle vous aide à appuyer vos clients ou votre équipe non seulement dans l'exploration d'une situation de crise selon une perspective du type « doit être réglée », mais aussi dans l'exploration et la détermination de certains aspects d'une différente façon en ciblant les conséquences positives potentielles (ou bénéfices secondaires) de la situation. Pour expliquer cet outil à l'aide d'une métaphore du genre « verre à moitié vide ou à moitié plein », vous pourriez poser cette question : « Quelles sont les possibilités si le verre n'est qu'à moitié plein? » Voici des pistes de réponses : « Il y a de l'espace pour respirer. Si vous le videz, moins d'eau sera déversée que dans un verre plein »; ou encore, « Vous pouvez le remplir avec un autre liquide et déguster une boisson mélangée ».

Voici quelques questions essentielles à explorer :

1. Quel est le danger?

2. Quelles sont les opportunités?

3. Quelle décision doit être prise ou quel « seuil » doit être franchi? Quel territoire inconnu, hors de votre zone de confort, devez-vous pénétrer en tant que leader ou équipe?

4. Qu'est-ce que cette crise vous « appelle » à faire ou à devenir en tant que leader ou équipe? Qu'est-ce que « l'appel à l'action »? Si vous avez accepté cet appel, qui devriez-vous devenir? (Il est souvent utile de répondre à cette question sous forme de symbole ou de métaphore.)

5. De quelles ressources disposez-vous en tant que leader ou équipe et lesquelles devez-vous développer davantage, afin de résoudre efficacement la crise?

6. Qui sont (seront) les supporters ou les protecteurs de ces ressources?

Par ailleurs, il importe d'appliquer un langage qui facilite l'accès à de multiples formes d'intelligence, à l'aide de questions d'approfondissement à chaque étape du processus comme : « Que voyez-vous? D'après vous, à quoi ce processus ressemble-t-il? Comment le décririez-vous si vous utilisiez une image visuelle ou une métaphore? En y réfléchissant, quel genre de sensation corporelle éprouvez-vous? » Les réponses possibles concernant les résultats négatifs peuvent inclure : « J'ai un nœud dans l'estomac; je suis sans voix; J'ai un mal de tête; cela semble instable, lourd ».

L'emploi de multiples formes d'intelligence peut s'avérer extrêmement riche, surtout pour les trois premières questions ci-dessus. Il peut être particulièrement utile d'aborder l'exploration somatique de la troisième question concernant la décision à prendre ou le seuil à franchir et de la comparer avec les dangers et les possibilités. Vous obtiendrez des réponses beaucoup plus pertinentes aux questions 4 à 6, si vous osez guider vos clients sur cette voie.

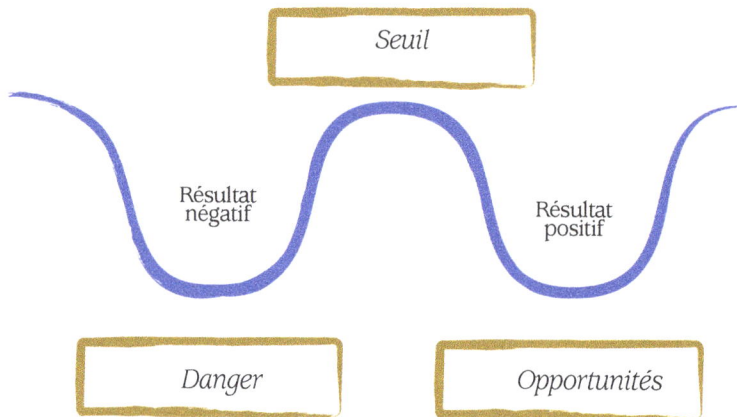

Fig 4. Cartographie des dangers et des possibilités

b) Création d'un système de croyances gagnantes

La gestion efficace des crises nécessite la mise en place d'un « système de croyances gagnantes ». Celles-ci sont directement liées aux cinq éléments fondamentaux de la chaîne de cause à effets nécessaires pour réaliser les changements décrits ci-dessous.

1. Les **objectifs** qu'une personne, équipe ou organisation cherche à atteindre

2. La **série d'étapes** qui mènent à ces objectifs

3. Les **comportements** ou les actions nécessaires pour franchir toute cette série d'étapes

4. Le **plan** précisant les capacités et les qualités requises pour manifester efficacement ces comportements et actions

5. Les **personnes** ou l'équipe qui doivent posséder les capacités et les qualités nécessaires pour entreprendre les actions et réaliser toutes les étapes menant aux objectifs recherchés

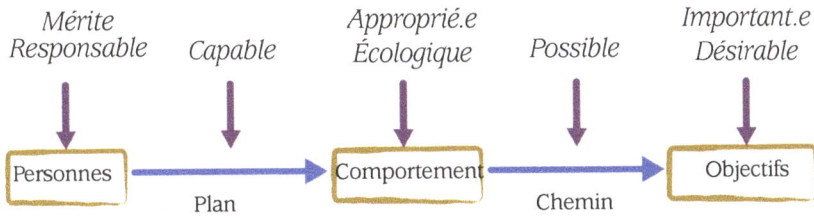

Fig 5. Croyances en jeu liées à la réalisation du changement

La liste de vérification suivante vous aidera à faire une *évaluation des croyances gagnantes* concernant les aspects à la fois internes et externes, avec le Cercle de succès (CdeS) de la SFM™ comme guide. Cette évaluation est directement liée aux aspects essentiels de l'état d'esprit méta du CdeS, comme la vision (V), la mission (M), l'ambition (A) et le rôle (R). Mise en garde : les personnes sont parfois d'accord et très attachées à la vision, mais elles éprouvent du mal à concrétiser la mission ou l'ambition. Il est donc primordial de mettre en lumière ces différences, afin d'obtenir une évaluation valable. Comme toujours, votre capacité à poser des questions qui stimulent la réflexion et l'usage des cinq sens et qui font appel à l'intelligence esthétique pour le maintien de l'équilibre et de l'harmonie, sont des éléments clés contribuant à de réelles inspirations génératives.

A) Sur le plan interne

1. Afin de surmonter la crise actuelle, quelle(s) conviction(s) est(sont) pour vous la(les) plus importante(s) à renforcer, en tant que lea-der ou qu'équipe?

    _ La V, la M et l'A sont importantes et en valent la peine.

    _ Il est possible de concrétiser la V, la M et l'A.

    _ Ce que je fais/nous faisons contribuera à la réalisation de la V, de la M et de l'A.

    _ Je suis/nous sommes capable(s) d'effectuer ce qui est nécessaire pour concrétiser la V, la M et l'A.

    _ Je mérite/Nous méritons de réaliser la V, la M et l'A.

2. De quelle ressource interne auriez-vous besoin afin d'être plus congruent ou confiant quant à la ou les croyance(s) que vous avez besoin de renforcer?

3. Qui pourrait devenir votre modèle ou votre mentor pour cette ressource?

4. Mettez-vous à la place de votre modèle ou mentor et observez-vous à travers leur regard (deuxième position). Quel message ou quel conseil ce modèle ou mentor aurait-il pour vous?

5. Revenez à votre propre perspective et examinez comment les perceptions ainsi acquises influencent votre degré de confiance et de congruence ou celui de votre équipe.

B) **Sur le plan externe**

1. Afin de surmonter la crise actuelle, quelle(s) croyance(s) est(sont) la(les) plus importante(s) à renforcer selon les clients, les membres de l'équipe, les parties prenantes ou les partenaires?

  _ La V, la M et l'A sont importantes et en valent la peine.

  _ Il est possible de concrétiser la V, la M et l'A.

  _ Ce que nous faisons contribuera à la réalisation de la V, de la M et de l'A.

  _ Nous sommes capables de faire ce qui est nécessaire pour concrétiser la V, la M et l'A.

  _ Nous méritons de réaliser la V, la M et l'A.

2. Qui pourrait être un modèle pour les clients, les membres de l'équipe, les parties prenantes ou les partenaires quant à cette(ces) croyance(s) particulière(s)?

3. Quelle ressource ou quel message interne ce modèle représente-t-il?

4. Comment cette ressource ou ce message influence-t-elle(il) le degré de confiance et de cohérence des membres de votre équipe, des parties prenantes ou des partenaires?

c) *La matrice de CE QUI SE PRODUIRA OU NE SE PRODUIRA PAS*

Lors de nombreuses crises et situations de changement, l'une de mes premières actions en tant que consultante en gestion du changement a consisté à faire la distinction entre les faits, les présomptions et les craintes.

Au cours de la dernière décennie, j'ai conçu un simple diagramme cartésien (voir la figure ci-dessous) qui a été des plus utiles pour ce genre de processus. La première étape à faire est d'établir une matrice de quatre cases. Sur un axe figure *ce qui se produira, ou non*, avec la mise en œuvre des changements qui sont soit présumés, soit proposés. Sur l'autre axe, on indiquera *ce qui se produira de toute façon* et les *possibilités éventuellement manquées* (c'est-à-dire la case « Ce qui ne se produira pas sans changement »).

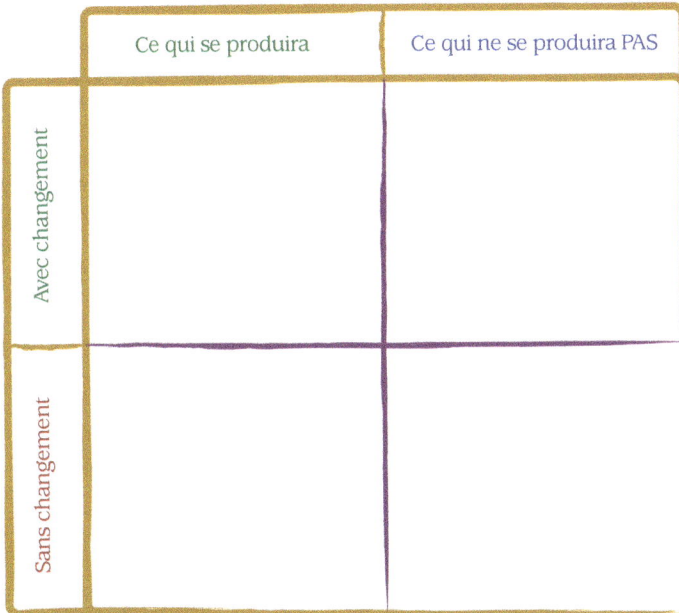

	Ce qui se produira	Ce qui ne se produira PAS
Avec changement		
Sans changement		

Fig 7. La matrice de ce qui se produira ou ne se produira pas

J'utilise cette simple matrice à quatre cases lors de mes conversations avec des personnes ou comme exercice d'équipe pour mener les réunions en vue de recueillir et trier un vaste éventail de renseignements et de perspectives.

Je l'ai également appliquée efficacement lors d'événements de lancement avec plusieurs centaines de personnes pour acquérir une meilleure connaissance et diverses perceptions dans le but de contrebalancer les arguments et, ainsi, d'accroître le degré de compréhension et d'alignement du personnel.

D'ailleurs, j'ai trouvé cette matrice particulièrement utile en tant que ressource pour formuler les messages liés au changement et les mettre en perspective les uns par rapport aux autres. Ce faisant, les leaders et les membres de l'équipe peuvent aborder les préoccupations, les craintes et les espérances dans une perspective plus équilibrée. Si les différents niveaux de facteurs de succès présentés au chapitre 1 (environnement, comportements, capacités, valeurs et convictions, identité et vision) sont également intégrés, le processus devient alors un outil essentiel de clarification pour toutes les parties prenantes concernées.

D'un point de vue pratique, il existe de nombreuses façons de travailler avec cette matrice. Voici trois possibilités. On peut notamment l'utiliser :

1. Comme un outil de réflexion libre avec vous en tant qu'animateur – Les membres de l'équipe font part de leurs impressions et indiquent à quelle case chacune appartient.

2. Comme un cadre structuré – Les clients remplissent chaque case dans un premier temps, puis examinent leurs réponses avec vous en tant qu'animateur. Vous demandez par la suite à vos clients de réfléchir à leurs réponses et de les équilibrer ou d'examiner si la réponse dans la première case est vraie et de quelle façon leur résultat dans les autres cases peut également être vrai.

3. Comme exercice de groupes indépendants – Les équipes sont divisées en trois ou quatre groupes. Chaque groupe travaille sur une case particulière pendant environ cinq minutes, à l'aide de tableaux de conférence ou de papiers placés sur une table. Chaque équipe change ensuite de paperboard ou de table et réfléchit à ce que le groupe précédent a déjà recueilli comme réponses pour cette case. Il est essentiel de ne rayer aucun énoncé. Les membres de chaque équipe ne peuvent que les bonifier ou poser des questions à leur sujet. Ce processus est répété jusqu'à ce que tous les groupes aient travaillé sur chacune des quatre cases et soient de retour à leur tableau de conférence ou table d'origine. Ensuite, vous les invitez à se rassembler en petits groupes et à réfléchir à ce qui a changé pour eux, avant de les réunir de nouveau pour réfléchir ensemble et partager des idées avec tout le groupe.

3.9. Brève étude de cas - Libérer le potentiel créatif en temps de crise du marché des biens de consommation courante

En 2009, j'ai commencé à travailler avec plusieurs secteurs du siège social d'une entreprise multinationale de l'industrie des biens de consommation courante (BCC). L'entreprise était confrontée à une diminution rapide des ventes et à un accroissement du nombre de règlements relatifs au marché à plusieurs niveaux. La haute direction a communiqué avec moi parce- qu'elle n'était pas satisfaite de l'approche pré-fabriqué utilisée par un autre cabinet-conseil et recherchait une solution plus personnalisée. Au départ, elle a perçu l'approche très organique du modèle DIAMOND de la SFM™ que j'ai proposée comme étant trop déstabilisante, car elle voulait des solutions rapides. Mais j'ai réussi à convaincre celle-ci qu'elle trouverait des solutions plus durables en se tournant vers certains aspects déjà présents dans le système organisationnel (en se concentrant sur les trois premières facettes du modèle DIAMOND de la SFM™) plutôt que d'imposer des solutions.

Un secteur était particulièrement éprouvé par un faible niveau de confiance envers le management de l'entreprise et sa capacité à s'adapter convenablement au marché de la consommation en mutation. L'atmosphère du secteur au sein de cette entreprise s'était fondamentalement détériorée au point qu'un état d'esprit du genre « eux-contre-nous » s'était installé. Les dynamiques du marché avaient commencé à décliner de façon spectaculaire, tandis que les concurrents avaient considérablement progressé en élaborant de nouveaux produits. Ainsi, le but consistait à rétablir la confiance, à instaurer une vision harmonisée et à libérer le potentiel créatif de ce secteur.

La mise en valeur du changement et l'engagement envers le développement des personnes sont les deux domaines principaux sur lesquels j'ai travaillé avec l'équipe de direction de ce secteur. L'accent a été mis sur le thème du partage et de la responsabilisation et l'autonomie, en présentant plusieurs outils et des mesures visant à améliorer 1) le feedback, 2) l'écoute impartiale et 3) la délégation de la prise de décisions au niveau du management terrain. Ce processus a commencé simultanément avec le vice-président et les cadres de proximité qui ont adopté unanimement le principe « nous sommes tous dans le même bateau ». Le plan de changement à plusieurs niveaux proposé comprenait notamment la formation sur le leadership, l'amélioration des canaux d'information et une réorientation du déroulement des réunions.

Les dirigeants et les employés ont commencé à reconnaître que la collaboration étroite était la seule façon de réussir. Au cours du processus, ils sont parvenus à établir une vision intégrée grâce à un effort collectif. Voici certains des outils que j'ai utilisés pour accéder à plusieurs formes d'intelligence :

* Cartes visuelles pour susciter des métaphores pour illustrer leurs perceptions de la crise actuelle – Celles-ci ont facilité la cartographie à plusieurs niveaux des problèmes de l'organisation et l'établissement de liens avec le Cercle de succès de la SFM™.

* Groupes de discussion avec 20 % du personnel pour aborder les états actuels et futurs à l'aide de questions particulières, dont : « Si votre équipe était une voiture, de quelle marque

s'agirait-il? » et « Lesquels parmi vos propres produits ou gammes de produits décrivent le mieux ce que vous voulez réaliser? » Ce processus a aidé les employés à tirer parti des liens étroits qui les unissent à leurs gammes de produits.

* Activité de collage avec les membres de l'équipe de direction pour visualiser leur vision et les ressources dans le système.

* Application de la matrice « Ce qui se produira ou ne se produira pas » dans les sous-équipes après l'établissement de la vision pour générer une meilleure compréhension et aborder les rumeurs.

Les premiers fruits de cette conduite du changement multi-niveaux furent visibles en 6 mois et continuèrent de croitre durant les 3 années suivantes pour finalement être confirmés dans une enquête auprès des salariés :

* Le degré de confiance envers la direction avait augmenté de 50 %

* Le niveau de feedback offerte par les cadres avait augmenté de 57 %

* La mise en œuvre des bonnes idées s'était accrue de 60 %

* Le partage des meilleures pratiques avait augmenté de 33 %

Il va sans dire que l'influence d'une meilleure synergie au sein de ce secteur a largement contribué à stimuler l'innovation. En outre, le secteur a été le fer de lance de plusieurs nouvelles variantes de produits, a accéléré la commercialisation des produits et a lancé une toute nouvelle gamme de produits. En fin de compte, l'entreprise a pu retrouver une excellente position en tant que chef de file dans son segment de marché.

3.10 Compétences essentielles des consultants génératifs et des chefs d'entreprise en temps de crise

En temps de crise, lorsque tous se mettent « à pointer des coupables du doigt », lorsque les attentes deviennent soit élevées, soit irréalistes et lorsqu'une nouvelle façon de fonctionner est souvent compromise par le besoin de stabilité et de sécurité, l'une des compétences essentielles du leader de changement consiste à se faire entendre et comprendre. En outre, les employés doivent se sentir en sécurité, valorisés et engagés pour a) se sentir disposés à adopter une nouvelle approche, b) comprendre ce qu'ils peuvent en retirer et c) accéder à un certain état de flux nécessaire pour atteindre l'excellence.

Ce processus requiert d'un dirigeant ou d'un consultant un très haut niveau d'intelligence émotionnelle, des capacités d'influencer de même que la facilité de réfléchir et d'interagir systémiquement. Comme nous l'avons établi au chapitre 1 :

* *L'intelligence émotionnelle* – désigne la capacité à travailler avec différents états émotionnels et à déceler des courants émotionnels sous-jacents (par exemple, « l'ombre ou l'éléphant dans la pièce » auquel personne n'ose faire allusion). Il s'agit d'une compétence essentielle pour déterminer et aborder les obstacles et les résistances.

* *Les compétences d'influence* – désignent la capacité à persuader par la présence, la congruence et l'alignement. Un consultant efficace doit être apte à motiver et à influencer les personnes clés à agir, surtout lorsque ces actions leur sont moins familières et possiblement risquées.

* *Réflexion systémique* – désigne l'habileté à déceler la façon dont les éléments s'intègrent dans la vision globale et à travailler avec des perspectives ou des vérités multiples. Elle est essentielle à la prise en compte des éléments clés de l'holarchie organisationnelle et, par le fait même, à leur traitement. Cette capacité est particulièrement importante pour la collecte de renseignements et la planification des actions.

Ces trois compétences font également partie du modèle DIAMOND de la SFM™ et complètent les compétences portant sur la croissance que nous avons présentées au chapitre 2. Nous recommandons ainsi les questions d'autoréflexion suivantes, qui vous aideront à évaluer votre niveau de compétence par rapport à ces domaines fondamentaux de compétence visant à surmonter une crise.

a) Autoréflexion sur l'intelligence émotionnelle

1. Comment vous êtes-vous assuré de rechercher et d'inclure les ressentis et les réactions émotionnelles au cours de vos interactions?

2. Dans quelle mesure avez-vous été capable de déceler et d'aborder les sentiments non exprimés ou cachés ou les réactions émotionnelles?

3. Avez-vous verbalement reconnu et accueilli toutes les réactions émotionnelles qui ont émergé pendant vos interactions, y compris les sentiments difficiles à aborder?

b) Autoréflexion sur les compétences d'influence

1. Avez-vous été en mesure de maintenir en vous un état génératif ainsi qu'en d'autres personnes au cours des interactions, peu importe si elles étaient aisées ou difficiles?

2. À quel degré d'efficacité avez-vous recherché et abordé l'intention positive qui sous-tend les désaccords ou les résistances?

3. Avez-vous pu recadrer les désaccords et les résistances comme des indications très utiles à la formulation de solutions plus inclusives?

c) Autoréflexion sur la réflexion systémique

1. Combien de perceptions différentes avez-vous pu reconnaître et inclure lors de vos interactions?

2. À quelle fréquence avez-vous mentionné et mis en évidence la vision d'ensemble et les conséquences à long terme des aspects que vous avez abordés lors de vos interactions?

3. Avez-vous pu maintenir un équilibre entre l'attention portée aux différentes parties et à l'ensemble du système au cours de vos interactions?

3.11. Messages essentiels destinés aux consultants génératifs

En résumé, nous pensons que les quatre points suivants sont les plus essentiels à votre contribution en tant que consultant génératif ou chef d'entreprise dans toute situation de crise :

* Il importe de faire la distinction entre les faits, les présomptions et les craintes et d'encourager les parties prenantes principales à reconsidérer ces éléments, à l'aide de la communication directe et des différentes formes d'intelligence.

* La création d'un « système de croyances gagnantes » se veut le moteur des communications ciblées. Il ravive le moral, notamment par le biais de vos questions puissantes, qui encourage la réflexion basée sur l'ensemble des cinq sens ainsi que sur l'intelligence esthétique.

* Un leader conscient ne fait pas porter la responsabilité seulement sur les autres, mais aussi sur lui-même. En ce sens, davantage de coaching personnel peut s'avérer nécessaire afin de maintenir un équilibre, en appliquant les *neuf qualités intérieures essentielles à tout leader efficace.*

* La maîtrise de l'intelligence émotionnelle est essentielle pour demeurer vigilant et ouvert d'esprit quant aux défis inattendus.

Pour conclure sur une note personnelle : un consultant génératif ou un leader se définit également en tant qu'un être humain authentique et intègre. En outre, lors d'une situation de crise, vous devez être en mesure de garder le cap, d'incarner la vision de ce que les autres ne voient pas encore et de faire intervenir différentes formes d'intelligence. En effet, de nombreux clients ou membres d'une équipe seront en mode A (Analyse paralysante) de l'état de CRASH. Dans ce genre de situation, vous devrez parfois vous montrer contre-intuitif et audacieux dans le choix de vos questions, tout en naviguant sur une mer agitée avec votre client ou votre équipe dans le même bateau. Cependant, vous pourrez vous inspirer des neuf compétences en matière de consultation générative de même que des neuf qualités principales du leadership que vous aurez intégrées pour aborder efficacement toute situation. Ainsi, vous servirez de copilote en mesure d'être présent et disposant de multiples ressources auprès de tout groupe ou toute organisation ayant besoin d'un phare ou d'une étincelle d'espoir.

La vie est un parcours du soi à soi, qui passe par tant d'autres que soi-même tout en empruntant un mouvement ascendant perpétuel. [Traduction libre]

— Auteur inconnu

Chapitre 4

La meilleure façon de gérer la transition en affaires

Elisabeth Falcone et Jean-François Thiriet

4.1 Vue d'ensemble

Le présent chapitre porte essentiellement sur la manière dont vous, en tant que consultant génératif ou chef d'entreprise, pouvez utiliser les domaines principaux du Cercle de succès^{MC} de la SFM™ dans les situations de transition, afin d'améliorer la performance, de créer de nouvelles solutions, d'encourager l'émergence de nouvelles idées et de favoriser la prise de décisions plus judicieuses. En outre, nous établirons qu'une approche proactive au changement est nécessaire aux organisations pour la gestion des transitions. Pour ce faire, nous détaillerons comment la générativité nécessite une intelligence collective et nous présenterons le modèle de l'intelligence collective de la SFM™. Enfin, nous explorerons plus amplement pourquoi les compétences en matière de communication, de présentation et de facilitation sont essentielles pour gérer avec succès la transition.

4.2 Pourquoi ce chapitre est-il important?

Les compétences et les outils présentés dans ce chapitre vous aideront à renforcer vos capacités de consultant génératif et de leader de changement, dans le but de générer des discussions constructives avec le plus grand nombre possible de parties prenantes du système. Ce processus est important, car l'exploration de la profondeur et de la portée du holon est essentielle aux situations de transition. Nous donnerons comme exemple le processus avec lequel nous avons aidé l'un de nos clients à libérer la capacité d'intelligence collective de son organisation à l'aide de l'outil PERICEO^{MC} et à favoriser l'éveil du QI collectif et de la sagesse organisationnelle.

4.3 Mise en contexte : Qu'est-ce que la transition? Et qu'est-ce que l'intelligence collective?

C'est un fait que tout change constamment. Tout ce qui est vivant est en évolution perpétuelle. La vie a des cycles; par conséquent, chaque être vivant est constamment en transition d'une étape à l'autre. Vous, moi, les organisations et les systèmes économiques, sociologiques et politiques constituent tous des organismes vivants. C'est d'autant plus vrai de nos jours dans le milieu des affaires. Nous appelons ce phénomène « VICA »[1] (comme brièvement évoqué dans l'introduction du précédent chapitre). Cet acronyme signifie volatile, incertain, complexe et ambigu et se décline ainsi :

> * **V**olatilité, en raison de l'inconstance des situations auxquelles sont confrontés les chefs d'entreprise;

---

1   https://en.wikipedia.org/wiki/Volatility,_uncertainty,_complexity_and_ambiguity

* Incertitude, quant à des situations imprévisibles et à des résultats non garantis, ce qui oblige les chefs d'entreprise à être plus aptes à s'adapter et à modifier leurs méthodes de gestion;

* Complexité, en lien avec le nombre croissant d'interactions au sein de l'écosystème de l'organisation et de son secteur d'activité commerciale, ce qui l'oblige à mettre en valeur les compétences de chaque employé et de tirer parti du processus décisionnel auquel chacun d'entre eux participe;

* Ambiguïté, en ce qui concerne la problématique qui a trait à la distinction des relations de cause à effet et des difficultés liées à la lecture des règlements, que ceux-ci soient de nature juridique ou normative – Cela oblige les chefs d'entreprise à développer leur intuition en plus de leurs capacités cognitives, plutôt que de s'appuyer uniquement sur leurs réalisations et leurs certitudes.

La question est donc de savoir si ces transitions prendront la forme de cercles vicieux - une chaîne de mécanismes qui créent et maintiennent des effets nuisibles - ou de cercles plutôt vertueux - un ensemble de causes et d'effets qui améliorent l'ensemble du système. Dans ce contexte, l'intelligence collective prend tout son sens, parce que, comme nous l'avons mentionné plus tôt, il arrive qu'une personne seule n'ait plus la capacité de comprendre toutes les problématiques. Ainsi, nous définissons l'intelligence collective dans ce contexte particulier comme *la capacité des membres d'une équipe, d'un groupe ou d'une organisation à partager les connaissances ainsi qu'à réfléchir et à agir de manière harmonisée et coordonnée dans le but d'obtenir des résultats essentiels.*

Importance de la phase de transition

Selon William Bridges[2], la plupart des organisations semblent évoluer selon un cheminement archétypique qui se décline ainsi :

* **« Il était une fois »** : le fondateur commence à rêver le rêve, et la vision est mise en mots.

* **« Puis un jour »** : il donne vie à l'entreprise. À cette étape, la voie à suivre est celle de « la création au fur et à mesure ».

* **« Pour cette raison »** : l'entreprise a besoin de s'organiser, en déterminant et en mettant en action sa structure, ses processus, ses rôles et ses politiques.

---

2   William Bridges, Managing Transitions, 2003, Perseus Publishing

* **Le point culminant** : à ce stade, l'entreprise est devenue suffisamment stable pour se définir comme une institution. Elle cesse de lutter pour acquérir de nouveaux marchés et elle est parvenue à ses fins. Sa priorité est axée sur la conservation de ce qui a été accompli, plutôt que sur un désir d'aller de l'avant. Le lien entre l'entreprise et son environnement se relâche. Son attention est davantage tournée vers l'intérieur que vers l'extérieur.

* **Si rien n'est fait, la mort du héros** : si rien n'est déployé, si l'on ne discute pas suffisamment de la croissance et si la bureaucratie prend le relais, alors l'entreprise fait faillite ou disparaît en raison de l'obsolescence de son produit, de sa structure ou de ses processus.

* **Ou l'ascension du héros** : lorsqu'une entreprise relativement bien établie se prépare aux changements intérieurs et extérieurs.

Morale de l'histoire : les organisations doivent gérer la transition, ce qui est au cœur de la gestion proactive du changement et des transformations.

Gestion réactive ou proactive du changement

La transition peut se définir comme un état important d'adaptation, qui se produit notamment lorsque des entreprises relativement bien établies se préparent à des adaptations internes et externes pour faire face à la croissance et aux changements en cours. Comme l'indique le cheminement archétypique mentionné plus tôt, la transition est souvent initiée dans le cadre d'une économie stable et d'un marché mature. Elle reflète d'ailleurs une approche planifiée et consciente visant à rendre une organisation prête à apprivoiser l'avenir avec succès. Le contexte de la transition s'oppose aux changements brusques qui sont précipités par une crise, comme ils sont décrits dans le chapitre précédent. Même si la transition est un processus en constante évolution, nous la traiterons dans ce chapitre comme une étape particulière de la vie d'une entreprise.

Enjeux et défis liés à la transition

Le changement se produit généralement dans la sphère physique, notamment dans l'environnement, tandis qu'une transition efficace est liée à des adaptations en lien à certaines dimensions psychologiques et culturelles d'une organisation. Soyez conscient du fait que le changement est inévitable, alors qu'une transition efficace ne l'est pas toujours. En gardant à l'esprit le modèle de la modélisation des facteurs de succès (SFM) englobant l'état d'esprit, les actions et les objectifs (voir page 22), vous voudrez, en tant que consultant génératif et leader de changement, aller au-delà de l'application des outils du changement physique ou comportemental pour vous pencher sur les aspects de l'état d'esprit lié à la transition. Les mesures d'adaptation au changement sont plutôt destinées à surmonter une crise (abordée dans le chapitre précédent). Quant à la gestion de la transition, elle nécessite des efforts proactifs.

L'objet de la gestion de la transition est précisément d'éviter la crise, en anticipant et en se préparant à d'éventuelles perturbations importantes comme un changement dans l'économie ou le marché, ou encore le départ à la retraite de cadres principaux de l'organisation. La transition peut également être précipitée à la suite d'une période de crise. Dans ce cas, en tant que consultant génératif, vous voudrez aider les membres d'une organisation à devenir plus proactifs en ce qui concerne la prochaine étape de leur évolution. Il s'agit de les aider à sortir de leur zone de confort et à explorer 1) leur résistance éventuelle à la réorganisation ou 2) leur complaisance et inertie actuelles.

Si ce n'est pas cassé, ne le réparez pas.

- Dicton populaire

Dans un système organisationnel où les personnes sont peu motivées à accueillir le changement, l'attitude commune reflète le dicton « si ce n'est pas cassé, ne le réparez pas ». Dans un tel contexte, la disposition du personnel à innover risque d'être plutôt faible ou nulle.

En outre, comme les conditions futures peuvent être imprévisibles, l'état souhaité de la transition n'a peut-être pas encore pris forme et les personnes n'en connaissent peut-être même pas clairement l'orientation ou la destination. Dans ce genre de situation, le sentiment d'avoir laissé derrière vous la façon dont les choses étaient sans que vous soyez, en fait, parvenu à un nouveau point de stabilité constitue votre unique certitude. Dans ces conditions, les personnes recherchent généralement l'assurance et la sécurité dans des situations familières.

Gestion de la transition

Symptômes	Causes possibles		Objectifs souhaités	Ressources possibles	Effets
	Externes	Internes			
• Ce qui fonctionnait auparavant ne fonctionne désormais plus • Retards • Complaisance • Malaise • Inertie • Maintien dans la zone de confort • Peu ou pas d'innovation • « Nous l'avons toujours fait ainsi » • État d'esprit « Le simple fait que les choses ont changé ne signifie pas que quoi que ce soit sera différent ici »	• Économie stable • Marché mature / saturé • Établissement stable dans le cycle de vie • Accroissement de la concurrence • Évolution rapide des technologies • Nouvelles lois • « Ubérisation » des produits ou services	• Aucune passion • Aucune vision • Aucune ambition • Accent porté uniquement sur les signaux forts • Coincement dans l'état réaliste • Identité fixée essentiellement sur le « statut » • Évitement du chaos • Crainte de la volatilité • Conflits ingénérationnels • Difficulté à se départir de ce qui fonctionnait auparavant	• Assurance de succès rapide • Définition de ce qui doit et ne doit pas changer • Préparation aux changements internes ou externes • Optimisation des structures et des processus • Innovation progressive ciblée • Symbolisme de la nouvelle identité	• Rétablir les liens avec la mission et le patrimoine organisationnels • Reconnaissance des signaux faibles • Anticipation et communication des tendances • Respect envers le passé; insistance sur la continuité	• Reprise du système • Réapparition de la « vie » • Apparition d'un alignement vers une nouvelle direction • Émergence d'innovations, de différentes façons d'être et de faire • Début d'attention portée par les personnes sur les signaux faibles et apprentissages quant à tirer parti du « chaos »

Afin de gérer les périodes de transition, il faut renforcer la motivation en renouant avec la passion, la mission et le patrimoine organisationnels qui sont les fondements de l'entreprise. Cette gestion consiste également à développer une plus grande capacité à déceler les signaux faibles et à anticiper et communiquer les tendances. Or, pour progresser tout au long des périodes de transition, il importe de cultiver des aptitudes comme la flexibilité, l'équilibre, la confiance, la facilité à créer des liens et la capacité de lâcher prise. Lorsque les personnes et les organisations disposent de l'état d'esprit, des outils, des ressources et des feuilles de route nécessaires à ce cheminement, elles accèdent éventuellement à un lieu de plus grande unicité, qui inclut et transcende à la fois leurs états précédents.

Éléments essentiels à examiner lors de la gestion de la transition - Modèle S.C.O.R.E.

Comme vous le savez maintenant, le modèle S.C.O.R.E. est un outil remarquable à utiliser au cours des premières étapes du modèle DIAMOND de la SFM, dans le cadre du consulting génératif. Cet outil vous aide à déterminer les éléments principaux de la gestion d'une transition d'une organisation, comme ceux énumérés dans le tableau ci-contre.

Comme nous l'avons souligné précédemment, une transition efficace n'est pas garantie en période de changement. Vous pourrez reconnaître certains noms de sociétés ci-dessous, car ces dernières sont tristement célèbres pour leur incapacité à s'adapter et à réaliser la transition des symptômes aux objectifs :

- * **Kodak** : une grande entreprise de technologie dans le domaine de la pellicule photographique dans les années 90, qui n'a pas su s'adapter à l'ère digitale en raison de l'avènement des appareils photo numériques sur le marché de la pellicule – Elle a déposé son bilan de faillite en 2012.

- * **Nokia** : la première entreprise à créer un réseau cellulaire, qui est devenue le chef de file mondial de la téléphonie mobile – Cependant, elle n'a pas pris conscience que l'Internet et les données mobiles seraient l'avenir. Elle a dû s'avouer vaincue face à la concurrence en 2008.

- * **MySpace** : Le leader des médias sociaux au début des années 2000 – À un certain moment, Mark Zuckerberg a même proposé de vendre Facebook à MySpace pour 75 millions de dollars. Finalement, l'entreprise a tellement perdu d'utilisateurs qu'elle a dû licencier 500 employés en 2011, soit six ans plus tard.

Et la liste continue : IBM, BlackBerry, Segway, Hitachi, Xerox, Toshiba, Motorola, Palm (vous vous souvenez de ceux-là?!), Atari et Hummer. Il sera intéressant de voir comment Twitter, Uber, Victoria's Secret et d'autres sociétés d'envergure géreront la courbe[3].

Autres cadres utiles pour déterminer les facteurs clés de la gestion de la transition

Comme nous le précisons dans notre modèle DIAMOND de la SFM™ applicable au changement génératif, plus vous disposez de perspectives sur une question particulière, plus vous avez de possibilités pour la résoudre. Il est utile d'appliquer ce principe quand vous accompagnez votre client ou votre équipe dans l'exploration de leur propre contexte, afin de générer la motivation nécessaire à la concrétisation du changement. Même si le phénomène du VICA est devenu la norme, la capacité d'aider vos clients à bien connaître le domaine auquel ils appartiennent est un élément essentiel de la transition.

Cadre PESTLE

Le cadre PESTLE[4] est une structure utile à la phase de collecte de renseignements du modèle DIAMOND. Celui-ci aide les clients et les membres de l'équipe à déceler les menaces potentielles et les possibilités. PESTLE est l'acronyme des mots suivants :

* **Politique** : politiques gouvernementales, stabilité politique, politique du commerce extérieur, politique fiscale, etc.

* **Économique** : facteurs macro ou microéconomiques – croissance économique, taux d'intérêt, inflation, revenus disponibles des consommateurs, etc.

* **Social** : valeurs et convictions partagées par les clients de même que leur sens de la culture, la répartition par âge, leur conscience envers le capital santé, etc.

* **Technologique** : nouvelles tendances en matière de production, de distribution, de communication, etc.

* **Légal** : droits des consommateurs, normes en matière de publicité, etc

* **Environnemental** : pénurie de matières premières, enjeux éthiques, empreinte carbone, etc.

---

3   https://valuer.ai/blog/the-next-big-companies-to-fail-in-5-10-years/

4   https://pestleanalysis.com/what-is-pestle-analysis/

L'idée sous-jacente au cadre PESTLE consiste à créer un effet de synergie entre les différentes parties prenantes de l'organisation, en favorisant une vision d'ensemble du système auquel elles appartiennent. Pour ce faire, il faut rassembler les principales parties prenantes au même endroit et au même moment et attribuer à chacune d'entre elles une pièce du puzzle PESTLE, afin qu'une analyse pertinente SWOT (forces, faiblesses, opportunités, menaces) ou SOAR (forces, opportunités, aspirations, résultats) puisse émerger. Vous pouvez d'ailleurs utiliser cet outil en animant des voyages apprenants en vue d'observer en personne l'évolution du processus sur place et, par ce fait même, d'aider les membres de l'organisation à éveiller leur conscience à la réalité de leur environnement.

Outil PERICEO™

Parallèlement au cadre PESTLE qui traite de l'extérieur du système d'une organisation, l'outil d'évaluation PERICEO™ crée un lien entre les rouages internes d'une organisation et ses aspects externes. L'outil a été conçu pour évaluer le degré de capacité de collaboration et d'*intelligence collective* d'une organisation. Grâce à l'application des *principaux facteurs de succès par niveau logique* décrits dans le chapitre 1, l'outil d'évaluation PERICEO favorise une discussion approfondie et nécessaire entre les principales parties prenantes d'une organisation en encourageant un certain nombre de perspectives différentes. On peut l'utiliser comme outil de diagnostic ou comme cadre de modération lors des discussions.

Particulièrement dans les périodes de transition au sein des organisations, un niveau profond d'engagement dans les conversations constitue un facteur essentiel à la transition dans les meilleures conditions possibles.

L'outil PERICEO comporte une série de cartes de scores à remplir par les membres concernés de l'équipe ou du groupe participant au processus d'évaluation. Chaque carte de scores est axée sur l'un des niveaux principaux de facteurs de succès (c'est-à-dire : vision, identité, valeurs et croyances, capacités, comportements, environnement) nécessaires pour gérer efficacement la transition. Les cartes de scores présentent plusieurs dimensions de chaque facteur de succès à évaluer sur une échelle de 1 à 5, « 1 » représentant l'état le plus dégénératif de ce facteur et « 5 » représentant son état le plus génératif.

En tant que consultant génératif ou animateur, vous pouvez distribuer les cartes de scores au groupe que vous animez, en veillant à ce que chaque membre réponde individuellement en premier lieu. C'est une condition nécessaire à la manifestation éventuelle de l'intelligence collective et un bon moyen d'éviter que les participants se perdent dans une « pensée de groupe ». Une fois que chacun des participants a rempli individuellement sa carte de scores, tous peuvent partager avec les autres leurs différentes réponses et perspectives. Il est étonnant de constater à quel point les différences de perception peuvent amorcer des discussions vraiment enrichissantes, qui soutiennent la première étape du modèle DIAMOND de la SFM™.

Facteurs essentiels de la vision

Facteur de succès	Faible niveau	1+1= -1	1+1= 0	1+1= 1	1+1= 2	1+1= 3	Niveau élevé
1. La vision est écologique pour le système, les personnes et le collectif.	*La vision ignore la personne ou le collectif, ou encore les deux.*	1	2	3	4	5	*La vision est constamment au service des personnes ET du collectif.*
2. La vision inspire l'action, l'engagement et l'autoamélioration.	*Il n'y a aucun engagement ou aucune initiative personnelle.*	1	2	3	4	5	*Il y a un grand nombre d'actions et d'engagements spontanés.*
3. La vision offre une direction claire.	*Il n'y a aucun sens de direction.*	1	2	3	4	5	*La direction est claire et connue de tous.*
4. La vision inspire l'innovation.	*Il n'y a aucune innovation.*	1	2	3	4	5	*Il y a de nombreuses innovations sur une base régulière.*
5. La vision unit les personnes.	*Les personnes agissent et pensent individuellement.*	1	2	3	4	5	*Les membres de l'équipe partagent un fort sentiment d'appartenance et une vision commune.*

Exemple de carte des SCORES : facteurs clés pour la Vision

Représentation « Radar » (avec un exemple) :

Facteurs principaux de la vision

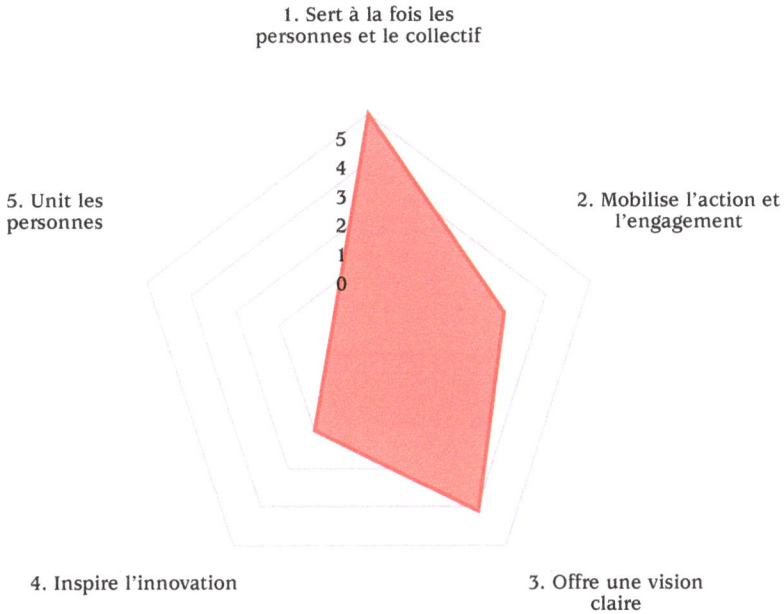

1. Sert à la fois les personnes et le collectif

2. Mobilise l'action et l'engagement

3. Offre une vision claire

4. Inspire l'innovation

5. Unit les personnes

Les résultats des cartes de scores peuvent être représentés de différentes manières. Les figures ci-dessus montrent un exemple d'une carte de scores et un diagramme correspondant de type « radar » servant à l'évaluation de la vision de l'organisation par un membre de l'équipe. Elle nous donne une représentation visuelle très claire de l'état actuel de ce facteur de succès particulier et indique les domaines à améliorer.

Les scores associés à un niveau particulier de facteurs de succès y sont synthétisés et un bilan est fourni sur l'état de ce facteur au sein de l'équipe, du groupe ou de l'organisation. En outre, le tableau suivant résume les différents niveaux de maturité relatifs à la vision d'une organisation.

Facteur de succès	1 Faible niveau $1 + 1 = -1$	2 $1 + 1 = 0$	3 $1 + 1 = 1$	4 $1 + 1 = 2$	5 Niveau élevé $1 + 1 = 3$
Vision	Au sein de votre organisation, la vision est de niveau $1 + 1 = -1$, ce qui constitue un résultat plutôt dégénératif pour la plupart des personnes. Ce résultat peut signifier, par exemple, que la vision néglige la personne, le collectif ou les deux, ou qu'il n'y a aucun engagement ou aucune initiative personnelle, ou encore qu'aucun sens commun de direction n'est évident. Il peut également signifier qu'il n'y a aucune innovation ou que les personnes pensent et agissent individuellement et séparément. Il est aussi possible que plusieurs de ces raisons soient cumulatives.	Au sein de votre organisation, la vision est de niveau $1 + 1 = 0$, ce qui constitue un résultat plutôt nul pour la plupart des personnes. Ce résultat peut signifier, par exemple, que la personne ou le collectif commence à être pris en compte dans la vision ou que des engagements ou des initiatives personnelles apparaissent, ou encore qu'une direction est parfois partagée ou connue des personnes. Il peut également signifier que quelques rares cas imprévisibles d'innovation se manifestent ou que parfois les personnes se rallient autour de la vision. Il est aussi possible que plusieurs de ces raisons soient cumulatives.	Au sein de votre organisation, la vision est de niveau $1 + 1 = 1$, ce qui laisse croire à la plupart des personnes qu'il n'y a qu'une seule et unique personne. Ce résultat peut signifier, par exemple, que parfois la vision est au service de la personne ou du collectif ou que certains engagements ou quelques initiatives éparses apparaissent. Il peut aussi s'agir d'un cas où seules quelques personnes connaissent la direction ou certains cas imprévisibles d'innovation peuvent se manifester, ou encore certaines personnes se rallient autour de la vision. Il est aussi possible que plusieurs de ces raisons soient cumulatives.	Au sein de votre organisation, la vision est de niveau $1 + 1 = 2$, ce que la plupart des personnes considèrent comme de l'intelligence collective. Ce résultat peut signifier, par exemple, que la vision est au service de la personne et du collectif, quoique de manière non constante ou que de plus en plus d'engagements ou d'initiatives se manifestent, ou encore que de plus en plus de personnes connaissent et partagent la vision. Il se peut également que des innovations se manifestent sur une base régulière et que de plus en plus de personnes se rallient autour de la vision. Il est aussi possible que plusieurs de ces raisons soient cumulatives.	Au sein de votre organisation, la vision est de niveau $1 + 1 = 3$, ce qui représente exactement le niveau de l'intelligence collective. Ceci signifie que, pour la plupart des personnes, la vision est constamment au service de la personne ET du collectif et qu'un grand nombre d'actions spontanées et d'engagements se manifestent. La direction est claire et connue de tous, et de nombreuses innovations se manifestent régulièrement. Les membres de l'équipe partagent un fort sentiment d'appartenance et une vision commune.

L'outil PERICEO génère un rapport qui présente les résultats et propose des outils et des processus d'amélioration.

L'exemple suivant présente un bilan de tous les niveaux principaux des facteurs de succès, et ce, de la vision à l'environnement. Il fournit une vue d'ensemble de l'état général de l'intelligence collective au sein de l'équipe, du groupe ou de l'organisation.

BILAN GLOBAL

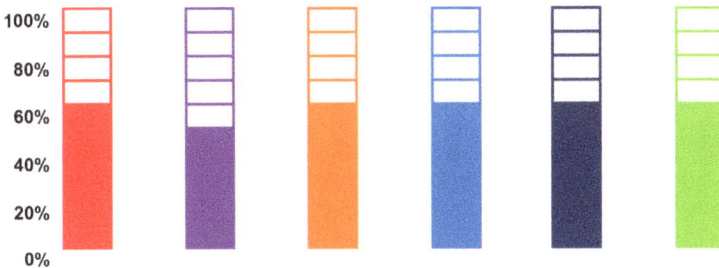

Résultats d'ensemble

* **Vision :** 61,26 % -- plus que modérément développée, mais nécessite toujours une attention accrue

* **Identité :** 53,16 % -- modérément développée, mais nécessite une attention accrue

* **Valeurs :** 57,89 % -- plus que modérément développée, mais nécessite toujours une attention accrue

* **Capacités :** 57,89 % -- plus que modérément développées, mais nécessite toujours une attention accrue

* **Comportements :** 58,3 % -- plus que modérément développés, mais nécessite toujours une attention accrue

* **Environnement :** 59,47 % -- plus que modérément développé, mais nécessite toujours une attention accrue

**Extrait d'un rapport relatif à un groupe privé national en France
Étude réalisée auprès du conseil d'administration**

Les résultats globaux peuvent être ventilés en fonction des scores spécifiques des participants au processus d'évaluation. On peut comparer les évaluations individuelles (comme dans les exemples de graphiques suivants), afin de reconnaître différentes perspectives et de favoriser les échanges entre les participants à l'évaluation. Ces échanges peuvent rehausser le niveau de l'intelligence collective et soutenir la recherche de solutions innovantes.

Résultats individuels relatifs à la vision

1. La vision est écologique pour le système, les personnes et le collectif.

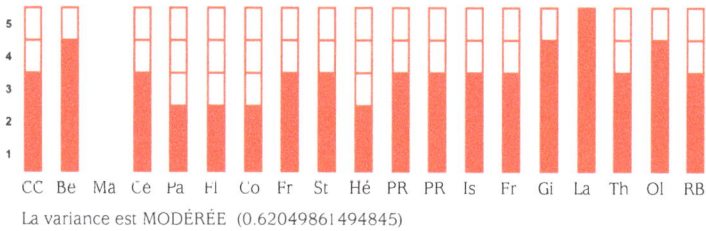

La variance est MODÉRÉE (0.62049861494845)

2. La vision inspire l'action, l'engagement et l'amélioration personnels.

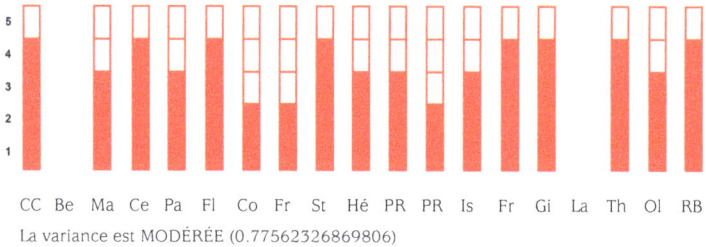

La variance est MODÉRÉE (0.77562326869806)

3. La vision fournit une orientation claire.

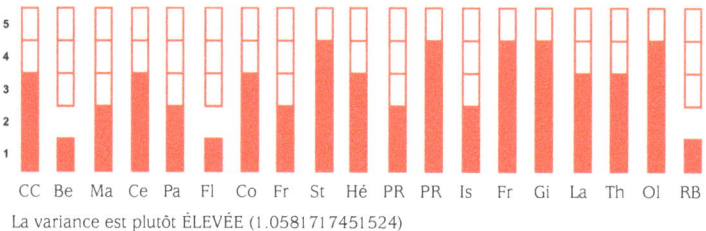

La variance est plutôt ÉLEVÉE (1.0581717451524)

Il est possible d'utiliser l'outil PERICEO à grande échelle pour rassembler et synthétiser une diversité de perspectives ou sur une base d'équipe par équipe (équipe de marketing, équipe de fabrication, équipe de conception, équipe des finances, équipe des ressources humaines), en vue de créer un profil d'équipe individuel. L'idée d'ensemble consiste à créer un espace afin que toutes les parties pertinentes au « holon » de l'organisation s'engagent dans la discussion.

Une fois que les domaines à améliorer sont précisés, l'outil PERICEO peut proposer des causes possibles et des recommandations de « pistes d'amélioration ».

Résultats d'équipe relatifs à la vision

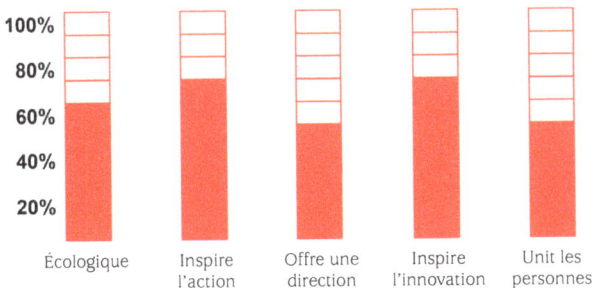

1. La vision est écologique pour le système, les personnes et le collectif.

La vision néglige la personne ou le collectif.

CAUSE POSSIBLE : Une réflexion a commencé à être menée et communiquée, mais le travail qui a été amorcé doit être adapté à la fois aux personnes et au collectif.

VOIE D'AMÉLIORATION : On peut se pencher sur la vision et sur la façon de la concrétiser au sein de chaque service ou à chaque équipe dans l'organisation.

CATALYSEUR : On peut travailler sur la résonance-synergie-émergence; travailler avec le concept VMAR (vision, mission, ambition, rôle); échanger quant à la vision.

2. La vision inspire l'action, l'engagement et l'amélioration personnels.

Les membres de l'équipe font preuve d'un certain engagement et d'initiative personnelle.

CAUSE POSSIBLE : La vision est communiquée inadéquatement et est peu connue des parties prenantes, ou encore elle est peu harmonisée avec celle des collaborateurs..

VOIE D'AMÉLIORATION : On peut travailler et échanger quant à la vision à tous les niveaux de l'organisation, et ce, dans toutes les équipes.

CATALYSEUR : état de « COACH » - InterVision

Pour plus d'information sur cet outil, voir *L'Outil PERICEO : Équipes et Organisations, développez vos capacités d'intelligence collective* (2018) ou consulter le site du PERICEO : www.periceo.com. Vous pouvez aussi contacter directement Elisabeth Falcone - elisabeth.falcone@ladifferencerh.com.

Le processus de coalignement

Le processus de coalignement de la SFM™ est un bon exemple de la mise en œuvre d'une voie d'amélioration. Les concepts de la vision, de la mission et de l'ambition sont sans doute familiers aux cadres supérieurs de chaque grande organisation. Cependant, il peut se révéler très enrichissant pour ces derniers de passer concrètement de la vision à l'action. C'est en fait ce que le processus de coalignement peut contribuer à accomplir. Il crée les conditions propices à une discussion structurée parmi les parties prenantes principales et aide ces dernières à inclure toutes les étapes nécessaires au succès.

Afin de faciliter ce processus, vous voudrez créer six emplacements le long d'une ligne tracée sur le sol. Un emplacement pour la vision, un autre pour l'identité et la mission, puis, ainsi de suite pour les valeurs et les croyances, les capacités, les comportements et l'environnement. Vous invitez ensuite tous les membres de l'équipe ou du groupe à se tenir debout les uns à côté des autres et à marcher physiquement le long de cette ligne tout en leur faisant explorer les questions suivantes :

* *Quelle vision poursuivons-nous en tant qu'équipe ou qu'organisation?*

* *Quelles identité et mission souhaitons-nous en ce qui a trait à cette vision et avec les clients que nous servons?*

* *Quelles valeurs et croyances fondamentales sont nécessaires pour appuyer cette mission?*

* *Quelles principales capacités sont nécessaires pour déployer la mission et les valeurs fondamentales?*

* *Quel ensemble d'activités traduit et manifeste notre mission et nos valeurs?*

* *Dans quels environnements ou contextes significatifs souhaitons-nous fonctionner?*

À chaque étape, les parties prenantes principales doivent répondre individuellement à la question en premier lieu (en évitant la « pensée unique » de groupe, au profit de l'alignement collectif) et, ensuite, elles doivent partager leurs réponses avec le groupe.

4.4 Encadrement génératif de la transition

En revenant au cheminement de l'archétype organisationnel dont il a été question en début de chapitre, vous voudrez, en tant que consultant génératif, aider vos clients à éviter l'écueil de la « mort du héros ». Vous pouvez ce faire en incitant ceux-ci à évoluer vers une approche « proactive » au changement par opposition à une approche « réactive », afin de « prendre une longueur d'avance ».

La métaphore opposant les grenouilles et les chauves-souris est une analogie pertinente à employer avec vos clients. Les grenouilles et les chauves-souris ont la même source de nourriture : les insectes aériens. Mais elles ont des stratégies complètement différentes pour attraper leurs proies. Essentiellement, les grenouilles sont « réactives » -- elles s'assoient sur des nénuphars en attendant que leur nourriture se présente à elles, tandis que les chauves-souris sont « proactives » -- pour trouver leurs proies, ces dernières utilisent un système sonar perfectionné qui est extrêmement sensible aux signaux faibles. Cette métaphore illustre bien la différence qui existe entre « attendre la suite » et « être à l'affût de ce qui s'en vient ».

En outre, il importe de souligner que les grenouilles ont une espérance de vie de deux à cinq ans, tandis que les chauves-souris ont une durée de vie moyenne de 25 à 40 ans. Ce contraste illustre l'effet de ces deux stratégies sur la longévité. Une approche proactive qui incite à porter attention aux signaux faibles est essentielle pour assurer le succès durable et la survie d'une organisation. C'est exactement ce que vous, en tant que consultant génératif ou chef d'entreprise, souhaitez faire pour guider vos clients et vos équipes vers le succès.

Comment? En vous appuyant sur l'intelligence collective de l'organisation. Dans la phase dynamique et incertaine de la transition, l'établissement de relations essentielles est un facteur de succès important. Ainsi, en tant que consultant génératif et agent de changement, vous souhaitez aider l'organisation à demeurer en activité et en lien avec toutes ses parties, dont ses clients, ses équipes, ses partenaires et ses parties prenantes. Et c'est à ce moment que le modèle de l'intelligence collective de la SFM™ vous offre une orientation.

Le modèle de l'intelligence collective de la SFM™

La nécessité de créer un espace propice à « imaginer un nouveau rêve » (étape 2 du modèle DIAMOND de la SFM™) se trouve au cœur de ce qui est en jeu pour une organisation stable quoiqu'en transition. Celle-ci doit délaisser l'ancien et accueillir la nouveauté, afin de surmonter l'insécurité propre à cette zone neutre où les personnes ne connaissent pas encore la forme que prendra l'avenir.

Comme nous l'avons présenté au chapitre 2, les cinq objectifs essentiels définis par le Cercle de succès de la SFM comprennent :

1. Satisfaction personnelle

2. Solidité et rentabilité financières

3. Croissance évolutive

4. Innovation et résilience

5. Contribution significative

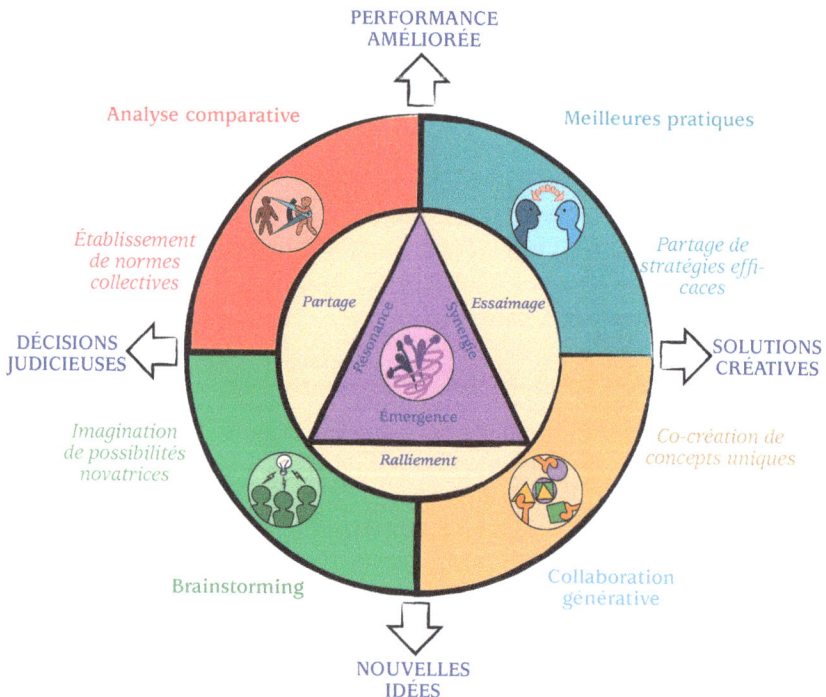

Le modèle de l'intelligence collective de la SFM™ : comme publié dans l'ouvrage La modélisation des facteurs de succès Tome II : Collaboration générative – Libérer la puissance créative de l'intelligence collective

Pour atteindre ces objectifs, le modèle de l'intelligence collective de la SFM™ propose quatre stratégies puissantes :

1. Améliorer la performance actuelle

2. Créer de nouvelles solutions (pour les marchés existants ou nouveaux)

3. Encourager l'émergence de nouvelles idées

4. Prendre des décisions plus judicieuses

Même si la plupart de vos clients ou de vos équipes voudront atteindre chacun de ces objectifs (qui ne le souhaiterait pas?), vous voudrez attirer l'attention sur l'objectif qu'ils souhaitent atteindre pendant leur transition, en gardant à l'esprit que chacun de ces objectifs aura une incidence sur tous les autres.

Les actions à encourager

Afin d'atteindre ces résultats, vous pouvez encourager les groupes avec lesquels vous travaillez à s'engager dans les actions suivantes :

* **Évaluer le marché** afin d'affirmer ou de fixer de nouvelles normes collectives

* **Rechercher les meilleures pratiques** dans leur écosystème et faciliter l'échange de stratégies efficaces

* **Réfléchir ensemble** pour proposer des solutions innovantes

* **Créer des espaces de collaboration générative,** où l'organisation et son système peuvent cocréer des éléments à la fois uniques et déstabilisants

Et c'est exactement dans ce contexte que, pour soutenir ces actions, vous devez mettre en place des rituels de même que des façons d'être et de faire qui faciliteront la résonance, afin de mettre en évidence la synergie et déclencher l'émergence.

Résonance, synergie et émergence

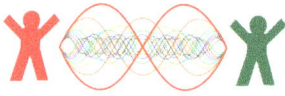

La résonance est liée aux questions « Où nous rejoignons-nous? » et « En quoi nous ressemblons-nous? » Si l'on n'éprouve aucun lien envers les autres, on ressent de la peur et l'on se rétracte. « L'autre » devient alors un étranger. Mais une fois qu'on a mis en évidence des domaines de résonance, on voudra explorer les zones où l'on se complète les uns les autres.

La synergie vient de l'exploration des questions « Où se situent nos différences? » et « Comment peuvent-elles se complémenter et s'enrichir mutuellement? » Cette exploration concrétise l'expression de quelque chose de plus grand que nos compétences individuelles.

L'émergence découle des réponses aux questions «Quelles autres possibilités plus grandes que nos réalités individuelles nos interactions peuvent-elles générer?» et « Quelles nouveautés nos interactions peuvent-elle générer? » Voilà comment la « magie » s'opère!

La résonance, la synergie et l'émergence constituent les trois piliers de l'intelligence collective. Il est nécessaire de prendre le temps – sans toutefois, en aucun cas, « gaspiller du temps » - pour ériger ces piliers, et ce, dans tout processus de groupe ou d'équipe.

L'intégration de différentes formes d'intelligence (visuelle, somatique, métaphorique, etc.) dans la mise en place de ces activités aidera également vos clients ou vos équipes à accroître leur degré de complétude et de créativité. De plus, comme mentionné plus haut, il est important d'encourager les participants à trouver leurs propres réponses avant de les partager avec le groupe. Ainsi, on peut éviter la « pensée unique de groupe » et favoriser une intelligence véritablement « collective ».

4.5 Compétences et connaissances d'un consultant génératif en matière de facilitation

Compétences en matière de facilitation

Pour parvenir à orchestrer ces quatre actions (analyse comparative, partage des meilleures pratiques, brainstorming et collaboration générative), vous devez posséder des compétences éprouvées en facilitation et des connaissances en ce qui a trait à la dynamique de groupe. Par exemple, vous devez savoir que chaque étape d'un projet collectif (comme la gestion de la transition) nécessitera un certain partage des renseignements et des idées, afin que les membres de l'organisation puissent trouver le degré de résonance nécessaire au déclenchement de la motivation et de l'aspiration au changement. Vous devrez également être en mesure de faire converger un grand nombre de perspectives et de types de savoir-faire vers le nouveau rêve (essaimage) et ses défis. Cela aura pour effet de créer des synergies entre les compétences et les parties prenantes. Et, finalement, vous voudrez aider les gens à se rallier au service d'une vision commune, donnant ainsi la possibilité à de nouveaux éléments d'émerger.

Afin d'atteindre ces résultats, vous pouvez également appliquer les enseignements liés au projet Aristote de Google, en hommage à la célèbre citation du philosophe : « Le tout est plus grand que la somme de ses parties. » Google a montré[5] que les conditions nécessaires aux équipes pour développer leur QI collectif comprennent notamment :

* **Égalité dans la répartition des prises de parole lors des échanges** : les personnes ont chacune le même temps de parole pour maintenir un niveau plus élevé d'intelligence collective. Cette condition est réalisable en planifiant précisément les points à aborder à l'ordre du jour, en utilisant un bâton de parole ou en invitant à la conversation des personnes non participantes.

* **Sensibilité sociale** : il faut prêter attention aux signes non verbaux des participants, en particulier les signes indicateurs des états émotionnels. Cette condition est soutenue par des processus comme l'outil « météo », qui consiste à demander aux participants de donner deux mots décrivant leur état intérieur au début d'une séance de travail.

---

5   https://rework.withgoogle.com/print/guides/5721312655835136/

* **Sécurité psychologique** : les personnes se sentent à l'aise d'exprimer ce qu'elles pensent ou ressentent véritablement et peuvent révéler des renseignements intimes sans crainte d'être rejetées ou punies. Il est généralement essentiel de fixer des règles de base en matière de comportement dans ce contexte, c'est-à-dire ce que l'on pourrait désigner comme l'étiquette comportementale (voir les qualités d'esprit figurant ci-dessous comme un guide possible).

* **Importance perçue de la tâche** : les personnes font des liens entre leur propre travail et une vision élargie, qui transcende celle d'une équipe ou d'une organisation particulière. Cette condition peut être soutenue en prenant ou en réservant du temps pour échanger sur la question essentielle «POURQUOI» encore et encore, afin que les personnes touchées par la transition puissent réellement s'approprier le processus.

Établissement d'un état d'esprit de soutien chez les participants

Tous ces facteurs comportementaux observables révèlent également les qualités d'esprit fondamentales que vous voudrez encourager chez les équipes que vous animez :

* L'égalité dans la répartition des prises de parole lors des échanges reflète un esprit de **respect** mutuel et de **responsabilisation** envers ses propres actions.

* La sensibilité sociale provient d'une attitude sous-jacente de **l'attention** et de **l'intérêt** manifestés envers les autres membres du groupe.

* La sécurité psychologique reflète la capacité de **confiance** et d'**acceptation** mutuelles.

* L'importance perçue de la tâche se traduit par une volonté plus profonde de **sens** par la **contribution** à une vision plus grande.

Soyez un exemple : soyez congruent avec vous-même grâce au Taï-Chi de l'état COACH

Le Taï-Chi de l'état de COACH signifie l'ancrage des différents aspects de l'état de COACH, grâce aux mots ainsi qu'aux mouvements ou gestes somatiques.

En tant que consultant génératif et chef d'entreprise, vous voudrez incarner aussi pleinement que possible ces qualités d'esprit soutenant l'intelligence collective, particulièrement en animant une activité auprès de vos clients et de vos équipes : *respect, responsabilité, intérêt, attention, confiance, acceptation et contribution*. Comme Bill O'Brien, ancien directeur général de Hanover Insurance l'a souligné, « la réussite d'une intervention dépend de l'état intérieur de l'intervenant ».

Au chapitre 1, nous avons souligné l'importance de ce que nous avons désigné comme l'état d'esprit COACH en vous, chez vos clients et chez vos équipes. L'état COACH conjugué à l'utilisation de multiples formes d'intelligence est le fondement de l'état génératif, ce qui est essentiel à tout type de changement génératif. Ainsi, favoriser cet état en vous-même et chez vos clients ou vos équipes est une pratique courante importante.

Ce que nous appelons le « Taï-Chi de l'état COACH » est un bon moyen d'intégrer la pratique de l'état COACH aux multiples formes d'intelligence. Il s'agit d'ancrer les différents aspects de l'état COACH avec des mots de même que des mouvements ou gestes somatiques. Vous pouvez utiliser le tableau suivant comme guide.

Intention: devenir davantage	Intelligence linguistique / mantras mentaux	Intelligence somatique
Centré	*« Je suis présent. »* *« Je suis centré. »*	**Quel mouvement naît en vous?**
Ouvert	*« Je suis ouvert d'esprit. »*	**Laissez ce mouvement évoluer en vous.**
Attentif	*« Je suis conscient; je suis éveillé et alerte et j'ai l'esprit clair grâce à mes sens. »*	**Laissez ce mouvement émerger en vous.**
Connecté	*« Je suis en lien avec mon espace intérieur, avec vous et avec le domaine de ressources en nous et autour de nous. »*	**Quelle geste vous vient ?**
Habile à accueillir	*« Je suis prêt à accueillir et à maintenir ce qui se présentera. »*	**Laissez votre corps s'exprimer.**

Assurez-vous que votre propre état COACH se situe à un niveau d'au moins 7 sur une échelle de 0 à 10. Il serait idéal que toutes les parties prenantes touchées par la transition soient dans un état génératif pour une efficacité optimale.

Lorsque vous aidez l'organisation à passer à l'action en mettant en œuvre le plan tout en gérant la transition (étape 4 du modèle DIAMOND de la SFM™), vous voudrez vous assurer que les personnes sont dans un état génératif. Vous pourriez ne pas l'appeler l'état COACH en tant que tel, mais gardez à l'esprit que l'état génératif est le fondement de la création de solutions efficaces et durables. Comme nous l'avons souligné au chapitre 1, les personnes perçoivent leur réalité à travers leurs filtres. Et si leurs filtres sont rigides et figés, la réalité de l'organisation le sera également. Ainsi, la contribution des filtres perceptifs des parties prenantes principales au processus de transition vers un mode génératif est l'un de vos principaux objectifs en tant que coach génératif et chef d'entreprise. Cette action sera principalement soutenue par trois de nos compétences essentielles en matière de consulting génératif.

Les trois principales compétences d'un consultant génératif en matière de gestion de la transition

Afin d'aider vos clients et vos équipes à activer leur intelligence collective et à gérer la transition, en tant que consultant génératif et chef d'entreprise, vous devez faire preuve d'un niveau élevé de compétence en matière de communication, de présentation et de facilitation. Comme souligné, le changement est inévitable et plutôt orienté vers l'extérieur, tandis que la transition est plutôt un processus psychologique axé vers l'intérieur. Ainsi, votre capacité à susciter et à orchestrer l'échange de renseignements, de points de vue de même que des actions représente un facteur essentiel de succès en gestion de la transition.

Tout comme dans les chapitres précédents, nous vous invitons à vous pencher plus en détail sur votre propre niveau de compétence en ce qui concerne ces aptitudes, afin que vous puissiez préciser plus clairement vos points forts et vos domaines à améliorer. Vous pouvez également faire part des questions d'autoréflexion suivantes aux personnes et aux équipes avec lesquelles vous travaillez, puisque les cadres et les autres parties prenantes principales doivent également maîtriser ces aptitudes pour se montrer proactifs dans la gestion de la transition.

a) Compétences en matière de communication

Si vous voulez aider vos clients et vos équipes à gérer la transition, vous devrez acquérir ou renforcer certaines compétences en matière de communication. En matière de consulting génératif, ces compétences favoriseront votre aisance à échanger avec différents types de personnes provenant de strates sociales distinctes.

Questions:

1. *Avez-vous adapté votre approche de communication pour rejoindre tous les différents types de personnes provenant de strates sociales distinctes qui participent aux interactions que vous avez suscitées en animant une activité?*

2. *Dans quelle mesure avez-vous utilisé la communication à la fois non verbale et verbale au cours de vos interactions?*

3. *Avez-vous été en mesure de percevoir rapidement les réactions à la fois non verbales et verbales et d'y réagir?*

4. *Combien de fois avez-vous utilisé le recadrage verbal pour proposer de nouvelles perspectives sur les situations discutées?*

b) Compétences en matière de présentation

Les compétences en matière de présentation représentent votre capacité à vous adresser à un auditoire en utilisant différents canaux de communication (verbal, visuel, métaphorique, somatique, etc.). Plus vous utiliserez différentes modalités pour transmettre un message, plus celui-ci pourra être assimilé et mémorisé.

Questions:

1. *Dans quelle mesure avez-vous utilisé un langage verbal clair et utile?*

2. *Avez-vous utilisé des images pour favoriser une meilleure compréhension de votre message?*

3. *Avez-vous utilisé des métaphores pour faciliter l'approfondissement de la compréhension de votre message?*

4. *Combien de fois avez-vous utilisé une gestuelle ou d'autres modes d'expression somatique pour maintenir l'attention de votre auditoire et ainsi favoriser une meilleure compréhension de votre message?*

c) Compétences en matière de facilitation

Après avoir guidé votre client vers une communication plus efficace avec les membres de son organisation et, idéalement, de son écosystème et l'avoir aidé à présenter la transition selon plusieurs approches, vous voilà prêt à exercer votre capacité à encadrer les dynamiques principales de l'intelligence collective et à favoriser la résonance, la synergie et l'émergence chez les membres des groupes engagés dans la transition.

Questions:

1. À quelle fréquence avez-vous attiré l'attention sur la vision commune du groupe lors des interactions?

2. À combien de reprises et dans combien de domaines différents avez-vous cherché à faire ressortir les similitudes entre les membres du groupe?

3. Les différences entre les membres du groupe ont-elles créé des conflits et de la confusion ou avez-vous pu plutôt

guider le groupe vers l'exploration de la complémentarité de leurs différences pour les mettre au service d'une visée commune?

4. Combien de temps, d'espace et d'encouragements avez-vous accordés au groupe pour favoriser l'émergence de nouveaux éléments inattendus à partir des interactions entre les membres du groupe?

4.6 Étude de cas illustrant l'application de certains des outils présentés dans ce chapitre

Application du profil de l'équipe PERICEO

L'outil PERICEO propose deux approches complémentaires et indissociables à la gestion de la transition.

La première, et la plus pertinente, à notre avis, consiste à mettre en évidence et à comparer les perceptions de chaque participant quant au QI collectif – ou le niveau de l'intelligence collective – des équipes touchées par la transition. Cette approche facilite les échanges générateurs qui contribuent à sensibiliser les membres de l'équipe envers leurs propres processus susceptibles de dénouer des situations sans issue.

La seconde consiste à déterminer une perception « moyenne » du niveau de QI collectif au sein des équipes, afin d'établir une base de référence globale. Cette seconde approche favorise la mise en évidence de la tendance générale quant au niveau de l'intelligence collective au sein de l'organisation dans son ensemble.

L'outil PERICEO combine ces deux approches de la gestion des transitions à l'analyse des causes possibles et des pistes d'amélioration, que le consultant génératif peut approfondir lors de ses échanges avec les équipes et la direction qu'il accompagne.

Nous proposons la représentation synthétique suivante du processus de la mise en œuvre globale.

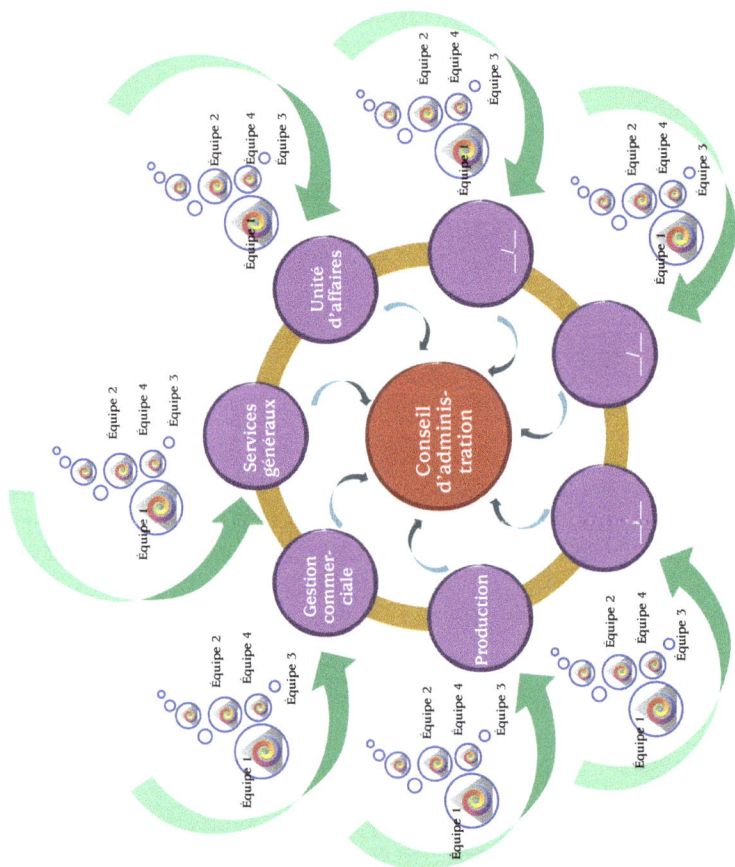

Voici un exemple du mode d'application de cette mise en œuvre globale visant à aider la Commission de l'alimentation, de l'agriculture et des forêts de la Guyane française à gérer une transition importante. Comme organisme décentralisé du ministère de l'agriculture et des forêts, la commission a été créée en 2011 à partir d'une fusion des agences de l'agriculture, des forêts et des services vétérinaires. Elle était organisée en plusieurs entités : le secrétariat général, les systèmes d'information statistique, la gestion économique et stratégique, l'aménagement du territoire, la formation et le développement.

Application du modèle DIAMOND de la SFM™

Après avoir appliqué les sept étapes du modèle DIAMOND de la SFM en nous appuyant sur les neuf compétences principales au cours de plusieurs mois d'échanges, de rencontres et d'études auprès des membres de l'équipe concernés, nous sommes parvenus aux résultats suivants :

1. **D**éfinir l'état présent : Cette organisation se retrouvait principalement dans une **situation transitoire**, où différents services avaient été fusionnés sous une seule direction à des fins de restructuration. Le processus a engendré plusieurs résultats négatifs, dont une perte d'identité et de sens, l'absence d'une vision commune, de la démotivation de même qu'un manque de communication et de rapports entre les unités. De plus, le contexte élargi se résumait à celui d'un conflit social au sein d'un territoire qui connaissait un taux élevé de pauvreté en dépit de sa richesse convoitée (l'or guyanais).

2. **I**dentifier l'intention : Dans ce contexte, **l'intention souhaitée** par la nouvelle direction consistait à travailler plus facilement ensemble, à améliorer la performance collective et à modifier les stratégies de l'organisation, afin de contribuer au développement du territoire et du bien-être des personnes qui y travaillaient.

3. **A**dopter le plan d'action : **Plusieurs actions** ont été ciblées. La première étape visait à proposer une vision au CODIR (comité de direction). Une autre action consistait à entendre les différentes parties prenantes - y compris les partenaires - afin de déterminer les principaux besoins et d'encourager la participation de tous les collaborateurs.

4. **M**ettre en œuvre le plan d'action : Différents processus liés à l'intelligence collective ont été utilisés pour encadrer le mouvement vers l'action. Par exemple, nous avons employé une intervention de type forum ouvert pour faciliter la définition des actions prioritaires et la création d'un scénario pour le processus de transition. Les actions et le scénario qui ont émergé ont ainsi aidé les groupes à appliquer des outils et des stratégies en matière d'intelligence collective à leur travail de gestion de projets au cours de l'année

suivante. En outre, le processus a facilité l'établissement de conditions de travail différentes, qui ont suscité la joie et l'enthousiasme chez tous les employés. Cette nouvelle atmosphère de travail leur a insufflé un fort désir de participation, pour ainsi obtenir le degré de performance souhaité défini à l'étape 2.

5. *Oser transformer les obstacles :* De même, l'intelligence collective et les processus de parrainage des groupes ont fait en sorte d'accroître la communication, les rapports interpersonnels et la cohésion entre les équipes. Ils ont désamorcé la réactivité et la tension entre les employés en raison de conflits sociaux et de la dispersion de ces derniers dans un vaste territoire.

6. *Noter les progrès :* Quelques mois après le début de l'intervention, l'outil PERICEO a été appliqué afin d'évaluer le progrès et procéder aux améliorations nécessaires. L'application de cet outil a confirmé que certains facteurs principaux liés aux comportements et aux interactions entre les principaux collaborateurs avaient évolué positivement et de façon significative.

7. *Déterminer les pratiques d'approfondissement :* Nous avons aidé l'organisation et les équipes à établir des pratiques visant à soutenir et à approfondir les changements, qui furent effectués et célébrés. La pratique de l'état COACH et la conception de CARTES DE SCORES, toutes deux fondées sur les facteurs essentiels de succès de même que l'établissement de groupes d'intervision, de « réunions déléguées », d'un espace de collaboration partagé, d'un système « de parrainage » en matière d'engagements et de processus de groupe génératif du type « mastermind » en sont des manifestations.

En établissant un lien avec le Cercle de succès de la SFM™, cette intervention a essentiellement aidé nos clients guyanais à « rêver un nouveau rêve » et à se remettre en activité en adoptant un nouvel état d'esprit. Tout a été réalisé en suivant les quatre stratégies définies par le modèle de l'intelligence collective de la SFM™ mentionnées ci-dessus :

1. Améliorer la performance actuelle

2. Créer de nouvelles solutions

3. Encourager l'émergence de nouvelles idées

4. Prendre des décisions plus judicieuses

Ces stratégies ont ainsi accompagné nos clients durant leur phase de transition dans les meilleures conditions possible.

Application du modèle S.C.O.R.E.

En établissant le lien avec le modèle S.C.O.R.E., on peut aussi résumer la situation en ces termes :

1. **Symptômes:** démotivation, manque de communication et de rapports, tension entre les employés, manque de cohésion au sein de l'équipe

2. **Causes:** conflits sociaux à la grandeur du territoire de même qu'à l'interne chez les employés, revendications liées au territoire (richesse), changement de paradigme et restructuration des services de l'État, manque de vision, absence de passion et d'ambition, employés dispersés dans l'ensemble du territoire, état de réactivité en réponse au contexte et à l'urgence

3. **Objectifs:** détermination des priorités stratégiques, stimulation de la performance collective, création de conditions de travail différentes, stimulation et propagation du sentiment de joie et de l'enthousiasme, mise en contact des personnes qui ne se réuniraient pas autrement, et sensibilisation des employés envers leurs méthodes de fonctionnement, leurs limitations et leurs points forts

4. **Ressources:** domaine de compétences des agriculteurs guyanais et qualité de leurs produits, attachement des salariés à leur territoire, grande intelligence émotionnelle

5. **Effets:** meilleure qualité de vie et collaboration de travail agréable ainsi que contribution au développement du territoire et au bien-être des personnes qui y vivent et y travaillent.

Résumé

Compétences en communication

Compétences en présentation

Compétences en facilitation

Intelligence émotionnelle

Compétences d'influence

Dernier point, et non le moindre, soulignons celles parmi les neuf compétences en matière de consulting génératif qui se sont révélées les plus indispensables pour établir et maintenir un état génératif de fluidité créative chez toutes les parties prenantes concernées de ce projet. Nous avons travaillé dans un contexte qui a entraîné des pertes d'identité et de sens, des conflits sociaux très présents et un très faible niveau de confiance. En outre, des dynamiques interculturelles importantes devaient être abordées. Ainsi, la **communication**, la **présentation** et la **facilitation** se sont avérées les compétences les plus importantes dans ce contexte. Enfin, l'**intelligence émotionnelle** et les **compétences d'influence** ont également été essentielles à notre réussite.

Par ailleurs, nous avons œuvré dans un contexte très particulier de restructuration des services d'un État, et nous ne connaissons pas la forme finale de la restructuration financière. L'intervention s'est déroulée dans un pays où les modes de fonctionnement des peuples autochtones étaient très différents des nôtres et où la richesse du territoire est l'objet de convoitise, en dépit de l'omniprésence d'une grande pauvreté. Dans un milieu de ce genre, il était impossible d'appliquer certains modèles existants.

C'est précisément dans ce type de contexte que les principes et l'approche du consulting génératif sont nécessaires à la formulation de nouvelles possibilités et à l'obtention très rapide de résultats efficaces et pratiques. Le contexte met également en lumière la puissance de l'utilisation des différentes facettes du modèle DIAMOND à générer de nombreuses interventions au cours d'une année.

Le développement de la conscience individuelle et la réappropriation par les parties prenantes de leur puissance individuelle se sont révélés essentiels au succès de l'intervention et au regain de la capacité du client à fonctionner efficacement en tant que collectif. La capacité d'aller de l'avant avec confiance et d'obtenir des résultats concrets dans ce contexte d'incertitude résulte de l'application des principes et des processus du changement génératif, dans le but de favoriser le développement personnel et l'autonomisation des parties prenantes principales.

4.7 Messages clés à l'intention des consultants génératifs

* Faites sortir vos équipes ! Créez des voyages apprenants pour l'organisation, afin d'aider les personnes à découvrir ce qui leur est déjà possible ou pourrait l'être.

* Laissez vos clients entrer! Aidez ceux-ci à créer une vision d'avenir axée sur la clientèle.

* Concentrez-vous sur la création d'un mouvement d'adhésion en encourageant le plus grand nombre possible de parties prenantes à participer, et ce, même celles qui se trouvent en périphérie du système.

* Incitez des discussions authentiques et à cœur ouvert, qui portent sur chaque niveau des facteurs de succès (environnement, comportements, capacités, valeurs et croyances, identité et vision); le mouvement est entraîné par l'émotion (« e-motion », c'est-à-dire « ce qui nous fait mouvoir vers l'extérieur, s'extérioriser »);

* Créez les conditions nécessaires aux personnes pour confronter leurs différences de perception et pour ainsi créer de nouvelles perspectives à partir de ce tremplin : la différence est génératrice!

Ce n'est pas la personnalité qui distingue les leaders de niveau 5 de ceux de niveau 4, mais plutôt l'humilité personnelle. On doit se consacrer au service d'autrui, animé d'une volonté à toute épreuve. Quelles sont, en réalité, vos ambitions personnelles? On doit se mettre au service d'une cause.* [Traduction libre]

* Citation tirée d'une allocution livrée par Jim Collins, au World of Business Ideas (WOBI), à New York, en novembre 2019

Chapitre 5

Une approche pratique-Comment tout cela s'assemble?

Mickey A. Feher

5.1 Vue d'ensemble

Voici le cas de la filiale d'une grande multinationale Fortune 500 ayant demandé l'aide de mon équipe pour améliorer l'efficacité des ventes et la gestion des transactions ainsi que pour réduire les dissensions culturelles au sein de son équipe de management. Dans le présent chapitre, je décris comment cette intervention s'est actualisée par l'application d'un programme de changement génératif auprès de l'équipe, à commencer par le chef de l'équipe qui nous avait engagé. Le programme a ensuite été étendu à toute l'équipe des ventes, afin de répondre à leur demande initiale d'augmenter les taux de conversion des ventes et des transactions. J'illustre également l'importance d'être clair quant à la vision d'ensemble du projet : le sens, la vision, l'ambition et les rôles...

Tout ce qui nous irrite chez les autres peut nous conduire à une
meilleure compréhension de nous-mêmes.

- Carl Gustav Jung

5.2 Pourquoi ce chapitre est-il important?

Ce chapitre présente une étude de cas réel, qui illustre l'application de nombreux éléments essentiels du consulting génératif : la Success MindsetMap de la modélisation des facteurs de succès (SFM™), le modèle de leadership de la SFM™ et le modèle DIAMOND de la SFM™.

J'exerce la profession de consultant depuis 1996. Au fil des années, j'ai invariablement rencontré dans de multiples secteurs d'activité et zones géographiques beaucoup de personnes qui croyaient que la solution à leur problème dépendait de la nécessité que quelqu'un d'autre change. Par conséquent, la plupart des demandes d'intervention et des mandats de consulting que vous obtiendrez en tant que consultant auront notamment trait à « réparer » quelqu'un d'autre, à mettre l'équipe sur la bonne voie, à inciter les cadres intermédiaires à changer et à motiver les principaux collaborateurs. Or, les personnes qui ont le pouvoir de vous accorder un mandat seront rarement conscientes de leur propre contribution systémique à leur problème. L'une des principales aptitudes d'un consultant génératif consiste ainsi à aider les clients à réaliser qu'ils font partie du problème et que ce n'est qu'en envisageant de changer eux aussi que les symptômes perçus se transformeront et que les objectifs et effets souhaités seront réalisés.

Ce chapitre montre comment cette tendance s'est manifestée chez un client. Je présenterai comment la demande initiale d'intervention de ce client pour une consultation conventionnelle a évolué en adoptant une orientation générative très différente. J'aborderai comment les sept étapes et les neuf compétences du modèle DIAMOND de la SFM™ ont joué un rôle essentiel dans le succès de la transformation du client, de son équipe et de son entreprise.

Mais avant d'approfondir notre étude de cas, examinons le milieu des affaires plus large dans lequel les consultants génératifs évoluent en général.

5.3. Le milieu des affaires : le milieu d'intervention des consultants

Il convient de souligner que les consultants œuvrent généralement dans un contexte qui est loin d'être propice au consulting génératif. Milton Friedman a illustré ce constat dans les premières lignes de son article qu'il a publié dans le New York Times Magazine, le 13 septembre 1970.

> *Quand j'entends des hommes d'affaires parler éloquemment des responsabilités sociales des sociétés dans un système de libre entreprise, [...]. Les hommes d'affaires croient qu'ils défendent la libre entreprise lorsqu'ils déclarent que les sociétés ne sont pas « simplement » soucieuses des bénéfices, mais aussi de l'avancement des fins « sociales » souhaitables et que celles-ci ont une « conscience sociale » en prenant au sérieux leurs responsabilités en matière d'embauche, d'élimination de la discrimination, de l'atténuation de la pollution et de toute autre préoccupation à la mode qui puisse émaner de la culture des réformateurs contemporains. [...] Les hommes d'affaires qui tiennent ce discours sont des marionnettes involontaires des forces intellectuelles qui ont miné les bases d'une société libre au cours de ces dernières décennies . [Traduction libre]*

Ces réflexions ont depuis lors façonné les entreprises des États-Unis et celles du reste du monde. Elles ont également exercé une force influente sur l'approche relative à la formation en management et à la profession du consultant dans le monde entier. Or, tous connaissent l'aboutissement de ce genre de réflexion. La présomption en ce que les entreprises peuvent exister indépendamment sans que leurs actions n'influencent le reste du système dans lequel on vit est tout simplement fausse. L'idée selon laquelle les dirigeants et les cadres devraient se préoccuper des profits seulement et quelqu'un d'autre devrait s'occuper de leurs responsabilités sociales est pour le moins naïve.

La crise financière de 2008-2009 a été un moment d'éveil possible. Cependant, elle a été rapidement surmontée et les entreprises sont revenues à leurs pratiques habituelles, puisque le milieu des affaires (et les gouvernements) n'a manifestement pas réussi à prendre des mesures (législatives) fermes visant à empêcher l'apparition d'une autre crise.

Toutefois, en septembre 2019, 200 directeurs généraux, dont les dirigeants d'Apple, de Pepsi et de Walmart, faisant tous partie de ce que l'on appelle la « table ronde des affaires » ont publié une déclaration sur « l'objet d'une société », en mettant de l'avant que les entreprises ne devraient dorénavant plus faire valoir uniquement les intérêts des actionnaires. Selon ce groupe, elles devraient également investir dans leurs employés, protéger l'environnement et traiter de manière équitable et éthique avec leurs fournisseurs. Il a ainsi déclaré ce qui suit :

> *Bien que chacune de nos entreprises individuelles serve ses propres intérêts, nous partageons un engagement fondamental envers toutes nos parties prenantes, [...]. Nous nous engageons à leur offrir à toutes de la valeur ajoutée, afin d'assurer à nos entreprises, à nos communautés et à notre pays un avenir prometteur. [Traduction libre]*

Or, cette déclaration signifie-t-elle que le secteur des affaires retrouve finalement ses esprits et que les chefs d'entreprise s'intéressent désormais à ce qui arrivera à la planète, à l'environnement et à nos communautés?

Bien qu'on aime discuter de l'économie et du marché comme de concepts abstraits, concrètement, ce sont les états d'esprit des dirigeants et des personnes au sein des entreprises qui doivent changer, et ce, un à la fois. Comme l'a rappelé au monde entier le psychologue Viktor Frankl, en 1945 : on ne peut pas vivre une vie saine sans y trouver un sens. En outre, une fois ce sens trouvé, on peut survivre aux pires souffrances, dont l'Holocauste. Selon mon expérience personnelle en tant que leader et psychologue, j'ai longtemps cru que cette vérité s'appliquait aussi à l'économie (holon). Bien que les recherches aient mis près de 60 ans pour ce faire, elles ont clairement montré que les employés, les organisations et les entrepreneurs qui ont une vision précise sont plus susceptibles de mieux performer et de s'épanouir.

J'ai auparavant collaboré avec l'équipe de direction d'une multinationale. Nous discutions notamment de ce qui motivait les membres de l'équipe et de ce qui les incitait à travailler. L'un des cadres supérieurs dont toute l'équipe de management était également présente a admis ne faire le travail que pour l'argent. Le but déclaré de l'atelier consistait à se pencher sur la vision et la mission de l'organisation et de l'équipe... Tout le monde est resté stupéfait face à cette réponse, qui n'était guère une inspiration pour les autres; aucun travail authentique ne fut possible à partir de ce moment. Cette expérience particulière et bien d'autres de ce genre m'ont guidé à prendre conscience de la pertinence de la vision au sein d'une entreprise. Depuis, j'ai enseigné aux gens ce en quoi je crois profondément moi-même : vivre sans vision se résume à piloter un avion les yeux bandés, ce qui se termine généralement mal.

D'après une enquête publiée en 2017 aux États-Unis par *Imperative*, on peut facilement classer les employés en deux catégories. De l'une, il y a les employés pour qui le travail n'est qu'une question d'argent et de statut personnel, c'est-à-dire qu'ils n'ont pas de vision précise; de l'autre, ce sont des employés qui considèrent leur travail comme un moyen d'encourager l'autonomie chez les autres, de créer de la valeur et de trouver un épanouissement personnel. En d'autres termes, ils ont une vision précise.

Cette orientation est un style et une attitude essentiels à la motivation, indépendamment du niveau hiérarchique au sein d'une organisation. Les employés ayant une vision précise performent beaucoup mieux, deviennent des dirigeants plus efficaces, demeurent au sein de leur organisation longtemps et ont de meilleurs rapports avec leurs collègues. Tous ces éléments les amènent à faire preuve d'un plus grand engagement.

Ces « entrepreneurs de la prochaine génération » sont les gens d'affaires de l'avenir. Selon l'étude *Cone Communications Millennial Employee Engagement Study* de 2016, 70 % des employés partout dans le monde étudient très attentivement les incidences environnementales et sociales d'une entreprise avant de choisir d'y travailler. D'après le rapport *Workplace Culture* de 2018 diffusé par LinkedIn, près de neuf sur dix, soit 86 pour cent des milléniaux (ceux qui ont actuellement entre 22 et 37 ans) considéreraient accepter un salaire moins élevé pour travailler dans une entreprise dont la mission et les valeurs sont en accord avec les leurs. En revanche, seulement 9 % des « baby-boomers » (ceux qui ont actuellement entre 54 et 72 ans) le feraient. Enfin, d'ici 2025, les employés de la génération Y (les milléniaux) constitueront 75 % de l'ensemble de la main-d'œuvre mondiale.

Nos propres recherches sur la modélisation des facteurs de succès montrent que la prochaine génération d'entrepreneurs recherche à la fois un sens précis et une identité claire. Ces entrepreneurs se définissent comme des explorateurs, des catalyseurs, des réseauteurs et des cocréateurs, ce qui reflète ainsi l'importance du changement et de la créativité. En outre, ils ont une vision précise, ce qui alimente leur passion et leur dynamisme. Or, il est intéressant de noter qu'ils ont beaucoup en commun avec la génération Y à ce titre; l'accent sur les valeurs est représentatif pour ces deux groupes.

Un certain nombre de personnalités d'affaires bien connues ont partagé des réflexions similaires à ce sujet. Richard Branson fait valoir l'importance de « relever des défis apparemment insurmontables » tout en voulant « vivre pleinement sa vie ». Elon Musk pense « qu'on devrait aspirer à accroître la portée et l'ampleur de la conscience humaine, afin de mieux comprendre les questions à poser et de parvenir à un plus grand éveil collectif ». [Traductions libres]

Il est intéressant de noter que très peu d'organisations font appel à des consultants pour les aider à définir leur vision. La plupart des entreprises auront établi d'autres buts explicites liés aux bénéfices et, peut-être, à certains indicateurs de performance clés (KPI) qu'ils perçoivent comme directement liés à la rentabilité. Or, l'une des tâches du consultant génératif consiste à encourager ses clients à approfondir la question de la vision.

L'étude de cas suivante décrit ce processus et ses défis.

5.4 Le mandat confié

Je suis assis dans un bureau très moderne situé dans l'espace à bureaux de Dumbo, à New York. Les fenêtres donnent sur le plan d'eau et laissent voir le pont de Brooklyn.

Le directeur général de l'organisation (on l'appellera « John ») entre. Il explique qu'il dispose d'une équipe de management d'une division composée de huit personnes, chacune dirigeant ses propres équipes. Quatre membres de l'équipe ont également des responsabilités liées à la gestion de comptes principaux de très haut niveau. Leurs taux de conversion sont très faibles (transformation des prospects en accords contractuels) et les cycles de vente sont beaucoup trop longs, dit-il, visiblement irrité.

Afin de me donner plus de contexte, il explique que son organisation est la filiale américaine d'une grande société mondiale, dont le siège social est situé en Suède. La société mère fournit un certain encadrement sur le plan de la marque, des valeurs et de la stratégie de haut niveau, mais ses dirigeants ne participent pas de façon poussée à la gestion de l'entreprise américaine. Les membres de l'équipe de la filiale proviennent de deux entreprises et cultures différentes. Trois personnes de l'équipe proviennent de la société suédoise, tandis que la majorité de l'équipe est américaine (y compris le chef de la division).

À la fin de la rencontre, John me remet un document avec une série d'objectifs :

* Augmenter la cohésion au sein de son équipe et se débarrasser de la pensée héritée

* Se débarrasser de l'approche en silo et collaborer davantage

* Clarifier les bonnes pratiques de management et transformer les cadres en dirigeants efficaces et aptes à encadrer leurs équipes par du coaching

* Enfin, augmenter les ventes (réduire les cycles de vente et augmenter les taux de conversion)

5.5 La réalisation du mandat

Le fait que les consultants génératifs travaillent essentiellement à partir de l'intérieur vers l'extérieur quand il s'agit d'influencer les principales parties prenantes constitue l'un des axiomes principaux de l'approche générative du leadership conscient. Si vous examinez le mandat, tous les buts suivent les thèmes habituels, soit « réparer » les membres de l'équipe, corriger leur comportement, etc.

Puisque nous croyons vraiment que le changement doit provenir de la haute direction d'une organisation et que les symptômes émanent d'une interférence systémique qui inclut le dirigeant, nous avons recommandé à ce que le processus de développement commence avec un certain coaching individuel des cadres, dont le PDG et le chef de division.

Comme nous l'avons indiqué au chapitre 1, la SFM™ affirme que l'état d'esprit d'une personne génère les actions qu'elle entreprend, qui, à leur tour, mènent à l'atteinte d'*objectifs* et à des réalisations.

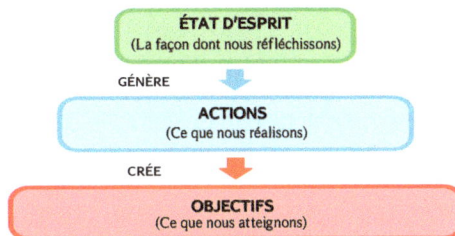

ÉTAT D'ESPRIT
(La façon dont nous réfléchissons)

GÉNÈRE

ACTIONS
(Ce que nous réalisons)

CRÉE

OBJECTIFS
(Ce que nous atteignons)

Le modèle de base de la modélisation des facteurs de succès

Sur la base de certains des premiers entretiens avec John, j'ai ressenti qu'il pouvait exister des conflits entre ses multiples objectifs. Il a notamment déclaré que son objectif principal était de développer l'entreprise et d'établir des processus rigoureux d'exécution et un coaching efficace. Mais j'ai senti qu'il avait lui-même d'autres préoccupations : accroître sa satisfaction personnelle envers ce qu'il réalisait. Puisqu'il n'était pas du tout conscient de cela au début du processus, le coaching s'est avéré essentiel.

J'ai dû convaincre John que le travail de changement devait commencer par lui avant de répondre aux besoins de l'équipe. J'ai réussi à le faire, en faisant appel à son esprit stratégique et à son sentiment de fierté et en soulignant qu'il revenait à lui plus que quiconque d'amorcer ce changement. Sa propre vision devait ainsi être entièrement et clairement définie.

5.6 La Success MindsetMap de John

Comme nous l'avons présenté dans le chapitre « Gestion de la croissance en affaires », la Success MindsetMap™ est conçue pour aider les consultants à connaître si l'état d'esprit d'une personne favorise la réalisation des buts qu'elle s'est fixés et comment son état d'esprit se compare à celui d'autres dirigeants qui ont du succès. La Success MindsetMap™ est applicable à un propriétaire d'entreprise ou à un entrepreneur tout comme au dirigeant d'une grande organisation.

Afin de créer la carte de l'état d'esprit propre au succès, nous avons appliqué les distinctions de la modélisation des facteurs de succès pour analyser de nombreux entrepreneurs bien connus, tels que Elon Musk de Tesla, Steve Jobs d'Apple, Richard Branson du groupe Virgin, Jeff Bezos d'Amazon.com, Howard Schultz de Starbucks, Muhammed Yunus de Grameen Bank et Anita Roddick de The Body Shop.

La MindsetMap aide les gens à déterminer leurs aptitudes et tendances particulières ainsi que celles qu'ils doivent privilégier et renforcer, afin d'élever leur projet ou leur entreprise au niveau supérieur.

Méta Mindset – Clarté de la vue d'ensemble

Comme nous l'avons souligné au chapitre 2, l'état d'esprit Méta se rapporte aux facteurs de succès sur le plan de la vision et de l'identité de même que l'attitude fondamentale d'une personne à l'égard de son travail, de son milieu et de sa place dans ce monde. Afin d'aider à clarifier et à enrichir chaque élément de l'état d'esprit Méta, Robert Dilts et moi-même avons sélectionné comme modèle un entrepreneur bien connu, qui caractérise chaque aspect de l'état d'esprit Méta.

Lancer une nouvelle entreprise ou faire évoluer une entreprise existante dans une perspective d'avenir ressemble aussi beaucoup aux voyages effectués par les premiers explorateurs. Ils devaient avoir un certain état d'esprit et des outils appropriés pour atteindre les destinations souhaitées.

Explorons l'état d'esprit Méta de John selon les six éléments suivants.

1er élément : Sachez ce que vous aimez vraiment faire

Questions selon la Success-MindsetMap™	Réponses de John
Qu'est-ce que vous aimez vraiment faire?	J'aime créer de la nouveauté, mais moins maintenir et soutenir une machine bien rodée.
Qu'est-ce qui vous enthousiasme?	De nouvelles entreprises et de nouveaux projets
Qu'est-ce que vous trouvez intéressant et captivant?	Déterminer la prochaine étape ou le prochain projet et en amorcer le démarrage
Qu'est-ce qui vous apporte un sentiment profond d'enthousiasme et de dynamisme?	Déterminer la prochaine étape ou le prochain projet et en amorcer le démarrage

2ème élément : Sachez ce que vous voulez aider à créer à long terme (connaissez clairement votre destination et votre vision à long terme)

La vision peut être la mieux définie comme « une image mentale de ce que sera l'avenir ou de ce à quoi il pourrait ressembler ». La vision créative d'un leader est liée à cette capacité d'imaginer et de se concentrer sur les possibilités à long terme qui améliorent la vie des personnes d'une certaine manière. Il s'agit de la capacité de voir au-delà des limites du concept «d'ici et maintenant » et d'imaginer de futurs scénarios. Il s'agit également de la capacité de se fixer des buts à long terme et d'y maintenir son intérêt ainsi que d'adopter des plans à long terme et une vision globale.

John était très préoccupé par la situation actuelle au sein de l'entreprise et par la façon dont certains membres de l'équipe de cadres principaux se jouaient de lui. Il a dû réfléchir à son avenir à long terme pour se rendre compte que la création de nombreuses entreprises l'intéressait davantage que la gestion d'une seule entreprise.

Questions selon la Success-MindsetMap™	Réponses de John
Que voulez-vous créer dans le monde par votre entremise qui est au-delà vous?	Il a essentiellement décrit un groupe d'entrepreneurs écologiques réussissant à faire du monde un lieu plus viable.
À quel monde voulez-vous appartenir?	Un monde qui fonctionne sur l'énergie verte

3ème élément : Ayez une orientation claire, que vous connaissiez la destination finale ou non

La vision consiste à se tourner vers l'avenir que vous souhaitez créer dans le monde, grâce à votre entreprise. Cette vision peut être plus difficile à réaliser si vous n'êtes pas entrepreneur et que vous travaillez plutôt au sein d'une organisation.

John avait une image plutôt lointaine et imprécise de l'avenir et ne voyait aucune voie ou direction depuis son état actuel vers ce point dans le temps. Sa vie était complètement déstabilisée et il avait du mal à imaginer en utilisant au mieux ses capacités dans son rôle actuel.

4ème élément : Connaissez votre vision - Sachez ce que vous représentez et pourquoi vous faites ce que vous faites

John a trouvé ce domaine particulièrement difficile, car il n'avait jamais réfléchi à sa vision auparavant.

En explorant certaines des questions de coaching, il a pu faire les constatations suivantes :

Questions selon la Success-MindsetMap™	Réponses de John
Comment êtes-vous au service du système plus large et de la vision?	John se croyait doué pour repérer les bonnes occasions susceptibles d'améliorer les enjeux du milieu sur le plan sociétal. Son service consistait en fait à construire, ou à aider à construire des entreprises qui se penchent sur ces enjeux.
Quelle est votre contribution unique à la réalisation de cette vision?	La capacité à constituer une équipe et à démarrer une entreprise
Quels dons, ressources, capacités et actions en particulier apportez-vous au système d'ensemble afin de contribuer à la réalisation de la vision?	Vision et compétences en planification stratégique; recrutement de talents appropriés, structuration de l'information d'une manière convaincante et inspirante

5ème élément : Ayez une ambition claire quant à ce que vous voulez devenir et réaliser dans les deux à cinq prochaines années

L'ambition est le résultat du désir et de la détermination de réussir et d'obtenir une reconnaissance personnelle. L'ambition étant définie comme « un désir fort de faire ou de réaliser un but nécessitant généralement de la détermination et du travail », elle apporte un bénéfice personnel. Malgré son score initial de « 9 », cet élément n'était pas très clair pour John. Mais une fois qu'il a réalisé qu'il voulait quitter l'entreprise dans les deux ans à venir, c'était comme si un brouillard s'était levé. Soudain, il a pu réfléchir aux mesures nécessaires pour obtenir du succès dans son rôle actuel, puis à ses prochaines étapes, en envisageant l'horizon au-delà de ce rôle en vue de définir une entreprise et son rôle d'investisseur.

Questions selon la SuccessMindsetMap™	Réponses de John
Quel type de vie souhaitez-vous créer pour vous-même?	Une vie avec plus de liberté - Gérer sa propre firme plutôt que de faire partie d'une grande société
Que voulez-vous accomplir? Quel type de statut et de performance souhaitez-vous atteindre pour vous-même et pour les autres?	Le rôle de PDG plutôt que celui de chef d'une division
Pour quel(s) aspect(s) voudriez-vous être reconnu ou qu'on se souvienne de vous? Que voudriez-vous ajouter à votre C.V. ou à votre biographie?	Être un investisseur qui collabore avec différentes entreprises visant toutes le domaine de la durabilité

6ème élément : Ayez une ambition claire quant à votre rôle - la position que vous occupez par rapport aux autres dans votre marché ou milieu

Le rôle est défini comme « la fonction ou la charge assumée par une personne dans une situation particulière ». Ainsi, le rôle est lié à la fois à la « fonction » - qui est déterminée par la position ou le statut d'une personne et à la « charge » - qui est basée sur la compétence. En d'autres termes, le rôle englobe les compétences, les capacités et les efforts personnels. John a réalisé qu'il était plutôt un grand mentor et un initiateur qu'un finisseur.

Questions selon la SuccessMindsetMap™	Réponses de John
Quel type de personne devez-vous être et quel rôle devez-vous jouer, afin de créer la vie que vous voulez et de réaliser votre ambition? Mission? Vision?	John a réalisé qu'il devait être plus proactif et prendre les choses en ses propres mains, en préparant sa sortie de l'entreprise tout en mettant en place sa propre équipe de succès.
Quelle est votre position par rapport aux autres dans votre milieu ou marché?	John était considéré comme un étranger dans l'entreprise, en raison de son style et de son rôle antérieur de supérieur.
Quelles compétences de base vous sont nécessaires pour devenir le type de personne que vous devez être ou pour atteindre le poste ou le statut nécessaire et vous y maintenir?	Nous avons déterminé la résilience, les compétences d'influence et le renforcement de l'esprit d'équipe comme ses plus importantes compétences.

Macro Mindset - Les habitudes de succès

Comme indiqué au chapitre 2, l'état d'esprit Macro se rapporte aux disciplines et pratiques mentales nécessaires pour mettre l'accent sur la vision d'ensemble de l'entreprise et pour commencer à la mettre en action. Tout comme soulever des haltères, ces pratiques renforcent la discipline mentale nécessaire au succès durable. Ce processus fait intervenir des capacités comme la gestion de l'énergie et de la concentration personnelles, la sollicitation d'un feedback honnête et fréquent, la recherche de possibilités, la gestion efficace des risques et de l'adversité de même que le ressourcement et l'équilibre personnels.

John s'est rendu compte que, dans son poste actuel, il était obligé de passer à un rôle de management opérationnelle plus soutenu, ce qui était loin de refléter sa passion pour la nouveauté. Il a également réalisé qu'il devait développer davantage les moyens et la discipline nécessaires pour prendre soin de lui-même et pour éviter d'être envahi par le stress ou l'épuisement. En outre, il lui est clairement apparu qu'il était beaucoup plus porté à deviner les perceptions de ses supérieurs et de ses pairs à son égard qu'à établir des canaux de communication pour obtenir auprès d'eux un feedback de qualité.

Micro Mindset - Priorités continues

Le Micro mindset personnel génère et oriente les actions spécifiques nécessaires pour construire une entreprise durable. L'état d'esprit Micro des entrepreneurs et des dirigeants qui réussissent est une fonction de la détermination de leurs priorités en cours par rapport aux neuf actions essentielles suivantes :

1. S'accorder le temps nécessaire pour explorer et renouer avec ce que vous aimez faire, ce qui vous est important et ce pour quoi vous êtes doué - c'est-à-dire votre passion, votre sentiment d'avoir une vision à atteindre et votre domaine d'excellence.

2. Créer des possibilités de dialogue continu avec les clients et les prospects.

3. Faire du brainstorming et mettre en place des produits et des services qui anticipent et comblent les besoins des clients.

4. Attirer des membres à votre équipe et leur offrir une orientation et de l'accompagnement, tout en encourageant la coopération au sein de l'équipe.

5. Encourager les membres de l'équipe et leur offrir des possibilités d'apprentissage et de développement.

6. Déceler les investisseurs potentiels et les fournisseurs d'autres ressources essentielles et capter de manière créative leur intérêt et leur engagement à soutenir votre entreprise.

7. Créer et développer une infrastructure durable et une voie vers la croissance et l'évolutivité pour votre entreprise.

8. Rechercher et établir des relations gagnantes avec des partenaires et des alliés potentiels qui se reconnaissent dans vos valeurs et votre vision.

9. Déterminer et exploiter les synergies entre ce que vous faites et les produits, les services ou les compétences d'autres entreprises.

John avait le sentiment d'être à l'aise avec presque toutes ces actions et d'être doué à les réaliser. Cependant, il n'avait pas pris le temps de faire ce qui suit :

* Explorer et renouer avec sa passion, son sentiment d'avoir une vision à atteindre et son domaine d'excellence;

* Faire du brainstorming et mettre en œuvre des produits et services qui anticipent et comblent les besoins des clients;

* Attirer des membres à votre équipe et leur offrir une orientation et de l'accompagnement, tout en encourageant la coopération au sein de l'équipe.

Ces éléments sont devenus ses nouvelles priorités continues.

[Remarque : voir l'annexe III pour les résultats détaillés de la MindsetMap de John].

Méta Objectifs - Priorités actuelles

Il ne restait plus à John qu'à déterminer son but Méta pour faire la distinction finale nécessaire et compléter sa Success MindsetMap. Les buts Méta étaient notre priorité actuelle. Même si John travaillait sur de nombreux objectifs importants, il lui fallait déterminer celui qui était le plus important.

John avait initialement choisi Construire une entreprise évolutive comme son objectif principal. Cependant, après un peu de coaching individuel, il s'est confié en admettant qu'il avait perdu une grande partie de sa satisfaction personnelle dans ce qu'il faisait en tant que directeur général de la division. C'est pourquoi nous nous sommes entendus sur le fait que ses véritables buts Méta étaient : *renouer avec sa passion et sa vision et accroître sa motivation.*

Application de la boussole de l'état d'esprit (Mindset) au cas de John

En rassemblant toutes les pièces de la SuccessMindsetMap, soit Méta Mindset, Macro Mindset, Micro Mindset et les Méta Objectifs en rapport au Cercle de succès, nous pouvons résumer la SuccessMindsetMap[MC] globale dans un diagramme.

La SuccessMindsetMap™ ci-dessous, par exemple, est l'état d'esprit idéal pour le Méta Objectif *accroître la satisfaction personnelle* de John :

Comme on peut le voir sur la carte de l'état d'esprit de succès ci-dessus, pour accroître la satisfaction personnelle envers ce que vous faites, vous devez adopter un état d'esprit comme Richard Branson du Groupe Virgin : vous devez « suivre vos passions - d'une manière qui serve le monde et vous-même ».

Il faut aussi être animé d'une « soif d'aventure » comme le voyageur mythique Ulysse et ressentir le désir d'œuvrer en ce sens, de chercher, de trouver et de ne pas céder.

Cependant, la véritable carte de l'état d'esprit de John, dans ce cas, fut la suivante :

Nous avons découvert que l'état d'esprit de John était idéalement orienté vers la solidité et la stabilité financières, car il avait un important état d'esprit comme « Sourceur financier » et de « Créateur de possibilités sur le marché ». Cependant, le défi soulevait le fait qu'il n'était pas en mesure de jouer son rôle de manière authentique. Les personnes ne percevaient plus chez lui l'étincelle qui l'animait auparavant, d'autant plus que celles-ci pouvaient comparer son comportement actuel avec celui d'avant la fusion.

L'orientation du changement génératif nécessaire dans le cas de John

John avait besoin d'accroître sa capacité à être totalement en contact avec l'*étincelle* qui lui venait de son rapport avec sa passion. Il s'agissait alors de trouver comment ce faire.

Même si nous savions que John aurait besoin d'un niveau plus élevé d'énergie et de la motivation pour maintenir son rôle et son entreprise actuels de même que pour l'aider à aller « toutes voiles dehors » vers ce qu'il voulait, il n'était pas possible de le faire dans ce cas particulier. Une situation de ce genre ne pourrait être gérée selon l'approche classique du consulting en matière de gestion. En fait, ce processus serait perçu comme une conversation inappropriée; celle-ci ne se produirait d'ailleurs jamais ou, le cas échéant, elle serait poliment ignorée.

Dans le cas présent, ce constat a cependant aidé toutes les parties concernées. Compte tenu du fait que le contrat avait essentiellement été conclu entre trois parties (l'entreprise elle-même, la personne coachée et le coach), cette question se posait : « Comment pouvons-nous élaborer une solution générative qui satisfasse les trois parties concernées? »

En aidant John à préciser sa vision échelonnée sur trois ans, qui était clairement orientée vers l'extérieur de l'entreprise, il a paradoxalement retrouvé sa force et sa motivation pour faire les changements dont il avait besoin pour réussir au sein de son contexte actuel à l'entreprise. Il savait qu'il devait former une personne pour prendre la relève, et il était également prêt à prendre des décisions plus difficiles pour lesquelles il hésitait depuis un certain temps.

Comme cela se produit souvent, nous avons également constaté qu'il devait développer davantage les moyens et la discipline nécessaires pour prendre soin de lui-même et pour éviter d'être envahi par le stress ou l'épuisement. Pour ce faire, il devait s'accorder plus de temps pour explorer et renouer avec ce qu'il aimait faire, ce qui était important pour lui et ce auquel il était doué, c'est-à-dire sa passion, son sentiment d'avoir une vision à atteindre et son domaine d'excellence.

Les éléments culturels

Comme nous l'avons indiqué au chapitre 1, dans le cadre du consulting génératif, on se penche toujours sur la façon dont chaque partie d'un holon s'intègre dans la plus grande holarchie. Les différences culturelles présentes au sein de la filiale basée aux États-Unis et au sein de la société mère suédoise constituaient l'un des principaux défis auxquels John et son équipe faisaient face. Afin d'y remédier, nous avons appliqué la *théorie des dimensions culturelles* de Geert Hofstede[1] pour examiner comment ces différences culturelles pouvaient nuire à la dynamique relationnelle entre les membres de l'équipe.

Le modèle Hofstede de la culture nationale comporte six dimensions. Ces dimensions représentent les préférences indépendantes pour un état des choses plutôt qu'un autre, qui distinguent la culture de chaque pays ou nation (plutôt que la culture individuelle) de celle d'un ou une autre. Le modèle comprend les dimensions suivantes :

Indice de distance hiérarchique (PDI)

Cette dimension exprime les rapports entre les membres d'une société donnée sur le plan du pouvoir, surtout de la perspective de ceux qui en ont moins. Dans les sociétés avec un indice élevé de distance hiérarchique, le pouvoir est réparti inégalement et ceux qui détiennent le pouvoir attirent moins la confiance. Dans les sociétés à faible indice, le pouvoir est distribué plus équitablement et les personnes ayant du pouvoir sont mieux acceptées.

1   Hofstede, Geert (2001). Culture's Consequences: comparing values, behaviors, institutions, and organizations across nations (2e éd.). Thousand Oaks, CA : SAGE Publications. ISBN 978-0-8039-7323-7. OCLC 45093960.

Individualisme ou collectivisme (IDV)

D'une part, les sociétés et les cultures avec un indice d'individualisme élevé préfèrent un cadre social peu structuré, dans lequel les personnes sont censées ne s'occuper que d'elles-mêmes et de leurs proches. D'autre part, dans un contexte culturel plus collectiviste, les personnes peuvent s'attendre à ce que leurs proches ou les membres de leur équipe s'occupent les uns des autres. La position d'une culture concernant cette dimension se reflète dans la question de savoir si les personnes s'identifient selon le « Je » ou le « Nous ».

Masculinité ou féminité (MAS)

Les cultures plus masculines se caractérisent par une forte valorisation du succès, de l'héroïsme, de l'affirmation de soi et des récompenses matérielles au succès. Ces cultures sont très compétitives. Tandis que les cultures plus féminines accordent une grande importance à la coopération, à la modestie, à la prise en charge des plus faibles et à la qualité de la vie. Ces cultures sont moins compétitives, mais elles sont axées sur le consensus. Dans le contexte des affaires, le contraste entre la masculinité et la féminité est parfois aussi lié au concept de « cultures dures contre cultures sensibles ».

Indice de prévention des incertitudes (UAI)

Cette dimension indique ce que les membres d'une culture ressentent face à l'incertitude et à l'ambiguïté. Les équipes, les cultures et les sociétés avec cet indice élevé sont plus strictes, plus rigides et plus intolérantes. Les cultures à faible taux de l'indice sont plus permissives, moins axées sur le contrôle et plus tolérantes.

Orientation à long terme ou à court terme (LTO)

Les cultures à faible orientation à long terme sont plus traditionnelles, ont de nombreuses normes et ont une perception du changement souvent douteuse et plutôt négative. En revanche, les cultures à haute orientation à long terme ont tendance à être pragmatiques, progressistes et orientées vers l'avenir.

Laxisme ou retenue (IVR)

Le laxisme est associé à une société qui permet la gratification relativement libre des pulsions fondamentales et naturelles de l'humain qui sont liées à la jouissance de la vie et au plaisir. La retenue est associée à une société qui réprime la gratification des besoins et la réglemente au moyen de normes sociales strictes.

Voici un résumé du score des États-Unis et de la Suède en ce qui concerne les facteurs énumérés ci-dessus.

Comme vous pouvez le constater, les principales différences culturelles concernent la masculinité, les États-Unis étant nettement plus masculins que la Suède. On remarque aussi des différences notables en ce que les Suédois ont tendance à être plus orientés vers le long terme et à moins bien composer avec l'incertitude que les Américains.

Dans le présent cas, le principal défi était la différence culturelle : John était américain et les deux membres de son équipe, qui trouvaient son style de gestion trop « dur », étaient suédois. Pour sa part, John les jugeait trop peu résistants pour le travail à réaliser. En outre, la question de traiter avec d'autres équipes basées en Suède entrait en jeu. De nombreux « contretemps » se sont produits dans la communication ainsi que des malentendus entourant l'attitude américaine de type « faisons avancer les choses », par opposition à l'approche suédoise plus souple et plus indulgente.

Comparaison entre les pays

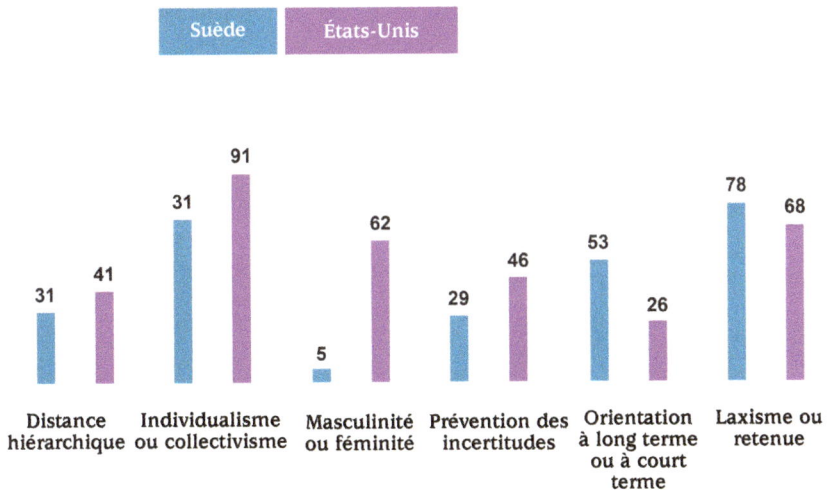

Des questions ont également été soulevées concernant l'orientation suédoise à long terme par rapport à l'approche américaine à court terme qui cible les solutions plus faciles.

Le but principal de notre intervention consistait ainsi à encourager John et les membres de son équipe à devenir plus conscients de ces tendances et à les encourager à discuter de leurs différences de manière plus objective, par opposition à projeter des interprétations et des opinions personnelles qui créaient de nombreux conflits entre les membres de l'équipe. Nous présenterons plus en détail notre approche à cet égard dans la suite de ce chapitre.

L'application des compétences en matière de consultating génératif à ce projet

J'ai pensé qu'il serait utile pour d'autres consultants génératifs de prendre certaines des cartes de scores sur les compétences et de répondre à toutes leurs questions d'autoréflexion en lien avec notre approche appliquée à ce projet. J'ai utilisé le processus de coaching dit génératif pour John comme point central de la réflexion. Toutefois, ces réponses sont également pertinentes aux interactions que nous avons eues avec d'autres parties prenantes principales lors de nos interventions.

1. Compétences en matière de détection de pattern

Questions	Autoréflexions
1. Sur quels plans (milieu, comportement, capacités, valeurs et convictions, identité et vision) avez-vous observé des patterns potentiels?	Sur la base de notre discussion initiale, John s'est entièrement concentré sur les comportements des autres, et le besoin qu'il a exprimé était centré sur l'amélioration des compétences des membres de l'équipe.
2. Quels types de liens avez-vous établi entre les renseignements donnés et vos observations personnelles?	J'ai observé que le langage corporel de John a changé et que son niveau de tension a diminué lorsqu'il parlait de ses succès obtenus dans ses emplois pour d'autres entreprises.

2. Compétences en matière de communication

Questions	Autoréflexions
1. Comment avez-vous adapté votre style de communication pour aborder tous les différents types de personnes provenant de strates sociales distinctes qui ont participé à l'interaction?	Au départ, il importait d'établir un rapport avec John. Il avait besoin de se sentir certain que le programme pourrait traiter certains de ses problèmes principaux concernant le nombre de ventes que ses équipes pouvaient conclure. Ce fut le principal élément à contribuer à la rentabilité de l'entreprise et il a essentiellement été mesuré selon cet indicateur KPI. Cependant, j'ai passé un temps considérable à établir un rapport avec lui.
2. Qu'avez-vous fait pour rapidement percevoir les commentaires verbaux et non verbaux et y réagir?	Pendant la conversation, je prenais soin d'être son miroir et de correspondre à son niveau d'énergie. J'ai également porté une attention particulière à mon propre état COACH et à ma respiration.
3. Quel genre de reformulation verbale avez-vous utilisée pour proposer de nouvelles perspectives aux situations faisant l'objet des discussions?	J'ai souvent utilisé le cadre « comme si », en posant des questions comme « Si vous faisiez cela, qu'arriverait-il? »

3. Réflexion stratégique

Questions	Autoréflexions
1. Comment vous êtes-vous assuré que votre client ne se concentre pas seulement sur les prochaines étapes (destination), mais qu'il garde son attention constante sur la vision d'ensemble (orientation à plus long terme)?	Pour ces trois questions, il importait de détourner l'attention de John d'une orientation du genre « solution rapide » à court terme pour se concentrer d'abord sur lui-même, ensuite sur la vision dans son ensemble. J'y suis parvenu en l'aidant à se rendre compte que son propre (manque) de vision personnelle était l'obstacle à la redynamisation de la productivité de l'organisation.
2. Comment avez-vous fait en sorte que les ambitions soient alignées à la vision plus large?	Cette vision comportait des ambitions, mais aussi un effet prévu sur le milieu et les clients, ce qui a renforcé « l'âme » de l'organisation.
3. Comment avez-vous utilisé à la fois les détails et les connaissances liés à la vision d'ensemble pour établir une voie essentielle conduisant autant à l'ambition qu'à la vision?	Nous avons établi des liens entre les résultats et les détails de la gestion des ventes et la réalisation d'une vision plus large, ce qui a contribué à mettre en évidence la raison pour laquelle il faut apporter des changements aux processus.

4. Réflexion systémique

Questions	Autoréflexions
1. Combien de perceptions différentes avez-vous pu reconnaître et inclure lors de vos interactions?	Il m'a été très utile d'avoir réalisé de nombreux projets de transformation des ventes. D'ailleurs, je savais que le personnel des ventes est souvent opposé aux types de changements qu'une nouvelle meilleure pratique en matière de gestion des transactions entraîne. Il était donc beaucoup plus facile d'obtenir leur adhésion en se concentrant sur l'établissement d'une vision commune, qui était à la fois convaincante et réaliste de leur point de vue également.
2. À quelle fréquence avez-vous mentionné et mis en évidence la vision d'ensemble et les conséquences à long terme des aspects que vous avez abordés lors de vos interactions?	
3. Avez-vous pu maintenir un équilibre entre l'attention portée aux différentes parties et à l'ensemble du système au cours de vos interactions?	

5. Compétences d'influence

Questions	Autoréflexions
1. Avez-vous été en mesure de maintenir en vous un état génératif ainsi qu'en d'autres personnes au cours des interactions, peu importe si elles étaient aisées ou difficiles?	Il était en fait assez difficile de ne pas se laisser submerger par les premières réponses négatives et de présumer que l'organisation ne faisait aucune preuve d'ouverture envers une vision et une vision à une plus grande échelle.
2. À quel degré d'efficacité avez-vous recherché et abordé l'intention positive qui sous-tend les désaccords ou les résistances?	Notre stratégie consistait à obtenir un certain alignement avec le cadre supérieur assigné au parrainage du programme, en lui offrant de l'aide essentielle à établir son programme et sa vision dans la bonne direction.
3. Avez-vous pu recadrer les désaccords et les résistances comme des indications très utiles à la formulation de solutions plus inclusives?	Nous avons utilisé la supervision pour réaliser le processus et nous avons parfois dû faire face à de la résistance. Le travail de supervision et l'application de la technique des quatre différentes perceptions se sont révélés pertinents dans l'ensemble du processus.

Comment nous avons appliqué les sept étapes du modèle DIAMOND du consulting génératif

1. Définir l'état présent : recueillir des renseignements et diagnostiquer la situation actuelle

À cette étape du processus, nous avons décidé d'utiliser une série d'outils qualitatifs et quantitatifs, dont :

* La Success MindsetMap™ de John

* Les types de personnalité du modèle « PCM » (i.e. « Process Communication Model »)

* Des entretiens en profondeur

* Des groupes de discussion

Ce processus comprenait notamment :

a) Des entretiens de diagnostic, des groupes de discussion et une étude à 360 degrés

La plupart des mandats de consulting commencent par des étapes de diagnostic similaires. Par contre, l'attention prêtée à certains des facteurs susceptibles d'être négligés par les méthodes ordinaires de consulting constitue la principale différence dans le cas présent. Ces facteurs comprennent notamment les états d'esprit individuels, l'ADN culturel, les comportements non verbaux et, surtout, le fait que nous avons utilisé le modèle de leadership de la SFM™ et la SuccessMindsetMap™ de l'approche générative comme nos structures de référence.

b) Un rapport de diagnostic

Ce rapport a été présenté à John et au directeur des ressources humaines (RH). Après la présentation, nous avons demandé un moment en tête-à-tête avec John pour lui proposer le coaching individuel comme la meilleure façon de commencer. Nous lui avons expliqué qu'il devait être un exemple vivant du sens et de la vision que nous étions sur le point de créer ensemble. Nous lui avons également expliqué que nous utilisons toujours le sens et la vision personnelles comme point de départ. Il a accepté le raisonnement, et nous avons convenu d'un processus de coaching personnel de six séances.

À l'issue du processus de diagnostic, nous avons obtenu les résultats suivants pour l'organisation. Ils sont présentés sous forme d'une matrice SCORE à la page suivante.

Diagnostic des scores de Jean

Symptômes	Causes possibles		Objectifs souhaités	Ressources	Effets
	Externes	Internes			
Taux d'attrition élevé	Nouvelle industrie très concurrentielle	Directeur général démotivé	• Équipe motivée • Faible taux d'attrition	- Équipe plus unie auparavant - Référence aux souvenirs	Réalisations en équipe
Non-respect des échéanciers	Promesses rompues concernant le régime de rémunération du directeur général	Conviction que la vision ne peut être définie	Taux de conversion plus élevé		Optimisme accru
Rivalités et politiques	Conviction que chaque employé travaille mieux seul	Vision floue pour l'équipe de gestion	Idées novatrices	Certains projets ont rallié des personnes	Personnes demandant de l'aide
Leadership perçu comme non efficace sur le plan de la qualité de la rétroaction	Feedback peu fréquente	Croyance que la direction est trop éloignée des problématiques de terrain	Leadership perçu comme compétent	Capacité de John de devenir plus cohérent	Communication et feedback ouverts vers le haut et le bas

Dans le cas présent, nous avons dû composer avec de multiples défis sur le plan du leadership.

* Tout d'abord, aucune vision ou ambition n'avait été claire-ment établie pour les membres de cette équipe. Ceux-ci ne connaissaient pas clairement les résultats et les objectifs qu'ils voulaient atteindre dans un délai de cinq ans. Ils avaient des objectifs individuels annuels, mais ils ne les communiquaient pas aux autres.

* Étant donné qu'ils n'avaient que des objectifs individuels, ils n'avaient pas discuté leurs interdépendances et leurs objectifs communs en équipe.

* L'équipe n'avait pas de déclaration d'intention claire. En conséquence, il y avait très peu de coopération et le niveau de concurrence parmi les membres de l'équipe était élevé.

* Le directeur général lui-même était démotivé et incapable d'être un exemple positif comme dirigeant très dynamique, efficace et innovant, quoiqu'il n'en attendait pas moins des autres membres de l'équipe.

2. Identifier l'intention : établir l'état et l'orientation souhaités pour réaliser les changements

Il était essentiel pour John de voir son propre avenir plus clairement. L'accompagnement de John dans le processus de la Success MindSetMap™ a donné les résultats suivants :

* John a réalisé qu'il n'était pas en lien avec sa passion et que sa vision n'était pas claire.

* Une fois que sa vision était plus claire pour lui, il a décidé qu'il avait besoin d'établir un processus de transfert des connaissances et de former une per-sonne pour prendre la relève.

* Nous l'avons aidé à sélectionner une personne pour prendre la relève et avons rédigé un document de vision pour l'organisation.

* Nous avons préparé avec lui un document de VMAR (vision, mission, ambition, rôle). Puis, nous avons repris cet exercice avec les membres de son équi-pe qui, toutefois, n'avaient pas vu le document de VMAR de John avant de terminer leur propre version lors d'un atelier.

3. **A**dopter le plan d'action : établir une voie essentielle

Cette étape comprenait l'accompagnement de John dans un processus de coaching génératif. Comme il a pu concevoir son avenir plus clairement, celui-ci a réalisé qu'il devait trouver une personne pour prendre la relève et l'encadrer, afin de le remplacer dans dix à douze mois.

Après avoir clarifié cette voie, nous avons pu établir un tout nouveau processus de développement pour son équipe, qui comprenait ce qui suit :

a. Définir le but et la vision de l'équipe (par une série d'ateliers de coaching d'équipe);

b. Établir les liens entre les valeurs de l'entreprise et leur vision (séances individuelles de consulting avec les RH et John);

c. Discuter de la vision/mission/ambition et établir des objectifs alignés avec la vision (coaching d'équipe);

d. Discuter des rôles et des compétences essentiels (séances individuelles entre John et chacun des membres de son équipe, accompagnées par nos coaches);

e. Développer les compétences et présenter un système de coaching continu en milieu de travail à l'intention des cadres de l'organisation (avec coaching de suivi de la part des RH et d'un chef de projet interne désigné);

f. Élaborer un processus de partage des meilleures pratiques (processus de huit étapes comprenant la présentation de stratégies et de préparation efficaces, la planification efficace des comptes clients, la fixation des objectifs des réunions et la présentation efficace, tout en offrant au client des conseils de recadrage, la clôture et le suivi). Ce processus s'est réalisé par le biais d'entretiens, d'accompagnement et d'un atelier d'équipe animé par l'un de nos coaches, en compagnie de négociateurs de haut niveau sélectionnés.

4. **M**ettre en œuvre le plan d'action : passer à l'action

Le programme était un processus qui s'est décliné en plusieurs étapes, dont :

a) Coaching individuel de John

Ce fut peut-être l'élément le plus important du changement de point de vue de John, relativement à ce qui a rendu cette intervention distincte et plus générative que les accompagnements précédents dont il avait bénéficié. Il a d'ailleurs indiqué que le processus de coaching génératif avait vraiment provoqué l'étincelle dont il avait besoin pour propulser l'organisation vers l'avant. En outre, il a souligné l'audace du processus et la manière dont les questions très personnelles avaient été traitées, ces dernières ayant normalement été considérées comme un sujet tabou.

La confiance que nous avons établie a perduré pendant toute l'intervention, et John a recherché des conseils et du suivi personnels au-delà des séances de coaching dont nous avions initialement convenu.

b) Une série d'ateliers pour l'équipe de direction

Un autre élément distinct important relativement à notre approche réside dans le fait que nous n'avons pas commencé par la séance de sensibilisation culturelle, contrairement à ce que John et les RH pensaient initialement. Nous avons maintenu qu'ils devaient d'abord travailler sur une vision commune de plus haut niveau pour l'équipe et explorer le lien de cette dernière avec la passion et la vision personnelles de chaque membre de l'équipe. Nous avons conçu sept séances de coaching d'équipe, qui ont suivi la logique du processus qui part de l'intérieur mis de l'avant par le consulting génératif.

1. **Séance « Vision et passion »** – Nous avons déterminé une vision commune à la fois sur le plan individuel et sur celui de l'équipe et son lien avec ce que chaque membre de l'équipe aimait faire.

2. **Séance de cartographie des parties prenantes** – Nous avons précisé les entités qui représentaient les parties prenantes et les clients internes et externes de l'organisation ainsi que les attentes de chacune d'entre elles.

3. **Séance de définition de la vision** – En fonction des attentes ainsi définies des parties prenantes, nous avons abordé la question pour connaître le type d'organisation que ces dernières souhai-

taient créer en cinq ans et quelques-unes de ses caractéristiques principales. Nous avons utilisé une grille VMAR (vision, mission, ambition, rôle), avec le mot « vision » ajouté comme premier élément.

4. **Séance sur les objectifs et les responsabilités** – Conformément au PVMAR collectif, nous avons défini ce qui devait se produire dans les 24 mois suivants pour y parvenir. Nous avons travaillé selon une ligne du temps et avons créé un ensemble d'objectifs pour l'équipe. En se fondant sur ces objectifs communs, chaque membre de l'équipe a élaboré ses objectifs individuels.

5. **Séance de sensibilisation culturelle - Collaboration 1** – À ce stade, nous avons présenté la carte de Hofstede illustrant les différentes dimensions culturelles et nous avons examiné comment les membres de l'équipe avaient vécu ces différences. L'objectif principal consistait à démystifier ces dimensions et à favoriser une meilleure compréhension de celles-ci. Ce processus a aidé à réduire les distinctions individuelles par rapport aux différences culturelles, afin que les personnes considèrent ces dernières comme des tendances naturelles plutôt que des comportements individuels à prendre à titre personnel. Nous avons mis fin à la séance avec un certain nombre d'accords quant à la manière dont les membres des deux cultures pourraient adapter leurs échanges verbaux et écrits.

6. **Séance « Personnalités et rôles des équipes » - Collaboration 2**

a) Cette séance était fondée sur les profils de personnalité du modèle PCM pour créer un langage commun concernant les traits de personnalité ainsi que les schémas de communication et de stress des membres de l'équipe. Nous avons examiné un profil d'équipe et avons réussi à désamorcer de nombreux problèmes dont les différences culturelles étaient considérées comme leur source. En fin de compte, les participants ont réalisé que la plupart des modèles dont ils faisaient l'expérience et qui les ennuyaient étaient en fait des différences de personnalités. Ils sont également parvenus à comprendre que ces différences étaient une source de diversité et qu'elles pourraient même accroître l'efficacité, une fois canalisées convenablement.

b) La séance s'est terminée par un ensemble d'accords allant de la modification de l'ordre du jour de leurs réunions hebdomadaires à l'établissement de règles de communication verbale et écrite.

7. Séance de planification des changements culturels

a) L'objectif de cet atelier était de déterminer comment la vision et l'ambition devaient être communiquées aux autres membres de l'équipe et comment elles allaient soutenir le processus.

b) Le premier résultat prévu pour cet atelier consistait en la création d'un plan trimestriel associé à des étapes principales et destiné à chaque personne et en la modification de l'organisation des réunions de gestion, afin de se concentrer sur l'examen hebdomadaire des progrès réalisés quant à chaque étape principale. Nous avons également créé une équipe interne composée d'un directeur commercial et d'un directeur des ressources humaines désignés pour agir comme gestionnaires des projets de changements internes, avec le soutien de l'un de nos coaches.

Nous avons décidé de mettre en place trois processus de suivi de coaching d'équipe sur une base trimestrielle avec l'équipe de direction, au cours duquel nous avons animé un processus visant à examiner les avancements accomplis dans la réalisation de la vision et des plans correspondants. Durant ces réunions, l'accent devait être mis sur une vision d'ensemble trimestrielle, en abordant les tendances positives ou négatives, plutôt que sur les aspects opérationnels hebdomadaires.

Comme nouveau fil conducteur, nous nous sommes mis d'accord pour définir une meilleure pratique quant au processus de gestion des transactions (discussion et utilisation des meilleures pratiques des plus efficaces négociateurs de l'équipe). Ce processus comprenait les étapes suivantes :

* Création d'un formulaire de documentation.

* Création d'un formulaire d'observation du coaching.

* Formation des cadres pour offrir du coaching efficace.

* Observation des cadres pendant leur coaching pour ensuite leur donner des commentaires sur la qualité de leur prestation.

* Mesurer les indicateurs de performance clés (KPI) organisationnels (nous visions une amélioration de 10 % des scores d'approbation de l'équipe de direction).

* Mesurer les indicateurs de performance clés (KPI) des ventes (nous visions une diminution de 30 jours du délai moyen de conclusion d'une transaction).

5. Oser transformer les obstacles : surmonter les défis et les entraves

Nous avons fait face à de nombreux obstacles tout au long de ce processus. Ceux-ci étaient principalement liés à d'autres dirigeants de l'entreprise qui étaient initialement sceptiques quant à la valeur du programme et critiquaient le fait que notre démarche n'était pas tout simplement axée sur l'augmentation des résultats des ventes et la rectification du processus de gestion des transactions. Mais grâce à la mise en place d'une solide alliance avec John et à toutes les occasions que nous avons saisies de présenter la raison d'être de l'ensemble du programme, nous avons pu surmonter la plupart de ces objections. Nous avons utilisé de nombreuses méthodes en matière de changement génératif, telles que l'état COACH et le processus de coaching génératif pour nous-mêmes également.

Sur un autre plan, l'un de nos objectifs était d'accroître la capacité de résilience des personnes avec lesquelles nous avons travaillé. Nous avons donc enseigné à l'équipe comment faire face aux obstacles à l'aide de plusieurs pratiques génératrices, dont :

* Pratiques de pleine conscience au début des réunions (p. ex., l'état COACH).

* Processus des quatre différentes perceptions (à utiliser comme moyen de préparation, avant de prendre des décisions importantes et de s'engager dans des négociations à haut niveau.)

* Processus TetraLemma (afin que John apprenne à gérer l'ambiguïté et accroisse sa résilience tout en demeurant congruent).

6. Noter les progrès : évaluer et mesurer les changements

Nous avons mesuré les changements à l'aide de plusieurs méthodes, dont :

* Sondages auprès des employés sur l'engagement (tous les 12 mois).

* Taux d'attrition annuels.

* Indicateurs mensuels des ventes (KPI).

* Sondages trimestriels de rétroaction (pour déterminer la perception du personnel envers la qualité du coaching reçu des cadres).

7. Déterminer les pratiques d'approfondissement : faire du suivi pour assurer le maintien et l'approfondissement des changements

Nous avons mis en place un processus d'une durée de 18 mois. Les membres de l'équipe avaient la possibilité de se retirer après chaque phase.

La plupart de nos travaux ont porté sur l'établissement de nouvelles pratiques en soutien à la collaboration, à la communication et à l'élimination des obstacles. Plusieurs aspects de ce processus ont été détaillés dans la description précédente des sept étapes du modèle DIAMOND du consulting génératif.

5.7 Conclusion et principaux messages

L'approche en matière de consulting génératif est basée sur une méthodologie, mais la contribution personnelle du consultant génératif à son travail est également essentielle au processus. Selon les différents niveaux de facteurs de succès précisés dans le chapitre 1, il est très important qu'un consultant génératif connaisse clairement sa propre vision de haut niveau et son identité et qu'il dispose d'un ensemble de valeurs qui soutiennent la générativité. Le fait que les consultants génératifs ne travaillent pas uniquement avec les objectifs opérationnels à court terme qui leur sont donnés par les organisations, mais qu'ils sont également disposés à travailler avec l'ADN organisationnel, qui se rapporte à leur passion, vision, mission, ambition et rôle (PVMAR) est une condition essentielle. En outre, les personnes et les parties prenantes principales ont leur propre PVMAR. Par ailleurs, les symptômes et les objectifs de l'organisation ne prendront tout leur sens qu'en cartographiant l'état d'esprit de ceux et celles qui participent à la prise des décisions.

Dans ce chapitre, j'ai voulu montrer qu'un premier brief décrira rarement ce dont l'organisation a réellement besoin. Il tend à être plutôt axé sur les symptômes que sur les causes sous-jacentes. La clé consiste à pouvoir montrer comment les attentes initiales se rapportent à des causes profondes.

La différence essentielle entre l'approche axée sur le consulting génératif et celle axée sur le consulting traditionnel concerne la gestion consciente du propre état intérieur du consultant ainsi que l'attention portée à l'état intérieur des autres personnes participant aux interventions. Or, si votre état intérieur ou celui des autres participants au processus est de moins bonne qualité, il se peut que vous obteniez une qualité médiocre de résultats, et ce, même si vous concevez un processus pertinent et rassemblez les questions appropriées. L'une des objectifs des neuf compétences en matière de consulting génératif est de s'assurer que vous et vos clients interagissiez à partir d'un état d'esprit génératif.

Cette constatation met en évidence un principe essentiel du consulting génératif selon lequel le travail d'un consultant génératif prend toujours sa source de l'intérieur, tout en prêtant attention au « jeu interne » quand le « jeu externe » est abordé. Pour y parvenir, le consultant génératif dispose d'un ensemble d'outils supplémentaires qui sont substantiellement différents de ceux qu'emploie le consultant traditionnel.

Je n'ai jamais considéré mon état d'esprit comme quelque chose que je pouvais analyser et remettre à zéro en fonction de mes objectifs. J'ai toujours cru que je pouvais prendre des décisions sans pouvoir changer mes convictions.

Ces résultats m'ont vraiment aidé à me regarder dans le miroir et à y voir plus clair quant à ce que je veux changer dans mon état d'esprit actuel. [Traduction libre]

- John
Directeur général

Vous devez être le changement que vous voulez voir dans ce monde.

Mahatma Ghandi

Chapitre 6

Incarner le changement génératif

Robert B. Dilts, Elisabeth Falcone,
Mickey A. Feher, Colette Normandeau,
Jean-François Thiriet, Kathrin M. Wyss

Robert: *Le présent chapitre a pour objet de présenter la perspective personnelle de chacun et chacune d'entre nous en tant qu'auteur.e. Il rassemble nos échanges sur ce que notre participation à l'écriture de ce livre signifie pour nous et sur nos expériences personnelles qui ont conduit à sa publication, au regard de l'être autant que de celui du faire. Le thème de base :* **comment être un consultant génératif.**

Jean François: *L'essentiel de notre message, c'est* **l'adaptation à un environnement en constante évolution**. *C'est à cet égard que la générativité et notre travail génératif sont si importants, puisque les solutions qui ont fonctionné avant ne fonctionnent plus ou ne peuvent plus fonctionner à long terme. De nos jours, ce qui était auparavant une destination ne peut plus être perçu ainsi, mais plutôt comme une direction. Nous offrons à nos clients un espace pour évoluer avec leurs équipes dans ce monde VICA[1], qui les entraîne de la vision vers l'action.*

Kathrin: *J'aime le concept de « nous » qu'évoque Jean François. J'ai constaté que, dans le passé, les grandes firmes de consultants se contentent de proposer leurs propres solutions toutes faites à leurs clients. Cette approche contraste avec la façon dont nous travaillons en consulting génératif, qui consiste à* **accompagner étroitement le client et à examiner ensemble** *la situation qui le préoccupe. Cela signifie également qu'à titre de consultants, nous ne pouvons pas nous fier uniquement à nos expériences avec d'autres clients. Cependant, ces expériences peuvent nous donner des indications quant à ce qu'il faut faire dans une situation donnée ou à ce qu'il faut prendre en charge, à l'égard d'un client actuel. L'un des éléments essentiels de la générativité est d'être adaptable, en gardant toujours l'esprit ouvert, sans jugement envers ce qui se manifeste dans le moment présent et en se disant : « Je suis intrigué, car je ne sais pas encore exactement ce que je dois faire avec ça. » Donc un consultant génératif peut se poser certaines questions clés, dont : « Comment puis-je rester curieux (et ouvert d'esprit), malgré toutes les difficultés qu'un client peut me présenter sous la forme de ses perceptions, ses idées et ses évaluations? Comment puis-je aménager un espace pour accueillir tous ces renseignements en moi-même, en tant que consultant, tout en maintenant un espace pour mon client, afin de l'aider à élargir sa perspective et à être curieux plutôt que de juger ou d'être désespéré? »*

---

1   Voir l'introduction du chapitre 4 pour la définition de VICA.

Robert: *J'ajouterais à cela **l'importance des multiples formes d'intelligence**. Je pense qu'il s'agit là de l'un des grands défis qui offrent des possibilités pour les entreprises, parce que celles-ci sont essentiellement construites sur l'approche rationnelle et linéaire associée au cerveau gauche, ce qui est parfaitement logique. Mais cette approche peut être très limitative, particulièrement dans ce monde VICA, où l'intelligence cognitive et rationnelle ne suffit pas. L'un des grands défis des entreprises consiste à être adaptatives et génératives, ce qui fait appel à différentes formes d'intelligence. Et l'un de nos rôles, en tant que consultants génératifs, est de faire valoir ces autres formes d'intelligence auprès de nos clients et de leur faire prendre conscience de l'importance absolument essentielle de ces dernières. Les différentes formes d'intelligence, dont l'intelligence somatique, l'intelligence métaphorique, l'intelligence relationnelle et l'intelligence émotionnelle ne sont pas que des facultés intéressantes à posséder; elles sont absolument nécessaires. L'une de mes principales lignes directrices a été l'idée d'Einstein, selon laquelle **on ne peut pas résoudre un problème avec le même type de réflexion qui le crée**. C'est l'une des raisons pour lesquelles nous devons développer et utiliser d'autres formes d'intelligence.*

Elisabeth: *Je voudrais ajouter que **les humains et les organisations évoluent en affrontant les ombres et les difficultés**. C'est important pour la générativité. En faisant face à ces défis, on obtient plus de ressources, plus de choix et plus de possibilités, même si ce n'est pas agréable de le faire. Grâce à cette approche axée sur la générativité, on accroît sa pleine conscience même si la situation est difficile.*

Mickey: *À mon avis, en lisant les chapitres de notre livre et surtout en écrivant mon propre chapitre, je me suis établi une règle interne pour m'assurer d'expliquer pourquoi ce que je décrivais était différent ou spécial. **Pourquoi** le consulting génératif est-il différent du consulting en gestion classique? D'une certaine manière, il n'a pas été très facile de répondre à cette question. Nous pourrions dire que nous disposons du modèle DIAMOND de la SFM™ en sept étapes. Mais d'autres disposeront d'un modèle en cinq étapes. McKinsey aura un modèle pour ceci et BCG, un modèle pour cela. Les sociétés d'experts-conseils font toutes valoir leur ensemble de critères*

de succès, associés à leurs compétences et à leurs processus. Comment est-il possible de différencier ces modèles? À mon avis, le fait que nous travaillons également avec le logiciel humain, l'état d'esprit, le système fonctionnant à l'intérieur de la tête constitue une différence essentielle. Mais cette différenciation suffit-elle? Non. Il y a beaucoup d'autres firmes qui font la même déclaration. Alors, pourquoi et comment l'approche générative est-elle différente? En fin de compte, c'est que nous croyons que **l'esprit est relationnel.** *Qu'est-ce que cela signifie-t-il de dire « Mon esprit est relationnel »? Cela signifie que mon état d'esprit n'est pas le même quand je suis en lien avec vous que lorsque je suis seul ou en relation avec une autre personne. Quand je suis en lien avec vous, mon état d'esprit évolue vers une forme qui est potentiellement plus large que lorsque je suis seul. C'est là que la générativité prend tout son sens, je pense. Cependant, il ne s'agit pas seulement de ma relation avec mon esprit, avec moi-même et avec mon système corps-esprit, mais aussi de ma relation avec vous et avec nous en tant qu'équipe. Si je suis conscient de cette réalité, si je suis capable d'être conscient du champ relationnel pendant que j'interagis, alors une nouveauté, un élément différent est possible. Bien que j'applique un processus ou un ensemble d'outils, je le fais d'une manière relationnelle. C'est très génératif pour moi.*

Colette: *C'est intéressant d'entendre toutes vos perspectives. Je constate l'importance d'être très agile et flexible et d'utiliser de multiples formes d'intelligence, en soi-même et au sein d'une équipe, au sein du « nous », alors même que nous interagissons actuellement l'un avec l'autre dans cette discussion. Ces mêmes caractéristiques sont essentielles dans nos interactions avec et pour nos clients, alors que nous naviguons tous à travers les circonstances et les défis de la vie. Chaque moment constitue une occasion d'être génératif, et de garder l'esprit ouvert aux nouveautés et à ce qui est différent et émergent. Kathrin a mentionné plus tôt l'importance de maintenir l'espace de* **« Je ne sais pas »** *et* **« d'être curieux de le découvrir ».** *Je suis curieuse de savoir où ces questions nous dirigeront et de découvrir les nouveaux et différents aspects qui en résulteront. Il est intéressant de connaître les pensées et les idées qui n'auraient pas été présentes il y a une demi-heure et qui, pourtant, peuvent émaner maintenant et émerger de cette relation entre nous et de ces multiples formes d'intelligence qui contribuent à ce champ entre nous. À mon avis, être un consultant génératif signifie*

vraiment garder l'esprit ouvert et confiant; **être persuadé que, en ce moment, un nouvel élément émergera;** *faire confiance au fait que nous avons la combinaison parfaite de formes d'intelligence présentes ici, en nous et dans notre groupe, afin qu'une nouveauté émerge.*

Kathrin: *Il s'agit de les avoir à portée de main quand on en a besoin. Et cela signifie qu'il faut* **pratiquer**, *pratiquer et encore pratiquer, même dans les moments où on n'en a pas besoin. C'est comme un pilote de ligne qui s'entraîne aux urgences, en espérant qu'elles ne se réaliseront jamais. Mais lorsqu'il y a une urgence, il sait comment réagir. À mon avis, c'est la raison pour laquelle nous avons mis l'accent sur les neuf compétences du consulting génératif. Et, pour renforcer ce que Mickey a dit à propos de notre esprit relationnel, l'un de ces domaines de compétence comprend les* **compétences relationnelles**, *qui sont nécessaires sur plusieurs plans. L'examen de modèles différents aux niveaux macro et micro est également très important. Comment pouvons-nous, peu importe que nos services externes aient été retenus ou que nous travaillions « en interne », maintenir la capacité de rester neutre pour observer tout ce qui est présent? Il est important d'être capable d'offrir du feedback, comme : « J'ai observé ceci... » et « J'ai senti que... », en appliquant les multiples formes d'intelligence que Robert a mentionnées. Ainsi, nous pouvons découvrir les schémas, les angles morts, les codépendances et ainsi de suite, que nos clients ne voient peut-être pas. L'un des principaux domaines d'intelligence que j'applique personnellement est celui de l'intelligence esthétique. C'est un domaine qui est axé sur l'équilibre et l'harmonie des systèmes.*

Robert: *Quand je considère les trois différents domaines de la modélisation des facteurs de succès— le leadership conscient, l'intelligence collective et l'entrepreneuriat de la prochaine génération—, ils renvoient tous à l'idée de vivre ses rêves et de rendre le monde meilleur par le biais de l'entreprise. Ils ont également en commun l'expérience d'*ét**ablir des liens avec une réalité qui est plus grande que soi et à y faire confiance.** *Ce qui m'interpelle dans ce que tu viens de dire, Kathrin, c'est qu'il ne s'agit pas d'une attitude « N'est-ce pas là une bonne idée » de style nouvel âge. Ce sont des habiletés de base qui nécessitent beaucoup de pratique et de compétence afin de les actualiser, surtout d'une manière qui aidera une entreprise à atteindre*

des objectifs concrets. Cette dynamique entre une plus grande conscience et le monde concret, entre le rêveur et le réaliste, est extrêmement importante pour le consulting génératif.

Jean François: *En ce qui me concerne, ce que j'aime vraiment de notre travail génératif, c'est qu'il ne s'agit pas seulement de ce que nous faisons en tant que consultants génératifs, mais aussi de l'état d'esprit que nous maintenons pour créer cet espace d'émergence. Dans notre état d'esprit, nous avons des prémisses sur ce travail qui sont très, très fondées et intégrées. Je fais allusion à la compétence de **la pensée systémique et à la notion des holons,** qui sont vraiment essentiels. C'est un aspect dont je n'étais pas vraiment conscient au début de mon travail de consultant et que je considère désormais comme essentiel. À mon avis, la santé d'un système est vraiment basée sur la proportion du holon qu'il peut inclure dans sa transformation. Un système malade est un système qui maintient une partie du holon séparé du reste de son espace. Le holon est fragmenté. Ce que nous faisons en tant que consultants génératifs, c'est favoriser lu capacité à développer une perspective systématique. En maintenant l'état d'esprit qui renvoie à l'idée que nous œuvrons avec des holons qui font eux-mêmes partie de plus grands holons et que nous aidons les clients à être de plus en plus conscients de ces holons, nous entraînons un véritable changement de perspective. Elisabeth a souligné l'importance de reconnaître l'« ombre » dans le holon. En tant que consultants génératifs, nous savons comment maintenir cet espace pour l'ombre, afin que la lumière puisse y être introduite d'une manière ou d'une autre.*

Elisabeth: *J'aime ça. Et je voudrais ajouter que, en ce qui nous concerne, **la capacité de diriger, de laisser aller et de laisser venir ce qui doit venir** dans ce holon est un élément fondamental. Si nous avons cette capacité, nous sommes capables d'observer que la vie est beaucoup plus mystérieuse qu'on le croit. Comme tu l'as dit, Robert : c'est comme un processus qui nécessite de la pratique, l'expérience terrain et nos compétences. Il s'agit là d'un concept bien plus profond que l'on puisse imaginer a priori.*

Colette: *Selon mon expérience, j'ai remarqué que la générativité se manifeste quand il y a un sentiment de sécurité intérieure. Lorsque je me sens en sécurité avec mon client et lorsque j'ai créé cet espace où il peut également se sentir en sécurité, il y a des*

possibilités d'émergence. Ce processus est fortement basé sur des **compétences relationnelles.** *Comment créer cet espace où la magie peut se manifester et où la générativité et de nouvelles idées peuvent surgir? J'ai vécu un bon exemple récemment avec une personne qui créait des difficultés à un groupe avec lequel je travaillais. Quelques personnes m'ont dit :* **« Qu'allez-vous faire avec cette personne? Elle va être une source de perturbation ».** *Au lieu d'ignorer ou d'exclure la personne, nous avons pris le temps de nous rapprocher, d'établir une relation, de parler, de s'écouter et de créer un lien. Nous avons découvert que sa peur la bloquait, ce qui, à son tour, éveillait la peur chez d'autres personnes du groupe. En prenant le temps de nous rapprocher réellement et d'en discuter sans jugement, nous avons rétabli une base de confiance plus forte et retrouvé un sentiment de sécurité. Tout s'est déroulé sans problème pendant le reste du temps où le groupe était réuni. Ce fut en fait très inspirant et empreint de générativité. Un espace où chacun et chacune puisse s'exprimer et être en mode créatif a pu être établi. Je pense qu'accroître la sécurité et la confiance et instaurer la confiance en appliquant nos compétences relationnelles avec nos clients est l'une des pierres angulaires de la générativité lorsque nous travaillons avec des organisations.*

Jean François: *Ce que j'aime beaucoup dans ce que tu dis, Colette, c'est que, en tant que consultants génératifs, nous savons que l'ombre est présente dans le système et nous avons la* **capacité de travailler à la fois avec l'ombre et l'incertitude,** *afin d'aider nos clients et leurs équipes à traverser « l'espace de l'inconnu » avec confiance.*

Mickey: *Cela me rappelle une citation du film "Sauver le soldat Ryan" :* **« Cette fois, la mission, c'est l'homme. »** *Je me souviens que lorsque j'ai travaillé comme consultant en management au début de ma carrière, l'une des choses que l'on m'a répétées à plusieurs reprises était : « Attention, ne te rapproche pas trop de tes clients. Si tu développes une relation personnelle, cela pourrait nuire à l'entreprise; tu pourrais tout faire rater et le regretter. » Grâce au consulting génératif, nous appliquons l'antipode de cette affirmation. Chaque fois que j'ai eu le sentiment que nous avons été en mesure de contribuer réellement, c'est grâce à la relation avec le client et à une certaine proximité avec lui. C'est l'expérience d'entrer en résonnance, de partager notre vécu, de se montrer comme un être humain à part entière et d'aller au-delà de notre rôle. Pensez à tous ces termes que nous utilisons, comme*

« intelligence systémique ». Beaucoup de gens font allusion à l'intelligence systémique; mais sait-on ce qu'elle est vraiment? Pour nous, c'est le lien au sein du holon; or, le holon a une portée bien au-delà du rôle. Il ne s'agit pas seulement de moi, en tant qu'un consultant en présence pour aider un client à établir un plan quinquennal. C'est vous et moi; d'ailleurs, qui êtes-vous, qui suis-je et qu'est-ce que nous apportons au processus? C'est vraiment la partie essentielle à bien des égards pour moi.

Robert: *Le mot qui revient sans cesse dans mon esprit et qui est le pilier de l'ensemble du concept du changement génératif et du consulting génératif est « connexion ». On peut dire qu'essentiellement, la déconnexion est ce qui crée des problèmes et des symptômes, tandis que la connexion est ce qui crée la générativité et les solutions. Je pense qu'une grande partie de ce que le changement génératif représente, c'est les efforts pour trouver la connexion. Ce processus commence avec ce que tu viens de dire, Mickey, sur l'interrelation humaine. C'est à partir de ce concept que provient la véritable écologie et que la véritable intelligence et sagesse collective émerge. Quand je réfléchis au contenu des chapitres de ce livre sur lesquels nous avons travaillé, en particulier les exemples de cas, je ressens beaucoup d'humanité dans le travail et beaucoup de capacité à trouver les liens que personne d'autre ne voit. Je crois que tu parlais justement de cela, Mickey. Je pense qu'une grande partie de notre travail est d'aider à faire la lumière sur des aspects de certaines circonstances qui échappent aux clients ou que ces derniers ne prennent pas en compte.*

Elisabeth: *Oui. En même temps, le changement génératif comporte aussi la capacité de laisser aller et de favoriser l'émergence d'un élément particulier. Même si nous avons toutes ces compétences, même si nous pratiquons, nous sommes professionnels et nous savons ce que nous avons à faire, à un certain moment, nous devons lâcher prise et découvrir ce qui émergera.*

Colette: *J'aime beaucoup la notion d'Elisabeth. C'est la « différence qui fait la différence ». C'est la différence entre la connaissance et la sagesse. En tant que consultants génératifs, nous pouvons apprendre, accumuler beaucoup de connaissances, pratiquer et acquérir de l'expérience. Mais la sagesse, c'est de savoir quand lâcher prise, faire confiance et faire preuve de*

bienveillance envers la situation, le client et soi-même. Notre esprit rationnel connaît tous les modèles, toutes les étapes et tous les facteurs clés de succès. Mais notre cœur peut rester bienveillant en ce qui concerne la situation réelle et les difficultés. Il est important de conserver cet équilibre. Les états COACH et CRASH semblent très faciles à distinguer sur papier. Mais ils ne sont pas si faciles à gérer dans une situation de consultation dynamique.

Kathrin: *Je me mets souvent au défi, dans les moments où je sens que je suis sur le point d'entrer dans un état CRASH, de vérifier ce qui se passe en moi par rapport à chaque lettre de cet acronyme. Cela m'aide à constater s'il s'agit d'une sorte d'**analyse paralysante** ou de la pensée du type « personne ne m'aime », etc. Une fois que j'ai décelé ce qui entraîne le CRASH, je me demande : « Comment puis-je m'en sortir et revenir à l'état COACH dans les prochaines secondes? Et comment puis-je aussi déceler ce schéma chez mon client? » Cela me fait penser aux notions d'hypothèses et de présuppositions. Puis je m'interroge sur les genres de présuppositions pouvant être nécessaires pour travailler en tant que consultante générative.*

Mickey: *La première présupposition qui me vient à l'esprit et qui est vraiment essentielle pour moi, en tant que consultant génératif, c'est celle qui laisse croire que « **des filtres figés entrainent une réalité figée** ». Supposons que je travaille avec un client et que je constate qu'il est coincé dans un schéma particulier d'état d'esprit. Par exemple, il pourrait être un cadre supérieur qui veut communiquer avec ses employés pendant une période de crise, mais qui pense devoir rassembler toutes les données et avoir pris une décision avant même de transmettre quoi que ce soit aux autres. Mon intention serait alors de montrer à ce client comment il est coincé dans la position perceptuelle voulant qu'il soit un « leader de haut niveau » et qu'il tire ses conclusions à partir de cette perspective unique et étroite. C'est dans ce genre de moment que les différents points de vue et les multiples formes d'intelligence deviennent vraiment importants. Si on est coincé dans sa propre perspective et dans sa tête, essayer d'en faire encore plus en ce sens n'aidera pas. En tant que consultant génératif, je pense qu'avoir la capacité de déceler ces obstacles créés par un état d'esprit figé est essentiel. Nous devons être en mesure d'accompagner le client et de l'aider à passer à une autre source d'intelligence, de la tête au cœur ou*

aux tripes, par exemple. Il faut l'aider à trouver de nouvelles portes vers de nouvelles interprétations qui mèneront à de nouvelles actions.

Colette: *Une autre présupposition, c'est celle qui laisse croire que « **toutes les ressources sont dans le système** ». C'est crucial pour moi. Les ressources sont toutes là. Kathrin, tu viens de parler du passage de l'état CRASH à l'état COACH. Quelques minutes avant de me joindre à cette conversation, j'hésitais entre CRASH et COACH. Finalement, COACH s'est imposé. En fait, c'est le champ collectif de COACH de ce groupe qui m'a aidée à surmonter le CRASH. En entrant en relation avec vous tous, cela m'a aidée à réintégrer un état COACH. Dans une organisation, c'est la même chose. Les ressources du système peuvent soutenir et aider à créer ce champ ou cet état COACH. Plus tôt, je me suis souvenue des paroles que Robert a partagées il y a 15 ans. Il a dit : « **Pour être génératif ou créatif, nous devons désapprendre... désapprendre ce que l'on nous a enseigné comme étant les réponses.** » Comment pouvons-nous désapprendre et revenir à ce qui est le plus essentiel et à ce qui veut émerger? Je pense que dans le travail génératif que nous faisons, il est important de désapprendre ces schèmes de pensée fixes et de garder l'esprit ouvert, de faire confiance et de créer des liens humains.*

Mickey: *Récemment, j'ai animé un atelier de changement génératif. Nous avons créé des petits groupes de discussion dans lesquels les participants travaillaient en triades. L'une des personnes qui jouait le rôle du coach a très habilement soulevé toutes les bonnes questions qu'on doit poser dans ces circonstances. Son objectif était d'aider la personne coachée à affiner sa vision de son entreprise. Cependant, en observant la conversation, j'ai senti et constaté que la coachée devenait de plus en plus agacée et tendue, ce qui a eu pour effet de la plonger dans un état CRASH. La personne coachée a dit qu'elle se sentait embarrassée et qu'elle avait l'impression de se retrouver sur une table d'opération entourée d'observateurs. Que manquait-il? Le coach posait toutes les bonnes questions... « Que voulez-vous atteindre? » et « Que faudrait-il faire pour que vous y parveniez? », et ainsi de suite. Le champ relationnel était absent, et le coach et la coachée étaient tous deux dans un mauvais état d'esprit. Cette situation est liée à la distinction mentionnée au début de cette conversation entre « être » et « faire ». Je pense*

qu'une présupposition importante du changement génératif, c'est que **celui-ci provient de la façon dont on est plutôt que de ce que l'on fait**. Mon état de conscience, mon but, mon identité et mes convictions déterminent comment je suis avec vous. Tous ces processus se passent en moi pendant que nous parlons, et j'en suis conscient. Donc l'intelligence émotionnelle et l'intelligence relationnelle proviennent plus de l'être que du faire.

Robert: *Ce qui me vient à l'esprit concernant ce que tu viens de dire, comme une autre présupposition concernant notre travail, c'est l'idée de la complémentarité. **La générativité naît toujours d'une conversation entre des opposés apparents**. Elisabeth, tu as fait cette intéressante déclaration sur l'importance de laisser l'ombre entrer dans la conversation. De même, faire et être peuvent aussi se compléter et produire un élément génératif. Cette dynamique se retrouve dans notre ensemble de compétences. Nous avons des compétences relationnelles et émotionnelles de même que des compétences en matière de détection de schémas, de réflexion stratégique, de réflexion systémique, de facilitation, de communication, de présentation et d'influence. Lorsque j'applique cet ensemble de compétences, j'écoute, j'influence, je réfléchis de manière linéaire et je pense avec ouverture d'esprit; je pense de manière relationnelle et je pense de manière comparative, en cherchant à « trouver la différence qui fait la différence ». Donc je pense que cette diversité de filtres constitue une autre grande part de ce que nous offrons à nos clients. Un consultant génératif est conscient de la présence de toutes ces différentes façons de percevoir les réalités et de leur importance, afin non seulement d'atteindre l'équilibre et de se compenser les uns les autres, mais aussi de créer de la nouveauté. En maintenant le paradoxe, une innovation plus profonde et plus créative peut émerger.*

Elisabeth: *À mon avis, il est aussi question de la présupposition selon laquelle **un consultant génératif tire plus parti de sa propre expérience que des idées et des théories**. Chacun et chacune d'entre nous a fait l'expérience de toutes les étapes et de tous les processus que nous présentons à nos clients. Nous avons tous vécu le chemin du changement génératif en nous-mêmes et dans nos propres entreprises, et nous connaissons ce dont nous parlons, par notre propre expérience. Et pour moi personnellement, mon propre chemin de changement génératif était un cheminement inattendu. C'était étonnant; surprenant et étonnant.*

Jean François: *Je comprends ce qu'Elisabeth souligne. Nous parlions de la relation avec nos clients et avec le système, mais le consulting génératif efficace est aussi une fonction de la relation que nous avons avec nous-même. Une autre de nos présuppositions, c'est que **le succès de notre intervention dépend de l'état dans lequel nous sommes et de l'état du système avec lequel nous travaillons**. Nous mettons l'accent réel sur la compréhension du fait que : « Je suis un reflet du holon. Je suis un reflet du système. Je suis moi-même une organisation d'une certaine manière. » C'est pourquoi mon propre état intérieur, mes convictions et l'état de mes filtres sont si importants au consulting génératif.*

Kathrin: *Je suis tout à fait d'accord. C'est la signification concrète de « holon et hologramme ». Le tout est dans chaque partie, et nous faisons partie du système de notre client. Ainsi, notre propre utilisation de toutes les différentes formes d'intelligence et le degré d'harmonie et d'alignement en nous-mêmes est la clé du succès de notre intervention. Mais cela soulève un autre point lié aux « voies de développement ». **Chaque partie d'un système ne se développe pas de la même manière et dans le même laps de temps.** Dans des situations comme celles qu'Elisabeth a évoquées, lorsqu'on voit des ombres dans le système, les différences dans les voies de développement entre les différentes personnes et les différentes parties de l'holon entraînent des frictions. Comment pouvons-nous, en tant que consultants, travaillant seuls ou en équipe, reconnaître et créer de l'espace pour cette réalité, surtout dans les moments lorsque tout ne se déroule pas sans heurts? Comment pouvons-nous fixer des priorités? Quand reconnaissons-nous l'ombre sans l'aborder, en sachant et en ayant confiance que le système a effectivement la capacité de se transformer? Comment pouvons-nous, en tant que consultants génératifs, ouvrir le système de manière à laisser tout cela se produire sans trop intervenir? C'est l'une des questions clés sur lesquelles je réfléchis le plus souvent, surtout dans les situations où le client demande : « Alors, qu'allez-vous faire? » Ma réponse habituelle est « Je ne sais pas encore, et je suis curieuse de le découvrir. » À mon sens, il y a beaucoup de vérité dans le dicton : « Rester curieux et conscient est souvent 80 % de la solution ».*

Robert: *C'est logique. Je pense qu'une grande partie de ce que nous faisons et ce que nous sommes, en tant que consultants génératifs, consiste à agir comme des* **« éveilleurs »**. *Ce que je veux dire, c'est que nous aidons les gens à atteindre un champ de conscience plus large. Si les ressources sont en effet déjà dans le système, pourquoi ne sont-elles pas utilisées? En général, c'est parce qu'il y a un manque de sensibilisation. L'attention est trop étroitement concentrée. Nous les « éveillons », afin qu'ils prennent conscience d'un holon plus vaste et du fait qu'ils font partie de ce holon. Un bon exemple est le cas dans le chapitre de Mickey, où le directeur général a réalisé qu'il était une sorte d'hologramme pour son équipe et sa division. Il a pris conscience qu'il n'était pas seulement un individu distinct agissant seul dans son bureau, mais, qu'en fait, ce qui se passait dans son propre état d'esprit avait un effet sur l'ensemble du système. Son état d'esprit était une « différence qui faisait une différence ». Et une fois qu'on devient éveillés, beaucoup d'autres aspects deviennent possibles. Ce que nous faisons en tant que consultants génératifs est de favoriser intentionnellement ce genre d'éveil auprès de toutes les parties du système organisationnel, ou holon.*

Mickey: *La métaphore d'un diapason me vient à l'esprit.* **Ping**. *Il crée une tonalité pure qui établit la vibration à laquelle tous les participants à une performance (le chœur et les musiciens) peuvent s'accorder. Et si on commence avec la bonne* **résonance** *ensemble, on peut créer une belle mélodie en équipe. Donc c'est peut-être ce que nous faisons en tant que consultants génératifs. Nous portons le diapason qui rend possible à différentes voix et instruments d'interagir harmonieusement. Et si la situation commence à se désynchroniser, alors :* **Ping**. *Nous utilisons le diapason pour aider les gens à revenir en résonance.*

Colette: *Une autre chose que j'ai remarqué quand la générativité se manifeste, c'est que* **nous nous amusons!** *Quand nous lâchons prise et nous prenons plaisir à travailler ensemble, il y a toujours un aspect similaire à cette métaphore du diapason ou à un autre type d'intelligence du PLAISIR qui se manifeste.*

Kathrin: *Je suis d'accord. Et je pense que c'est particulièrement important pour les étapes trois et quatre de notre modèle DIAMOND – Adopter le plan d'action et Mettre en œuvre le plan d'action.* **Le côté ludique est essentiel à un état d'esprit génératif.** *L'un des aspects dont je fais toujours prendre conscience à mes clients, c'est*

que le changement n'est jamais facile et qu'il ne faut pas s'attendre à ce qu'il se fasse en ligne droite. Il s'agira plutôt d'une croissance organique, car le changement, comme la vie, est parfois très laborieux. Il est donc important d'intégrer ces moments ludiques de curiosité et de naïveté. Comme la petite fille ou le petit garçon qui se rend à la maternelle, sans vraiment savoir comment attacher ses lacets de chaussures encore. On observe comment les autres le font; on vérifie ce que l'on peut faire, et peut-être qu'on revient avec des chaussures de sport avec des Velcros au lieu de lacets conventionnels. Lorsque nous, en tant que consultants génératifs, nous permettons de démontrer toutes ces multiples formes d'intelligence et de construire à partir d'elles d'une manière congruente, c'est de là que vient le plaisir. Alors, **osez être vous-mêmes**. Investissez tout de vous-mêmes et n'essayez pas d'être quelqu'un d'autre.

Mickey: *Avant de devenir consultant, je travaillais en tant que gestionnaire dans une grande organisation. Et nous détestions les consultants. Nous pensions : « Ils viennent simplement faire une présence et nous les payons cher. Ils vont nous dire quoi faire et, pourtant, ils n'ont vraiment aucune idée de ce qui se passe. Ils n'ont aucune idée du contexte. Ils ne connaissent pas les gens. Ils ne comprennent pas notre entreprise et, pourtant, ils nous disent quand même ce qu'il faut faire. » Cette situation reflète l'idée, selon le consulting conventionnel, qu'une seule personne détient une vérité et que cette dernière peut vous la donner. Et ils vous diront : « Voici ce que vous allez devoir mettre en œuvre. Et si vous mettez en œuvre ce qui vous est donné, vous allez réussir. » Et tout le monde sait que c'est en fait un mensonge, parce qu'il n'y a aucune vérité unique. En tant que consultants génératifs, **nous détenons de multiples vérités au lieu d'une vérité unique**. Nous n'arrivons pas en disant : « Voici une solution miracle qui va tout régler. » Nous disons plutôt : « Il y a de multiples possibilités. Créons un espace pour la vérité de vos employés, votre vérité personnelle, la vérité de votre conseil d'administration et la vérité de la réalité du marché. Travaillons avec tout cela, laissons les différentes réalités interagir et voyons ce qui en émergera. » Donc, cette qualité émergente nécessite de l'humilité et la capacité de gérer l'incertitude. Elle requiert une intelligence systémique. Et ceci est très inconfortable pour la réflexion conventionnelle du type cerveau gauche. C'est là que le consulting génératif s'aventure vraiment dans un nouveau territoire. Rien qu'à l'idée d'en parler, cela me donne la chair de poule.*

Robert: *Pour commencer à mettre un terme à la conversation, peut-être que chacun et chacune d'entre nous peut partager quelques réflexions sur les principales* **« différences qui font la différence »** *grâce au consulting génératif. Nous en avons abordé beaucoup déjà, mais peut-être pouvons-nous chacun et chacune faire une brève déclaration à ce sujet.*

Elisabeth: *À mon avis, il s'agit d'***être authentique et d'incarner notre mission***. C'est une question de travail, de passion et de courage. Nous ne pouvons pas offrir à nos clients ou faire des interventions auprès d'eux si nous ne l'avons pas d'abord vécu nous-mêmes. Mais en ce qui me concerne, il ne s'agit pas de travail. Il s'agit de la passion. Nous devons être courageux et authentiques, mais parfois c'est difficile. Il faut aussi être honnête à cet égard!*

Colette: *Je pense que c'est* **mener les autres comme nous nous menons nous-mêmes***. À mon avis, un mot essentiel est « congruence ». Comment pouvons-nous rester en accord avec ce que notre tête, notre cœur, notre esprit et notre corps veulent et comment pouvons-nous influencer autrui tout en étant nous-mêmes génératifs?*

Kathrin: *En s'appuyant sur ce point et en le fusionnant avec la perspective de « l'ensemble et du holon », il est vraiment important pour moi de* **créer l'expérience du « nous »***. Si, en tant que consultante externe, je peux dire « ***nous*** » quand je parle du processus de changement génératif d'un client, je fais intervenir tout mon être. En demandant : « Que pouvons-nous faire? », je sais que je suis dans le système et que je peux ressentir les différentes parties de ce système dans la mesure nécessaire. Si je devais toujours parler de mes clients, de leurs équipes et des parties prenantes comme étant « ***eux*** », je serais dissociée d'eux. A mon sens, ce niveau de recul ne m'aide pas à embrasser ces multiples formes d'intelligence. Par conséquent, voici une question importante pour moi : « Puis-je dire « nous » lorsque je parle avec mes clients? »*

Colette: *J'aimerais ajouter que le « WE », en anglais, qui signifie « NOUS », se perçoit comme « OUI » en français. Et je pense que dire* **« OUI » à ce qui veut se manifester** *est également très important pour l'émergence de la générativité. Dire « OUI » à notre champ génératif – « OUI à NOUS ».*

Jean François: *À mon avis, en tant que consultants génératifs, nous fondons notre travail sur les processus et non sur les contenus.* **Nous sommes des maîtres des processus, pas des contenus.** *Et c'est là que l'humilité entre en jeu. Nous ne connaissons pas toutes les réponses; nous ne faisons que faciliter les processus. Nous créons l'espace pour que la générativité émerge.*

Robert: *Quand je pense au processus du consulting génératif, je pense aussi à l'importance des différents niveaux de facteurs de succès, que nous n'avons pas encore abordés de manière explicite jusqu'à présent, dont : environnement, comportement, capacités, valeurs et croyances, identité, et vision. Travailler avec tous ces niveaux est une partie explicite de ce que nous faisons comme consultants génératifs. D'autres consultants peuvent certainement en venir à aborder ces différents niveaux et à faire des démarches génératives. Mais je pense que ce qui distingue ce que nous faisons, c'est que* **nous mettons en place ces niveaux de façon à ce qu'ils deviennent explicitement une partie intégrante du processus de consulting.** *Nous examinons plusieurs niveaux et nous examinons explicitement toutes les différentes parties de ce que nous appelons le « holon ».* **Nous recherchons aussi explicitement les complémentarités.** *Nous mettons l'ombre à contribution ainsi que les ressources pour atteindre les résultats souhaités.* **Nous mettons explicitement la conscience et la conscience de soi à contribution dans tout ce qui se passe** *- non seulement par ce que nous disons, mais aussi par notre façon d'être. Je pense qu'une partie de ce qui rend le consulting génératif unique, c'est l'intégration explicite des situations qui pourraient potentiellement se produire dans toute autre interaction de consulting. Il est toujours possible qu'une sorte de lien magique s'établisse entre les gens, mais c'est ce que nous entreprenons de faire intentionnellement, consciemment et explicitement dans le travail du consulting génératif.*

Mickey: *En vous écoutant tous, je suis d'accord avec chacun et chacune d'entre vous. Et je me demandais s'il y avait un autre élément vital comme composant essentiel. Voici ce qui me vient à l'esprit : à n'importe quel moment particulier où une situation qui sera différente de ce qui s'est passé auparavant est sur le point de se produire, on doit* **ralentir.** *Donc j'ai l'impression de rappeler constamment à mes clients, en tant que consultant génératif, d'« attendre » et de prendre une petite pause pour*

laisser un aspect décanter, afin de laisser émerger un élément qui en vaudra la peine. Parce que, même si cela semble dire qu'il faut investir du temps sur le moment, cela conduira à une réalité qui n'aurait jamais vu le jour si on n'avait pas été en mesure de faire un arrêt. Alors il faut s'arrêter, réfléchir et écouter ce qui est dit. Ensuite, écouter d'autres idées et les entendre aussi, puis rester ouvert à ce qui se passera ensuite.

Kathrin: Cela me rappelle aussi l'importance d'**être pleinement présent et d'avoir accès à toutes nos propres ressources, à chaque instant**. C'est parfois très difficile, parce que nous appliquons nous-mêmes de multiples formes d'intelligence, en plus d'être multitâches sur différents plans. Malgré tout, nous travaillons pour vraiment être pleinement présents avec nos clients et leurs défis et pour prendre le temps de laisser une nouvelle réalité émerger.

Elisabeth: Il y a aussi un aspect important dans **la façon dont nous nous traitons dans nos vies**. Et cela fait intervenir nos disciplines personnelles. Cet aspect peut s'exprimer par une pratique de la méditation, ou encore dans ce que nous mangeons ou comment nous dormons, par exemple. Je crois profondément que nous ne pouvons pas passer, nous et nos clients, à un autre niveau d'être et de faire si nous n'appliquons pas ces disciplines.

Robert: C'est vrai. Comment pouvons-nous savoir quoi faire pour aider nos clients avec toutes ces différentes formes d'intelligence, si nous ne les maîtrisons pas et ne les utilisons pas nous-mêmes? Cela nous ramène à la notion voulant que nous fassions **partie de l'hologramme**. Si je ne le fais pas moi-même, comment puis-je proposer une façon de faire de manière congruente et authentique à une autre personne, à une équipe ou à un système?

Elisabeth: **Pour être le meilleur de moi-même, je dois m'entraîner**. Si je veux atteindre un autre niveau, je dois faire un effort particulier pour augmenter mes capacités.

Colette: Une idée vient de me venir à l'esprit, qui fait également partie de notre unicité en tant que consultants génératifs : **nous encourageons les clients à être conscients à la fois de leur âme et de leur ego et à atteindre l'équilibre entre ces deux éléments**. L'ego recherche le succès et a des rêves, des buts et des objectifs. Mais si l'âme n'est pas prise en compte, il y aura un *certain degré de déséquilibre et de discordance. L'âme cherche à servir une mission et une vision plus larges. Mais si les objectifs concrets de l'organisation ne sont pas clairement définis ou affirmés, cela crée un autre type de déséquilibre. Je pense que, en tant que consultants génératifs, nous contribuons à éveiller la conscience quant à l'importance d'atteindre un meilleur équilibre dans ces deux domaines, et ce, en nous-mêmes et au sein des organisations de nos clients.*

Robert: *Merci à Elisabeth et à Colette pour ces deux dernières réflexions, parce que je pense vraiment que c'est une partie de ce qui rend un consultant génératif différent des autres consultants. Je ne pense pas que les grandes firmes d'experts-conseils suggèrent à leurs consultants de s'adonner à des pratiques quotidiennes visant à « pratiquer ce qu'ils enseignent ». Et je ne suis même pas convaincu qu'ils considèrent la dynamique de « l'ego » par rapport à « l'âme ». Je pense qu'il s'agit aussi de parties importantes de ce qui rend le consulting génératif unique. Je pensais aux grandes organisations pour lesquelles j'ai été consultant, comme Apple, Microsoft, IBM, Fiat et Weight Watchers. Pourquoi m'ont-ils choisi plutôt que l'une de ces grandes sociétés d'experts-conseils bien connues? Je pense que c'est en raison de cet avantage génératif créé par ces différences que nous avons soulignées : **les formes d'intelligence multiples, l'examen des aspects à différents niveaux et cette idée du holon et du tout qui se retrouvent dans chaque partie**. Je pense que ce sont vraiment les éléments qui sont transformateurs et, d'une certaine manière, révolutionnaires dans le cadre du consulting génératif.*

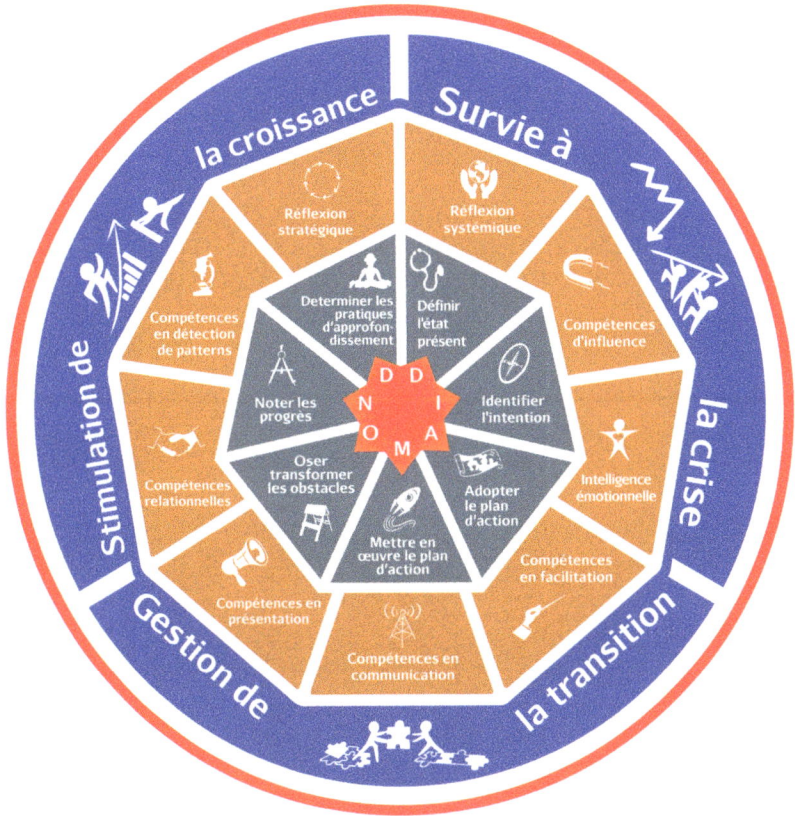

Amusez-vous avec les co

Ayez du
plaisir!

Maîtrisez le processus
plutôt que le contenu

Intégrez votre
« être » à
votre « faire »

Trouvez les ress
au sein

Exercez-vous à êt

Incarnez
le changement
génératif

RALENTISSEZ LE

CRÉEZ
L'EXPÉRIE

Gardez à
l'esprit le tout et le holon

Utilisez les multi
formes d'intellig

Devenez un év

émentarités génératives

vorisez l'équilibre
re l'ego et l'âme

cez-vous à devenir lameilleure
version de
rces nécessaires   vous-mêmes
système

entièrement présent et astucieux

THME   Recherchez les complémentarités

Envisagez les événements sur différents plans

ez authentique et vivez votre
ssion et votre mission

CE DU « NOUS »

ouvez la différence
i fait la différence   Dites « OUI »

es
ce   à ce qui cherche à émerger

DÉCELEZ
LES OMBRES

eur

Postface

Robert B. Dilts

Il y a vingt ans, mon défunt frère John et moi-même nous lancions dans l'aventure de l'exploration des « différences qui font la différence ». Nous nous sommes penchés sur les facteurs essentiels de succès selon lesquels se démarquaient les personnes, les entrepreneurs, les dirigeants, les équipes et les entreprises connaissant les plus grandes réussites dans leurs domaines. Notre but : découvrir la « recette secrète » du succès, pour ainsi dire, et partager nos découvertes avec le reste du monde.

Ayant grandi et lancé nos propres carrières dans la région de la Silicon Valley, en Californie du Nord, John et moi étions tous deux fascinés par le fait que des personnes apparemment ordinaires pouvaient créer des entreprises à très grand succès aussi rapidement. En effet, certaines entreprises obtenaient le succès en à peine quelques mois, voire quelques semaines, contrairement à des années pour la plupart des entreprises. Il était également évident que tous les gens d'affaires ne réussissaient pas nécessairement. En fait, la plupart des entreprises connaissaient l'échec plutôt que la réussite. Alors, en quoi ces entreprises étaient-elles différentes?

Nous avons commencé en examinant certaines des réussites les mieux connues de la Silicon Valley et en nous entretenant avec certains de nos clients et connaissances qui avaient créé des entreprises prospères. Nous avons dégagé un nombre de modèles essentiels, et nous les avons regroupés sous un concept que nous avons appelé le « Cercle de succès ». Outre leurs buts, leurs compétences et leurs actions, nous avons découvert que les facteurs de succès les plus fondamentaux que ces personnes avaient en commun étaient liés à des qualités d'état d'esprit, comme une passion profonde, une vision claire, un sens aigu de leur mission et une ambition dévorante pour ce qu'elles réalisaient.

Une grande partie de notre exploration a également été consacrée à l'élaboration de principes, de pratiques et de processus fondés sur ce que nous avions appris. Ces éléments éveillaient, inculquaient et renforçaient les facteurs essentiels de succès chez les personnes et les équipes souhaitant augmenter leur capacité de réussite et amener leurs projets au niveau supérieur.

Lorsque nous avons discuté de notre démarche avec nos collègues et amis, ils ont été fascinés par ce que nous apprenions; ils ont voulu en savoir davantage sur ce que nous faisions et connaître le nom de ce concept. Nous avons décidé d'appeler ce processus d'exploration la « *modélisation des facteurs de succès* », ou SFM™ (Success Factor Modeling), en abrégé.

Nous avons commencé à mettre nos idées à l'épreuve et en pratique. John et moi avons eu des entretiens et des séances de coaching avec des entrepreneurs désireux d'obtenir un fondement pertinent pour leurs idées. Les démarches qu'employaient les entrepreneurs pour réussir de même que leurs modes de réflexion et leurs motivations sont devenus de plus en plus clairs. Nous en sommes venus à croire qu'une affluence d'entrepreneurs et de chefs d'entreprise visionnaires constituait, en quelque sorte, le moyen le plus sûr d'apporter des changements positifs dans le monde, contrairement à ce que les gouvernements, les institutions religieuses, les grandes entreprises et les autres institutions d'importance tenteront d'accomplir.

Nous nous sommes ainsi mis à considérer notre travail avec la modélisation des facteurs de succès comme un processus qui transcende les connaissances de base sur les façons efficaces de faire des affaires et qui constitue plutôt un mouvement susceptible de contribuer à enrichir la vie des personnes et à rendre le monde meilleur. En fait, au fur et à mesure que nous avons élargi nos études, il est devenu évident que le « succès » n'avait pas uniquement rapport au lancement d'une entreprise rentable, mais qu'il incluait également le maintien d'une vie de famille sereine, de relations affectives nourrissantes, d'une santé florissante et d'un esprit altruiste. Par ailleurs, l'importance de se développer et d'évoluer sur le plan personnel est également l'un des principes fondamentaux de la modélisation des facteurs de succès visant à faire avancer sa carrière professionnelle ou développer son entreprise. Or, pour porter sa profession, son entreprise ou sa vie au niveau supérieur, chaque personne doit changer sensiblement son état d'esprit qui l'a amenée à l'étape de sa vie où elle se retrouve actuellement, car il ne la mènera pas à l'étape suivante. Afin de contribuer davantage, nous devons alors logiquement évoluer davantage.

Il y a de cela maintenant deux décennies que j'applique et enrichis les principes, les compétences et les modèles précisés par l'approche liée à la modélisation des facteurs de succès. En plus de mes propres entreprises, j'ai (et beaucoup d'autres) utilisé les outils de la SFM™ pour accompagner diverses entreprises et organisations, allant des toutes jeunes entreprises en démarrage aux grandes multinationales établies de longue date.

Il a été gratifiant de voir ce mouvement prendre de plus en plus d'ampleur. Il existe maintenant un réseau international de formateurs, de coachs et de consultants autorisés en modélisation des facteurs de succès (SFM™). Des séminaires et des programmes de certification en SFM™ sont offerts sur tous les continents, et les principes de SFM™ sont de plus en plus intégrés aux programmes d'études de certaines des meilleures écoles de commerce du monde.

Comme nous l'avons mentionné dans l'introduction *À propos de cet ouvrage*, ce livre sur le *consulting génératif* est le fruit de la création collaborative de ma Leadership Team de la SFM™ regroupant Colette, Kathrin, Jean-François, Elisabeth et Mickey. La Leadership Team de la SFM™ est un groupe de personnes qui ont travaillé en étroite collaboration avec moi, au cours des cinq dernières années, afin de proposer au monde entier la vision et les outils liés à la modélisation des facteurs de succès. L'équipe principale, qui comprend les auteurs de cet ouvrage et mon frère aîné Michael Dilts est également soutenue par nos membres honoraires Gilles Roy, Magnus Kull, Nicolas von Burg et mon épouse Deborah Bacon Dilts.

L'idée à l'origine de ce livre est venue lors de la première prestation du programme international de certification en consulting génératif que la Leadership Team de la SFM™ et moi-même avons organisé à l'Université de Californie, à Santa Cruz, en août 2018. À l'instar de la structure du livre, différents membres de l'équipe de leadership de la SFM™ ont contribué à la conception et à la prestation des divers domaines d'application du programme en consulting génératif.

Si vous souhaitez devenir un consultant génératif certifié et en connaître davantage sur les possibilités d'autorisation et d'affiliation quant au consulting génératif, veuillez consulter le site Web de Dilts Strategy Group à l'adresse suivante : http://www.diltsstrategygroup.com.

Grâce à la certification en consulting génératif ainsi qu'aux domaines connexes de la SFM™ que sont l'entrepreneuriat de la prochaine génération, l'intelligence collective et le leadership conscient, vous pourrez devenir membre professionnel de l'*International Association for Generative Change* (IAGC) en tant que *praticien du changement génératif en entreprise*. Pour en connaître davantage sur l'IAGC et l'adhésion professionnelle, veuillez consulter le site Web de l'association à l'adresse suivante : http://www.iagcglobal.com.

Outre le consulting, la formation et la rédaction, la gestion des trois principaux « volets » ou domaines d'activités de la SFM™ est une fonction essentielle de l'équipe de leadership de la SFM™. Ces volets comprennent :

* Le *volet formation de la SFM™* : concevoir et proposer des programmes d'introduction et des cours de certification dans les domaines de l'entrepreneuriat de la prochaine génération, de l'intelligence collective, du leadership conscient et du consulting génératif.

* Le *volet consulting de la SFM™* : accompagner les organisations, que ce soit des jeunes entreprises en démarrage ou des multinationales, à déterminer leurs forces et leurs faiblesses et à appliquer les outils et les pratiques de la SFM™, afin d'atteindre un état de croissance et de rentabilité solide, durable et socialement responsable.

* Le *volet communauté de la SFM™* : encourager le dialogue et les collaborations au sein de la communauté de la SFM™ – Ce volet comprend également une « méta-communauté de la SFM™ », qui favorise les échanges, les partenariats et les projets entre les membres de la communauté de la SFM™ et d'autres communautés, comme l'International Association for Generative Change.

Une activité centrale du volet communauté de la SFM™ est l'initiative ayant mis sur pied des *Generative Venture Circles*. Les cercles d'entreprises génératives de la SFM™ sont des micro-communautés de personnes formées à la SFM™, qui souhaitent mettre en œuvre l'approche liée à la modélisation des facteurs de succès en vue de préciser et de modéliser les facteurs essentiels de succès relatifs à un sujet d'intérêt commun. Certains projets de modélisation de la SFM™ en cours comprennent :

* L'étude sur la *modélisation des facteurs de succès relatifs aux soins de santé* : préciser les facteurs essentiels de succès favorisant la prestation efficace des soins au sein de l'écosystème des soins de santé plus large.

* L'étude de la *responsabilité sociale et du développement durable des entreprises axée sur la SFM™* : déterminer les principaux buts, actions et qualités d'état d'esprit qui caractérisent les personnes, les équipes et les entreprises agissant activement et efficacement pour améliorer l'environnement et la qualité de vie humaine sur cette planète.

* Le *projet PERICEO* : favoriser la synergie et accroître l'intelligence collective au sein des équipes et des organisations – En plus de la publication d'un livre, le projet a donné lieu à un outil d'évaluation de l'intelligence collective en ligne.

En plus de soutenir ces études, le volet communauté de la SFM™ prévoit la mise en place d'une plateforme communautaire spéciale de crowdfunding axée sur la SFM™, qui vise à fournir diverses ressources aux initiatives de cercles d'entreprises génératives relatifs à la SFM™, dont des ressources financières.

Les activités du volet consulting de la SFM™ comprennent notamment la création de ce que nous désignons *l'indice de vitalité des entreprises axé sur la SFM™*, que les entreprises peuvent utiliser pour évaluer leur niveau global de santé et leur « viabilité pour l'avenir ».

Dans le cadre d'une autre activité liée au volet consultation de la SFM™, Mickey Feher, membre de l'équipe de leadership de la SFM™ et moi-même avons lancé la *Success MindsetMap* (carte ou inventaire de l'état d'esprit propice au succès), qui a été présentée comme un outil de consulting génératif essentiel dans les chapitres 2 et 5. Pour obtenir de plus amples renseignements sur la façon de devenir membre du corps de leadership de la Success MindsetMap et sur d'autres possibilités de collaboration ou de partenariat par l'intermédiaire de *MindsetMaps International*, veuillez consulter le site Web à l'adresse suivante : http://www.mindsetmaps.com.

Pour en connaître davantage sur toutes les activités et tous les projets relatifs à la SFM™, veuillez consulter le site Web du Dilts Strategy Group, à l'adresse suivante : http://www.diltsstrategygroup.com. Nous vous invitons également à vous abonner au *bulletin d'information de la communauté de la SFM™*, afin de demeurer à l'affût des activités qui se déroulent dans le cadre des trois volets de la SFM™. Par exemple, vous recevrez des nouvelles sur les plus récents programmes de formation sur la modélisation des facteurs de succès offerts dans le monde entier et sur la formation de coach, d'animateur, de consultant ou de formateur autorisé en matière de SFM™.

Comme vous pouvez le constater d'après ce que nous avons présenté dans ce livre, la modélisation des facteurs de succès est à l'origine d'un mouvement dynamique et génératif qui s'inscrit dans un processus significatif de croissance et d'expansion. Je vous invite à vous joindre à nous pour créer un avenir meilleur pour nous-mêmes, notre planète et les générations à venir.

Annexes

Annexe I : Cartes de scores sur les compétences relatives au consulting génératif

Compétences en matière de réflexion systémique

Habileté à déceler la façon dont les éléments s'intègrent dans une vue d'ensemble et à travailler avec des perspectives ou des vérités multiples

Carte de scores sur les compétences en matière de réflexion systémique

Facteur de succès	Niveau faible						Niveau élevé
1. Reconnaître et intégrer des perspectives multiples	*S'exprimer essentiellement selon une perspective ou se concentrer sur un seul point de vue*	1	2	3	4	5	*Inclure des points de vue multiples et différentes perspectives*
2. Maintenir le lien entre la vision d'ensemble et les conséquences à long terme	*Se concentrer sur les questions immédiates et les résultats à court terme*	1	2	3	4	5	*Mentionner fréquemment la vision d'ensemble et les conséquences à long terme*
3. Atteindre l'équilibre entre la partie et le tout	*Démontrer une tendance à se concentrer sur l'une ou l'autre des parties ou sur l'ensemble du système*	1	2	3	4	5	*Porter une attention inclusive aux deux parties individuelles et à l'ensemble du système*

Questions d'autoréflexion :

1. Combien de perceptions différentes avez-vous pu reconnaître et inclure lors de vos interactions?

2. À quelle fréquence avez-vous mentionné et mis en évidence la vision d'ensemble et les conséquences à long terme des aspects que vous avez abordés lors de vos interactions?

3. Avez-vous pu maintenir un équilibre entre l'attention portée aux différentes parties et à l'ensemble du système au cours de vos interactions?

Compétences en matière d'influence

Capacité à persuader par la présence, la congruence et l'alignement

Carte de scores sur les compétences en matière d'influence

Facteur de succès	Niveau faible					Niveau élevé
1. Maintenir en vous un état génératif et demeurer concentré sur la vision commune et les solutions créatives	*Se perdre ou éprouver de la confusion lorsque d'autres sont en désaccord ou résistent*	1	2	3	4	5	*Utiliser diverses méthodes pour susciter et maintenir un état génératif et demeurer concentré sur la vision commune de la conversation et la recherche de solutions créatives*
2. Aborder l'intention positive qui sous-tend les désaccords ou les résistances	*Agir de façon agressive ou combative lorsque d'autres sont en désaccord ou résistent*	1	2	3	4	5	*Rechercher et aborder l'intention positive qui sous-tend les désaccords ou les résistances d'autrui*
3. Favoriser une perspective plus large et plus inclusive	*Utiliser essentiellement l'argumentation verbale pour appuyer son point de vue*	1	2	3	4	5	*Recadrer les désaccords et les résistances comme des indications très utiles à la formulation de solutions plus inclusives*

Questions d'autoréflexion :

1. Avez-vous été en mesure de maintenir en vous un état génératif ainsi qu'en d'autres personnes au cours des interactions, peu importe si elles étaient aisées ou difficiles?

2. À quel degré d'efficacité avez-vous recherché et abordé l'intention positive qui sous-tend les désaccords ou les résistances?

3. Avez-vous pu recadrer les désaccords et les résistances comme des indications très utiles à la formulation de solutions plus inclusives?

Compétences en matière d'intelligence émotionnelle

Capacité à travailler avec différents états émotionnels et à déceler des courants émotionnels sous-jacents (par exemple, "l'ombre" ou "l'éléphant dans la pièce" auxquels personne n'ose faire allusion)

Carte de scores sur les compétences en matière d'intelligence émotionnelle

Facteur de succès	Niveau faible						Niveau élevé
1. Reconnaître et admettre les émotions	Se concentrer essentiellement sur le contenu verbal	1	2	3	4	5	S'enquérir explicitement des émotions et les inclure dans toute interaction
2. Aborder les réactions émotionnelles avec équanimité	Réagir différemment à diverses émotions manifestées lors des interactions	1	2	3	4	5	Maintenir une attitude d'accueil (état COACH) face à toute manifestation émotionnelle et déceler activement les courants émotionnels sous-jacents
3. Accueillir et faire place aux réactions émotionnelles	Rechercher uniquement les réactions positives	1	2	3	4	5	Accueillir verbalement toutes les émotions, y compris celles qui sont éprouvantes et leur faire de la place

Questions d'autoréflexion :

1. Comment vous êtes-vous assuré(e) de rechercher et d'inclure les ressentis et les réactions émotionnelles au cours de vos interactions?

2. Dans quelle mesure avez-vous été capable de déceler et d'aborder les sentiments non exprimés ou cachés ou les réactions émotionnelles?

3. Avez-vous verbalement reconnu et accueilli toutes les réactions émotionnelles qui ont émergé pendant vos interactions, y compris les sentiments difficiles à aborder?

Compétences en matière de facilitation

Capacité à reconnaître et à appuyer la résonance et la synergie entre les membres d'un groupe

Carte de scores sur les compétences en matière de facilitation

Facteur de succès	Niveau faible						Niveau élevé
1. Demeurer concentré(e) sur le but commun	*Peu de référence faite aux objectifs communs du groupe lors des interactions*	1	2	3	4	5	*Redirige constamment l'attention du groupe vers la vision partagée durant les interactions du groupe*
2. Rechercher et créer la résonnance	*Attention portée davantage sur les différences en ce qui concerne le contenu*	1	2	3	4	5	*Recherche et pointe les similarités entre les membres du groupe dans des domaines variés*
3. Déterminer la synergie	*Rechercher l'homogénéité et traiter les différences comme une source de conflit et de confusion*	1	2	3	4	5	*Aide les membres du groupe à voir la complémentarité de leurs différences de points de vue au service de la vision partagée*
4. Favoriser l'émergence	*Se hâter de s'entendre sur des solutions apparentes*	1	2	3	4	5	*Donne du temps, de l'espace, et encouragent des interactions qui peuvent donner naissance à quelque chose de nouveau*

Questions d'autoréflexion :

1. À quelle fréquence avez-vous attiré l'attention sur la vision commune du groupe lors des interactions?

2. À combien de reprises et dans combien de domaines différents avez-vous cherché à faire ressortir les similitudes entre les membres du groupe?

3. Les différences entre les membres du groupe ont-elles créé des conflits et de la confusion ou avez-vous pu plutôt guider le groupe vers l'exploration de la complémentarité de leurs différences pour les mettre au service d'un but commun?

4. Combien de temps, d'espace et d'encouragement avez-vous accordés au groupe pour favoriser l'émergence de nouveaux éléments inattendus à partir des interactions entre les membres du groupe?

Compétences en matière de communication

Habileté à transmettre aisément de l'information importante à différents types de personnes provenant de strates sociales distinctes

Carte de scores sur les compétences en matière de communication

Facteur de succès	Niveau faible						Niveau élevé
1. Atteindre différents types de personnes provenant de strates sociales distinctes	*Adresser les messages principalement à un seul type de personnes ou à une seule strate sociale*	1	2	3	4	5	*Adapter les messages et les adresser à tous les types de personnes et à toutes les strates sociales des participants à l'interaction*
2. Utiliser les modes de communication verbale et non verbale	*Se concentrer essentiellement sur le contenu verbal*	1	2	3	4	5	*Se préoccuper de plusieurs messages d'appoint non verbaux et les utiliser*
3. Répondre à la rétroaction	*Ignorer la rétroaction ou omettre de calibrer convenablement*	1	2	3	4	5	*Percevoir les rétroactions verbales et non verbales et y répondre promptement*
4. Utiliser la reformulation verbale pour présenter de nouvelles perspectives et y attirer l'attention	*Faire peu d'efforts pour présenter de nouvelles ou différentes perspectives*	1	2	3	4	5	*Utiliser la reformulation verbale pour introduire de nouvelles perspectives sur les situations faisant l'objet de discussions*

Questions d'autoréflexion :

1. Avez-vous adapté votre style de communication pour aborder tous les différents types de personnes provenant de strates sociales distinctes qui ont participé à l'interaction?

2. Dans quelle mesure avez-vous utilisé la communication à la fois non verbale et verbale au cours de vos interactions?

3. À quelle vitesse avez-vous pu percevoir les commentaires verbaux et non verbaux et y réagir?

4. À quelle fréquence avez-vous utilisé une reformulation verbale pour proposer de nouvelles perspectives aux situations faisant l'objet des discussions?

Compétences en matière de présentation

Habileté à s'adresser à un auditoire en utilisant de multiples canaux de communication (verbal, visuel, métaphorique, somatique, etc.)

Carte de scores sur les compétences en matière de présentation

Facteur de succès	Niveau faible						Niveau élevé
1. Utiliser un langage verbal convenable et percutant	Utiliser un langage excessif ou qui prête à confusion	1	2	3	4	5	Utiliser des mots clairs et utiles
2. Utiliser des images visuelles et des diagrammes convenables et percutants	Utiliser peu d'images ou des images qui n'appuient ou ne bonifient pas le message	1	2	3	4	5	Utiliser des images qui appuient une meilleure et plus claire compréhension du message
3. Utiliser des métaphores convenables et percutantes	Utiliser peu de métaphores ou des métaphores hors sujet	1	2	3	4	5	Utiliser des métaphores qui favorisent l'approfondissement de la compréhension du message
4. Utiliser une gestuelle ou expression somatique convenable et percutante	Utiliser peu de gestuelle ou des expressions somatiques hors propos ou trompeuses	1	2	3	4	5	Utiliser une gestuelle et d'autres expressions somatiques qui aident les personnes à maintenir leur attention sur le message et à mieux le comprendre

Questions d'autoréflexion :

1. Dans quelle mesure avez-vous utilisé un langage verbal clair et utile?

2. Avez-vous utilisé des images pour favoriser une meilleure et plus claire compréhension de votre message?

3. Avez-vous utilisé des métaphores pour faciliter l'approfondissement de la compréhension de votre message?

4. Combien de fois avez-vous utilisé vos compétences en communication non verbale (ancrage spatial, gestuelle, expressions somatiques) pour maintenir l'attention de votre auditoire et ainsi favoriser une meilleure compréhension de votre message?

Compétences relationnelles

Capacité à établir des relations et un climat de confiance

Carte de scores sur les compétences relationnelles

Facteur de succès	Niveau faible					Niveau élevé
1. Accorder du temps et de l'attention en vue d'instaurer la confiance et de créer un environnement propice à un sentiment de sécurité psychologique	*Se concentrer principalement sur les tâches et les activités transactionnelles*	1	2	3	4	5	*Consacrer beaucoup d'attention et d'énergie dans la création de rapports et de liens de confiance*
2. Déterminer et refléter les questions importantes	*Reconnaître minimalement des préoccupations et des observations principales du client*	1	2	3	4	5	*Reconnaître et commenter en continu les enjeux et idées du client*
3. Adapter le vocabulaire et le rythme des échanges à ceux du client	*Utiliser principalement son propre vocabulaire et rythme lors des échanges*	1	2	3	4	5	*Adapter ses paroles et son rythme à ceux du client*

Questions d'autoréflexion :

1. Qu'avez-vous fait pour instaurer la confiance et créer un environnement empreint d'un sentiment de sécurité psychologique avec votre cliant?

2. À quelle fréquence avez-vous reconnu les réactions, les préoccupations et les idées de votre client?

3. De quelle manière avez-vous adapté votre langage et l'espace-temps pour suivre le rythme de votre client?

Compétences en matière de détection des patterns

Capacité à déceler différents niveaux de tendances et de significations dans des ensembles de données et dans les relations interpersonnelles

Carte de scores sur les compétences en matière de détection des patterns

Facteur de succès	Niveau faible						Niveau élevé
1. Percevoir de multiples niveaux de tendances (environnement, comportements, capacités, valeurs et convictions, identité, et sens)	*Se concentrer sur uniquement quelques niveaux de tendances*	1	2	3	4	5	*Rechercher des patterns à tous les niveaux*
2. Dégager des patterns à la fois dans les ensembles de données et les interactions personnelles	*Se concentrer sur un seul type d'information*	1	2	3	4	5	*Établir des liens entre les patterns à la fois dans les ensembles de données et les interactions personnelles (information et observation)*
3. Déceler les signaux à la fois faibles et forts et y demeurer à l'écoute	*Se concentrer uniquement sur les patterns évidents*	1	2	3	4	5	*Être à l'écoute d'information subtile provenant de différentes sources et y porter attention*

Questions d'autoréflexion :

1. Sur quels plans (milieu, comportement, capacités, valeurs et convictions, identité et sens) avez-vous observé des patterns potentiels et en lien au Cercle de succès de la SFM?

2. Quels types de liens avez-vous établis entre les renseignements donnés et vos observations personnelles?

3. De quelle façon avez-vous intégré les différents niveaux d'information tirée des données, de l'écosystème de l'entreprise de votre client de même que des interactions interpersonnelles pour trouver des schémas essentiels?

Compétences en matière de réflexion stratégique

Capacité à travailler à la fois sur l'ambition et la vision (le sens et l'intention) et connaître comment de petites étapes créent une voie essentielle vers un objectif plus important

Carte de scores sur les compétences en matière de réflexion stratégique

Facteur de succès	Niveau faible					Niveau élevé
1. Percevoir et définir une voie essentielle	*Se concentrer sur les buts et objectifs à court terme*	1	2	3	4	5	*Mettre l'accent sur le lien entre les prochaines étapes et le cheminement vers la vue d'ensemble*
2. Atteindre un équilibre entre l'ambition et la vision	*Traiter distinctement la vision et l'ambition*	1	2	3	4	5	*Envisager les ambitions en lien avec la vision d'ensemble et maintenir ce lien en harmonie*
3. Fragmenter ou regrouper	*Avoir tendance à mettre essentiellement l'accent sur les détails ou les généralités*	1	2	3	4	5	*S'attarder à la fois aux détails et aux généralités, en soulignant leurs rapports*

Questions d'autoréflexion :

1. Comment vous êtes-vous assuré(e) que votre client ne se concentre pas seulement sur les prochaines étapes (objectifs à court terme), mais qu'il garde son attention constante sur la vision d'ensemble (orientation à plus long terme)?

2. Comment avez-vous fait en sorte que les ambitions soient alignées à la vision plus large?

3. Comment avez-vous utilisé à la fois les détails et les connaissances liés à la vision d'ensemble pour établir une voie essentielle conduisant autant à l'ambition qu'à la vision?

Annexe II : L'histoire à succès de la croissance de MailNinja

Tracer la voie du succès grâce à l'application des modèles de la SFM™

Tony Nutley

Président-directeur général et fondateur du UK College of Personal Development

Directeur de l'exploitation et cofondateur de MailNinja

Qui est Tony Nutley?

Sa passion : améliorer les circonstances actuelles dans le monde, donner aux gens les moyens de mieux comprendre leurs réalités et aider les gens à s'accomplir pleinement. Il croit que la puissance du développement personnel est miraculeuse.

Je peux aider quelqu'un avec n'importe quel nombre de problèmes vraiment, vraiment rapidement, en suivant ce modèle très précis et en posant le bon genre de questions... C'est incroyable!

Tony œuvre en tant que leader de changement génératif, dans ses rôles de formateur, de consultant et de coach de cadres d'entreprise, en plus d'être le président-directeur général, le directeur de l'exploitation, le fondateur et le cofondateur de deux entreprises à succès.

La SFM™ selon Tony

D'après Tony, la SFM™ est un processus de changement de l'état d'esprit et de la mentalité d'une personne. Il est basé sur l'expérience de personnes qui ont réussi et il fait appel à un modèle qui peut être appliqué à tout type d'entreprise. Il a utilisé tout ce qu'il a appris de la SFM™ pour créer, lancer, établir et faire croître le UK College of Personal Development et l'agence de messagerie électronique MailNinja (www.mailninja.co.uk). L'application du Cercle de succès et du modèle DIAMOND du consulting génératif de la SFM™ a contribué à l'adaptation, à la transformation et à l'évolution de ses deux entreprises appelées à surmonter les hauts et les bas de l'économie. L'exemple suivant montre comment Tony a créé MailNinja en appliquant concrètement ces deux modèles.

La SFM a pour objectif la création d'une entreprise prospère et l'établissement de relations solides, durables et gagnantes.

~ Tony Nutley

Les débuts du succès de MailNinja

* **D**éfinir l'état présent : collecte de renseignements et diagnostic de la situation actuelle

* **I**dentification de l'intention : établir l'état ou la direction souhaité pour le changement

Il y a 15 ans, son associé Doug Dennison travaillait pour une grande entreprise, l'une des trois plus importantes sociétés d'assurance du monde. Il détestait son travail. Il avait l'impression que cela brimait son âme et il voulait se réaliser autrement. Tony lui a alors demandé : « Eh bien, que veux-tu faire? » Doug a répondu : ***« Je veux contribuer activement à accroître la valeur des petites entreprises. »*** C'est à partir de cette intention qu'ils ont commencé. Ils ont exploré certaines idées, ont imaginé ce qu'ils allaient faire et ont décidé qu'ils deviendraient un fournisseur de services de courrier électronique (ESP - Email Service Provider), soit une société de marketing par courriel.

Un aperçu de MailNinja

La société a été fondée en 2005, à Swindon, au Royaume-Uni, par Doug Dennison, à titre de président-directeur général et Tony Nutley, à titre de directeur de l'exploitation. En quinze ans, la société est passée de zéro à neuf employés, générant un chiffre d'affaires de près d'un million de livres par année.

* **Vision:** contribuer à accroître la valeur des petites et moyennes entreprises et les aider à se développer davantage

* **Mission:** devenir un fournisseur de services de courrier électronique ESP et de marketing par courriel; assister les personnes qui utilisent MailChimp comme leur ESP privilégié

* **Ambition:** devenir le numéro un du service de courrier électronique au Royaume-Uni et obtenir une clientèle mondiale, en envoyant des millions de courriels et en générant un million et demi de tonnes d'affaires avant la fin de l'année 2020

Les démarches entreprises par MailNinja pour réussir

* **A**dopter le plan d'action : établir une voie essentielle

* **M**ettre en œuvre le plan d'action : passer à l'action

Tony a œuvré non seulement en tant que propriétaire d'entreprise, mais aussi en tant que consultant, en encourageant, en guidant et en coachant lorsque cela s'avérait approprié. Son rôle consistait à fournir de l'encadrement et du mentorat à Doug et à l'équipe au besoin, en offrant de la formation, en servant de boussole, en maintenant la simplicité des processus, en s'assurant que la culture évolue au fur et à mesure de la croissance de l'entreprise et de l'ajout de nouvelles personnes à l'équipe. Grâce à de nombreuses consultations individuelles et conversations téléphoniques et à l'utilisation d'un tableau blanc, Tony et Doug ont pu utiliser le modèle du Cercle de succès de la SFM™ comme guide implicite et explicite. Outre la SFM™, Tony a déclaré avoir trois éléments « tatoués à l'intérieur de ses paupières » qu'il n'oublie jamais lorsqu'il travaille avec des personnes : les niveaux logiques, le modèle S.C.O.R.E. et un processus d'établissement des objectifs (PESEO / APROCESS).

Vision: contribuer à accroître la valeur des petites et moyennes entreprises et les aider à croître de façon importante

Ambition: devenir le numéro un du service de courrier électronique au Royaume-Uni et avoir une clientèle mondiale, en envoyant des millions de courriels et en générant un million et demi de tonnes d'affaires avant la fin de l'année 2020

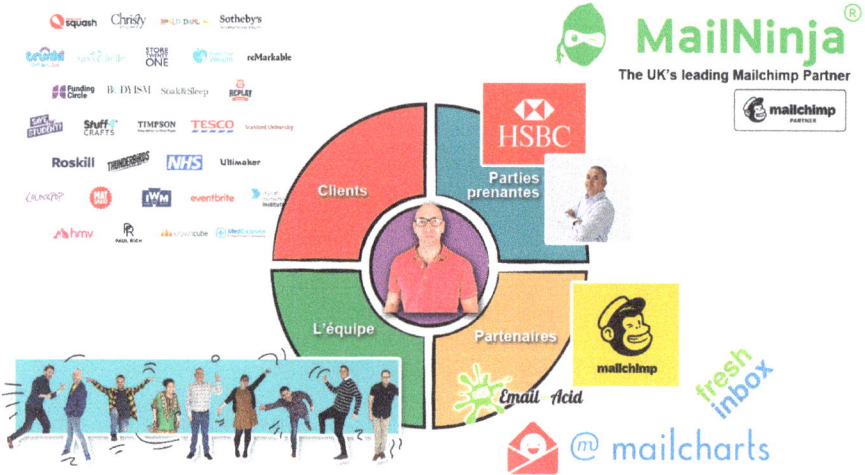

Mission: devenir un fournisseur de services de courrier électronique ESP et de marketing par courriel; assister les personnes qui utilisent MailChimp comme leur ESP privilégié

Role: établir un partenariat avec le plus grand fournisseur de services de courrier électronique (ESP) au monde - MailChimp

MailNinja- Cercle de succès

La feuille de route vers le succès de MailNinja Application du Cercle de succès de la SFM

1- Ils ont créé leur Cercle de succès de la SFM (CdS) avec Doug au cœur de l'ensemble du processus :

* Ils ont exploré - Qui est cette personne et quelle est sa passion?

   La passion de Doug, c'est de créer une entreprise pour aider les entreprises, de réaliser des initiatives qui lui sont propres et qui contribuent à améliorer les réalités des entreprises.

* Ils ont déterminé - Comment allons-nous rendre cette initiative possible selon les niveaux logiques?

   Nous avons examiné l'environnement et les capacités. La mission était claire, alors nous avons cru que nous pouvions bâtir cette entreprise.

* Ils ont précisé - Comment se révélerait la lacune susceptible de leur causer des difficultés?

Au début, il n'y avait que Doug. Puis nous avons embauché nos deux premiers apprentis.

Au départ, nous n'avions pas de vision d'ensemble, nous voulions tout simplement que notre projet se réalise.

2- Ils ont cristallisé le type de client qu'ils voulaient :

* Les propriétaires de petites et moyennes entreprises et tous les responsables marketing des entreprises de taille un peu plus grande.

3- Ils ont déterminé les membres de l'équipe dont ils avaient besoin et ont formé cette dernière :

* Ils ont dû embaucher des employés, parce qu'ils ne pouvaient pas tout faire eux-mêmes.

* Ils ont investi d'énormes sommes d'argent pour encadrer les membres de leur équipe, grâce à de la formation, à du soutien en perfectionnement professionnel et à des initiatives externes.

4- Ils ont trouvé les parties prenantes nécessaires :

* *La banque HSBC est devenue la partie prenante la plus importante, parce qu'elle a avancé des fonds pour nous. Merci beaucoup à HSBC, ce fut très apprécié.*

5- Ils ont trouvé avec qui ils allaient s'associer :

* Ils se sont associés à MailChimp, le plus grand fournisseur de services de courrier électronique du monde, avec qui ils ont maintenant une formidable relation de soutien mutuel gagnante.

* Ils se sont également associés à quelques autres personnes et entreprises de services informatiques essentielles, qui les ont beaucoup soutenus.

6- Ils ont planifié et sont passés à l'action :

* Ils ont précisé leur vision et leur ambition.

Nous avons défini qui nous étions en tant que MailNinja : jeunes, dynamiques, sympathiques, affables et désireux d'aider les gens à développer leurs affaires commerciales. Il ne s'agit pas que d'une simple question d'argent; c'est une question de valeur ajoutée. Des valeurs de ce genre nous ont vraiment guidés et nous ont aidés à nous rendre là où nous sommes.

Où voulons-nous mener cette entreprise et quelle est notre ambition? Devenir le numéro un au Royaume-Uni. En outre, nous explorons actuellement un partenariat qui nous aidera à avoir un bureau aux États-Unis. Ce projet augmentera considérablement le chiffre d'affaires et la taille de l'équipe.

7- Ils ont transformé les obstacles pour demeurer concentrés et sur la bonne voie et pour s'en tenir à leur plan :

* Ils se sont assurés de faire des vérifications régulières et d'équilibrer tous les aspects, afin de demeurer sur leur voie.

Nous avons dû prendre du recul et réévaluer la situation, notamment par ces questions : Qui sommes-nous? Vers quoi nous dirigeons-nous? Ceci est-il ce qui est important à nos yeux? Souvenons-nous de la vision originale, de qui nous sommes, de nos convictions et nos valeurs. Vérifions les lacunes. Réévaluons.

Par exemple: Nous avons embauché une personne, mais ce fut clairement une erreur. Nous avons perdu de vue ce que nous voulions être et ce qu'était notre réelle vision. Nous nous sommes beaucoup trop préoccupés des objectifs d'une autre personne, de l'argent et de la chasse aux clients pour le simple plaisir de la chasse aux clients, même si certains d'entre eux étaient les mauvais clients. Ces derniers ne correspondaient pas à nos valeurs et ils entraînaient l'entreprise vers une direction qui n'était pas la nôtre. Ce fut douloureux pour nous de reconnaître que l'ego avait pris le dessus. De plus, ce n'était pas notre ego. C'était celui d'une personne qui était devenue membre de notre équipe commerciale et qui avait décidé d'aller dans une direction qui n'était pas la nôtre. Cela ne reflétait pas notre âme. Cette personne avait créé une réalité qu'elle croyait que nous voulions. Et, même si c'était formidable d'avoir plus d'argent sur le compte bancaire, nous avons demandé à cette personne de quitter l'entreprise, parce qu'elle ne correspondait pas à ce que nous étions. Je ne veux pas être ce genre d'entreprise. Je ne pense pas que c'est une valeur ajoutée à long terme ou une valeur réelle basée sur une relation continue éthique et gagnante. Donc l'aspect « ego » et « l'âme » de qui nous sommes nous sont apparus très, très clairement.

> *« Des individus, des rôles, des équipes, des divisions et même tout une culture organisationnelle peut être plus orientée « ego » (sécurité, profit, ambition, etc.) ou plus « âme » (contribution, service, vision, etc.). Cela affecte le choix des priorités à établir et comment et quelles décisions seront prises. Entreprises, nouvelles et anciennes, doivent constamment s'efforcer de maintenir l'équilibre entre « ego » et « âme ». Au fur et à mesure que les entreprises grandissent et que les visions s'agrandissent, leurs ambitions doivent aussi être plus grandes. Lorsqu'une entreprise augmente son ambition, sa vision doit aussi s'étendre et s'élargir. »*

Robert Dilts
*La modélisation des facteurs de succès Tome I
Entrepreneurs Nouvelle génération*

Autres défis à surmonter durant la croissance et la détermination de solutions génératives par l'entremise de certaines facettes du modèle DIAMOND de la SFM™

* **O**ser transformer les obstacles : surmonter les défis et les entraves

1. *Nombre insuffisant de membres de l'équipe des ressources et d'ingénieurs logiciels pour surveiller l'Internet :*

Nous avons fait une pause et nous nous sommes demandé : « Comment faire autrement pour obtenir les ressources nécessaires? » Il est intéressant de noter que l'homme qui nous avait demandé de l'aide en ce sens utilisait MailChimp. Alors, en tant que son fournisseur de services de courrier électronique, nous avons communiqué avec lui pour lui demander : « Hé, avez-vous un programme de partenariat? » Il a dit « Oui ». **Aujourd'hui, nous avons une excellente relation avec MailChimp, une relation qui s'est avérée gagnante autant pour eux que pour nous. Cette société nous considère comme une agence modèle et certes son plus important partenaire britannique.**

2. *Gestion des creux et les moyens qui nous ont aidés à nous en sortir :*

a. Lorsque vous vous retrouvez dans ce genre de passage à vide, rappelez-vous de la RAISON pour laquelle vous faites ces efforts en premier lieu.

b. Prenez un temps d'arrêt, prenez du recul. Prenez une semaine de congé, montez dans un avion et allez vous asseoir dans un hôtel. Comme le poisson dans le bocal à poissons rouges, on ne peut pas voir l'eau quand on nage dedans.

c. Réfléchissez. Déterminez ce qui n'a pas fonctionné et comment vous pouvez y remédier. Ensuite, réfléchissez aux questions suivantes : « Où allons-nous? Que pouvons-nous vraiment faire au sujet du problème ou du symptôme? » Parfois, c'est l'économie qui est en cause, et vous êtes plutôt impuissant à cet égard. Vous devez alors compter sur les relations d'affaires et réduire les dépenses là où c'est possible, sans toutefois être trop brutal. Mais la plupart du temps, c'est qu'on perd tout simplement de vue sa vision, alors qu'on est tellement préoccupé par la routine quotidienne.

Évolution de la situation - Le passage de zéro à héros de MailNinja

* Noter les progrès : évaluer et mesurer le changement

On pourrait dire que l'idée originale à la base de la vision a été « dessinée » au dos d'un paquet de cigarettes. Je pense que les Nord-Américains disent plutôt qu'une idée est conçue « sur une serviette de table dans un café ». C'était la première fois que l'idée émergeait; elle était très vague. Nous l'avons développée au fur et à mesure. Maintenant, nous l'avons beaucoup plus précisée; elle a dorénavant fait ses preuves, associée à des échéanciers et des objectifs spécifiques. Nous voulons réaliser certains objectifs à une date précise et nous prévoyons que certaines étapes seront atteintes. C'est ainsi que nous savons que notre entreprise réussira. En outre, nous disposons de beaucoup plus de moyens de mesure qu'auparavant.

Soutien à l'évolution et la croissance continues de MailNinja

* Dynamiser les pratiques d'approfondissement : faire du suivi pour assurer le maintien et l'approfondissement des changements

Quelles compétences devaient être affinées ou acquises pour poursuivre la croissance de l'entreprise? Tony souligne huit compétences qui contribuent au succès d'un entrepreneur et au développement de son entreprise et la façon dont celles-ci correspondent à notre modèle DIAMOND de la SFM™ :

1. Apprenez à vous **regarder dans le miroir**, à être honnête envers ce qui est important pour vous et, ensuite, comment aligner votre entreprise avec le résultat de ces réflexions (autoréflexion).

2. Apprenez à **communiquer un véritable sens de la vision et de la mission** à l'équipe et, de manière abstraite, à d'autres personnes, dont les clients potentiels (compétences en matière de communication et de présentation).

   Par exemple : nous avons engagé ce nouveau vendeur, Paul. Il est fantastique. Il est professionnel et il comprend tout de suite. Il comprend même ce que nous ne voulons pas devenir.

3. Apprenez à **négocier clairement et simplement avec les personnes**. Simplifiez les processus commerciaux et les contrats en un seul document papier, en évitant une surcharge de pages. « Nous ferons ceci, vous nous payerez cela... » Simple! (compétences en matière d'influence).

4. Apprenez à **repérer les bonnes personnes** lors du processus d'embauche et à **poser les bonnes questions** (compétences en matière de réflexion systémique).

5. Apprenez à garder votre main sur la barre, à **diriger le navire** vous-même et à ne pas laisser une autre personne qui a sa propre destination en tête le mener là où vous ne le souhaitez pas (compétences en matière de réflexion stratégique).

6. Apprenez à **garder les canaux ouverts** et la communication fluide. Soyez à l'écoute de votre équipe et organisez des réunions chaque lundi pour faire le point sur la situation actuelle et pour vous assurer que tout est en bonne voie (compétences relationnelles).

7. Apprenez à **accompagner et à responsabiliser** les membres de votre équipe. Apprenez comment ceux-ci veulent être habilités. Comment peuvent-ils être encore plus compétents dans leur travail? Comment pouvez-vous les aider à faire un travail remarquable? Répondez à leurs besoins, que ce soit un ordinateur différent, un logiciel différent, une formation, etc. (compétences en matière d'intelligence émotionnelle).

8. Apprenez à **demeurer dans un état d'esprit génératif et à faire évoluer la vision**, la mission et l'ambition. Nous lançons actuellement un tout nouveau produit que nous avons conçu au cours de l'année dernière. C'est, en quelque sorte, une autre étape dans l'évolution de l'entreprise. Nous ne sommes pas seulement un fournisseur de services de courrier élec-

tronique; dorénavant, nous sommes aussi un fournisseur de services logiciels. Nous avons constaté ce qui était offert sur le marché et nous avons remarqué que les clients voulaient un service légèrement différent. Ainsi, nous avons fait des réflexions et avons trouvé une idée qui pourrait être utile. Nous avons validé la proposition avec des clients, puis nous l'avons éprouvée. Nous avons dû embaucher de nouvelles personnes pour former une équipe de ce nouveau service. Nous avons maintenant un développeur interne qui est dorénavant responsable de ce nouveau service (état génératif).

Conseils supplémentaires aux entrepreneurs de la nouvelle génération

* **Faites-vous confiance.** Mais si vous croyez vraiment en une idée, vérifiez qu'elle n'existe pas uniquement dans votre tête. Demandez à quelqu'un : « Pensez-vous que c'est une bonne idée? » Et si vous savez clairement qui pourraient être vos clients, demandez à certains clients potentiels ou à des personnes qui sont comme eux : « Je vais faire ceci. Qui va l'acheter? » Car il n'y a aucune « meilleure idée au monde » que celle qui est dans votre tête. Si personne n'en veut, quel en était le but? Vérifiez que des personnes voudraient obtenir ce que vous imaginez.

* **Entourez-vous des meilleures personnes** pour vous aider, parce que vous ne pouvez pas tout faire vous-même. N'ayez pas peur de demander. Vous seriez surpris de constater à quel point les personnes sont prêtes à vous aider si vous le demandez et croient en ce que vous voulez réaliser.

Annexe III : L'étude de cas de John

Cette annexe présente les résultats détaillés de la MindsetMap de John.

Méta Mindset

Clarté de la vue d'ensemble	Score	Constatations de John après le coaching
1. Sachez ce que vous aimez vraiment faire (sachez ce qui vous passionne)	3	John n'avait pas réfléchi à ce qu'était sa passion depuis de nombreuses années. Il ne voyait aucun lien entre la passion et le travail. Il les considérait comme deux domaines distincts sans aucun rapport et voyait sa passion comme un aspect qui devait être nourrie pendant son temps libre. Il n'était donc pas surprenant de constater qu'il lui manquait l'étincelle qui alimente l'enthousiasme, la détermination et l'énergie. Son équipe avait l'impression qu'il n'avait aucun dynamisme.
2. Sachez ce que vous désirez contribuer à créer à l'avenir et à long terme (connaissance claire de vos buts et de votre vision à long terme)	5	John a réalisé qu'il n'avait ni destination ni vision claire à l'esprit. Il savait qu'il était insatisfait de son environnement actuel et de l'attitude de ses patrons, mais il attendait qu'un événement se produise plutôt que de passer à ce qu'il voulait vraiment faire.
3. Connaissez clairement votre orientation, peu importe que vous en connaissiez ou non la destination finale	9	John connaissait la direction générale qu'il voulait prendre. Des projets en énergie renouvelable l'intéressaient.
4. Connaissez votre vision (connaissance de ce que vous représentez et de la raison pour laquelle vous agissez ainsi)	5	Ceci était un domaine important de développement pour John. Pendant ses séances de coaching, John a créé sa déclaration d'intention et a réfléchi à ses valeurs fondamentales, qui lui ont servi de boussole pour prendre des décisions concernant son équipe et l'avenir.
5. Ayez une idée claire de vos ambitions (ce que vous souhaitez devenir et réaliser d'ici les deux à cinq prochaines années)	9	John était très ambitieux et savait qu'il était destiné à servir dans un rôle de direction. Il croyait initialement qu'il s'agissait de prendre la relève du poste de son patron. Cependant, au fur et à mesure qu'il a clarifié son but et sa vision, il a finalement réalisé que ce n'était pas sa voie.
6. Soyez conscients de votre rôle et de la position que vous occupez par rapport aux autres dans votre marché ou environnement	9	John avait une conviction relativement claire à ce sujet. Cependant, il ne se sentait pas à sa place dans la culture de l'entreprise et a commencé à se demander si son rôle était celui qui lui convenait.

Macro Mindset

Habitudes de succès	Score	Constatations de Jean après le coaching
1. S'adonner à ce qui est gratifiant et investir beaucoup d'efforts et de concentration sur la réalisation de ce qui est souhaité	4	John s'est rendu compte que, dans son poste actuel, il était obligé de passer à un rôle de gestion opérationnelle plus soutenu, ce qui était loin de refléter sa passion pour la nouveauté.
2. Rechercher le feedback honnête et mettre en place des moyens de l'obtenir fréquemment	5	Il est apparu à John qu'il était beaucoup plus porté à deviner les perceptions de ses supérieurs et de ses pairs à son égard qu'à établir des canaux de communication pour obtenir auprès d'eux des feedback de qualité.
3. Rechercher constamment des occasions à saisir et consacrer le temps nécessaire à les créer	9	Cette habitude était l'un des points forts de John.
4. Être bien ancré dans son intériorité et ses ressources, disposer de moyens pour se régénérer et retrouver son équilibre et mettre ces habitudes en pratique quotidiennement	5	Ce domaine présentait beaucoup de possibilités d'amélioration. Grâce au coaching reçu, John a repris sa pratique du yoga et de la méditation, qu'il avait abandonnée plusieurs années auparavant.
5. Être conscient des risques et des problèmes éventuels et ne pas se décourager ou se laisser distraire face à l'adversité et aux réactions négatives	9	C'était un autre point fort de John. Cependant, habité d'une vision imprécise, John devait fournir une quantité excessive d'énergie pour maintenir un type de persévérance exigeant plutôt que de « danser librement avec les forces ».

Micro Mindset

John a indiqué un « √ » dans les colonnes qui lui correspondaient le mieux en ce qui concerne les actions figurant dans le tableau ci-dessous.

Action	Je l'apprécie	J'y suis doué	J'y consacre du temps
1. S'accorder le temps nécessaire pour explorer et renouer avec ce que vous aimez faire, ce qui vous est important et ce auquel vous êtes doué - c'est-à-dire votre passion, votre sentiment d'avoir une raison d'être à atteindre et votre domaine d'excellence	√	√	Non
2. Créer des possibilités de dialogue continu avec les clients et les prospects	√	√	√
3. Faire du brainstorming et mettre en place des produits et des services qui anticipent et comblent les besoins des clients	√	√	Non
4. Attirer des membres à votre équipe et leur offrir une orientation et de l'accompagnement, tout en encourageant la coopération au sein de l'équipe	√	√	Non
5. Encourager les membres de l'équipe et leur offrir des possibilités d'apprentissage et de développement	√	√	√
6. Déceler les investisseurs potentiels et les fournisseurs d'autres ressources essentielles et capter de manière créative leur intérêt et leur engagement à soutenir l'entreprise	√	√	√
7. Créer et développer une infrastructure durable et une voie vers la croissance et l'évolutivité pour votre entreprise	√	√	√
8. Rechercher et établir des relations gagnantes avec des partenaires et des alliés potentiels qui se reconnaissent dans vos valeurs et votre vision	√	√	√
9. Déterminer et exploiter les synergies entre ce que vous faites et les produits, les services ou les compétences d'autres entreprises	√	√	√

Comme ces résultats l'indiquent, John appréciait et se montrait doué quant à presque toutes ces actions. Cependant, il n'a pas consacré suffisamment de temps aux actions suivantes :

* Explorer et renouer avec sa passion, son sentiment d'avoir une raison d'être à atteindre et son domaine d'excellence

* Faire du brainstorming et mettre en place des produits et des services qui anticipent et comblent les besoins des clients

* Attirer des membres à son équipe et leur offrir une orientation et de l'accompagnement, tout en encourageant la coopération au sein de l'équipe

Méta Objectifs

La préoccupation de John était essentiellement :

« d'accroître sa satisfaction personnelle envers ce qu'il réalisait ».

Accroître la satisfaction personnelle

Compte tenu du but de John visant à accroître sa satisfaction personnelle envers ce qu'il réalisait, les résultats de sa MindsetMap sont présentés ci-dessus. Les icônes en couleur montrent les zones d'autoévaluation à notation élevée. Les icônes encerclées en rouge montrent les domaines les plus importants à améliorer pour faire en sorte qu'il atteigne son but Méta.

Vous pouvez réaliser gratuitement votre propre inventaire à l'aide de la Success Mindset-Map en visitant le www.mindset-maps.com.

Bibliographie

1 - Thème général du consulting génératif

Ouvrages :

* Dilts, Robert; *From Coach to Awakener*, Dilts Strategy Group, 2003, 2018.

* Dilts, Robert; *Success Factor Modeling, Vol. I: Next Generation Entrepreneurs – Live Your Dream and Make a Better World Through Your Business*, Dilts Strategy Group, 2015.

* Dilts, Robert; *Success Factor Modeling, Vol. II: Generative Collaboration – Releasing the Creative Power of Collective Intelligence*, Dilts Strategy Group, 2016.

* Dilts, Robert; *Success Factor Modeling, Volume III – Conscious Leadership and Resilience: Orchestrating Innovation and Fitness for the Future*, Dilts Strategy Group, 2017.

* Dilts, R. and DeLozier, J. with Bacon Dilts, D., *NLP II: The Next Generation*, Dilts Strategy Group, 2010, 2018.

* Koestler, Arthur, *Act of Creation*, Penguin Books, 1964.

* Wilber, Ken, *A Brief History of Everything*, Shambhala Publications, 1996.

2 - La gestion de la croissance en affaires

Ouvrages :

* Dilts, Robert; *Success Factor Modeling, Vol. I: Next Generation Entrepreneurs – Live Your Dream and Make a Better World Through Your Business*, Dilts Strategy Group, 2015.

* Dilts, Robert - *Law of Requisite Variety*, NLP University Press, 1998.

Ressources en ligne :

* CNW Telbec, *Cascades recognized for its responsible best practices* https://www.newswire.ca/news-releases/cascades-recognized-for-its-responsible-best-practices-890166687.html

* Mansfield, Matt. *STARTUP STATISTICS ~ The Numbers You Need to Know*. https://smallbiztrends.com/2019/03/startup-statistics-small-business.html

* Otar, Chad. *What Percentage Of Small Businesses Fail -- And How Can You Avoid Being One Of Them?* https://www.forbes.com/sites/forbesfinancecouncil/2018/10/25/what-percentage-of-small-businesses-fail-and-how-can-you-avoid-being-one-of-them/#2722e18643b5

3 - La gestion générative des crises en affaires

Ouvrages:

* Pink, Daniel H.; *Drive: The surprising truth about what motivates us*. Riverhead Books, 2009.

* Dilts, *Robert; Success Factor Modeling, Volume III ~ Conscious Leadership and Resilience: Orchestrating Innovation and Fitness for the Future*, Dilts Strategy Group, 2017.

* Mihaly Csikszentmihalyi. *Good Business: leadership, flow and the making of meaning*. Penguin Books, 2004.

Articles :

* Hershatter, Andrea; Epstein, *Molly: Millennials and the World of Work: An Organization and Management Perspective*, Journal of Business and Psychology, 25 (2): 211–223, 2010.

* Myers, K.; Sadaghiani, K. *Millennials in the Workplace: A Communication Perspective on Millennials, Organizational Relationships and Performance*, Journal of Business and Psychology. 25 (2): 225–238, 2010.

Ressources en ligne :

* Khurana, R., Nohria, N., *Hippocratic path for managers* 2008 HBR 86 no. 10, 70-77 https://hbr.org/2008/10/its-time-to-make-management-a-true-profession

* Wikipedia : *https://en.wikipedia.org/wiki/Crisis*

4 - La meilleure méthode de gestion de la transition en affaires

Ouvrages :

* Bridges, William, *Managing Transitions : Making the Most of Change*, Perseus Publishing, 2003

* Deaton, Ann V., *VUCA Tools for a VUCA World: Developing Leaders and Teams for Sustainable Results*, Da Vinci Resources, 2018

* Dilts, Robert; *Success Factor Modeling, Vol. II: Generative Collaboration ~ Releasing the Creative Power of Collective Intelligence*, Dilts Strategy Group, 2016.

* Dilts R., Falcone E., Meiss I., Roy G., *The PERICEO TOOL- « Teams and Organizations, develop your capacity for Collective Intelligence* – Dilts Strategy Group, 2018

5 - Une approche pratique. La concrétisation du processus.

Ouvrages :

* Dilts, Robert; *Success Factor Modeling, Volume III ~ Conscious Leadership and Resilience: Orchestrating Innovation and Fitness for the Future*, Dilts Strategy Group, 2017.

* Hofstede, Geert *Culture's Consequences: comparing values, behaviors, institutions, and organizations across nations* (2nd ed.). SAGE Publications. 2001.

Ressources en ligne :

* Cone Communications LLC, 2016 *Cone Communications Millennial Employee Engagement Study* https://www.conecomm.com/research-blog/2016-millennial-employee-engagement-study

* David Gelles D. , Yaffe-Bellany, D. *Shareholder Value Is No Longer Everything, Top C.E.O.s Say* https://www.nytimes.com/2019/08/19/business/business-roundtable-ceos-cor-porations.html

* Friedman Fulton, *A Friedman doctrine - The Social Respon-sibility Of Business Is to Increase Its Profits* https://www.nytimes.com/1970/09/13/archives/a-friedman-doctrine-the-social-responsibility-of-business-is-to.html

* Imperative Group, *Workforce Purpose Index and Make Work More Meaningful* https://www.imperative.com/research

* LinkedIn, *Workplace Culture Trends: The Key to Hiring (and Keeping) Top Talent in 2018* https://blog.linkedin.com/2018/june/26/workplace-culture-trends-the-key-to-hiring-and-keeping-top-talent

* MindsetMaps International, https://www.mindset-maps.com

* Noble, Holcomb B., *Dr. Viktor E. Frankl of Vienna, Psychiatrist of the Search for Meaning, Dies at 92*, https://www.nytimes.com/1997/09/04/world/dr-viktor-e-frankl-of-vienna-psychiatrist-of-the-search-for-meaning-dies-at-92.html

À propos des auteurs

Depuis la fin des années 1970, Robert B. Dilts jouit d'une réputation mondiale en tant que coach, formateur en compétences comportementales et consultant en entreprise. Concepteur et spécialiste de premier plan dans le domaine de la programmation neurolinguistique (PNL), Robert a fourni des services de coaching, de consulting et de formation dans le monde entier à une grande diversité de personnes et d'organisations.

En collaboration avec son défunt frère John, Robert a été le pionnier des principes et des techniques de la modélisation des facteurs de succès (Success Factor Modeling™) et a écrit de nombreux livres et articles sur l'application de ceux-ci en vue d'améliorer le leadership, la créativité, la communication et la formation des équipes. Outre la série des trois volumes de Robert portant sur la *modélisation des facteurs de succès*, son livre *Leadership visionnaire : outils et compétences pour réussir le changement par la PNL* s'inspire de son étude approfondie des dirigeants d'entreprise qui se sont démarqués au cours de l'histoire pour présenter les outils et les compétences nécessaires pour « créer un monde auquel les gens veulent appartenir ». L'ouvrage *Alpha Leadership : Les 3 A : Anticiper, Aligner, Agir* (corédigé avec Ann Deering et Julian Russell) présente l'essentiel des meilleures pratiques du leadership efficace, en proposant des approches susceptibles de réduire le stress et favoriser la satisfaction. Le livre *Du coach à l'éveilleur* fournit aux coachs une feuille de route et un ensemble d'outils visant à aider leurs clients à atteindre leurs buts selon différents niveaux d'apprentissage et de changement. L'ouvrage *Le Voyage du héros: un éveil à soi-même*, avec le coaching (co-écrit avec Stephen Gilligan) porte sur la manière de renouer avec sa vocation personnelle la plus profonde, de transformer ses croyances et habitudes limitantes et de rehausser son image de soi.

Parmi ses anciens clients et commanditaires figurent des multinationales comme Apple Computer, Microsoft, Hewlett-Packard, IBM et Lucasfilms Ltd. de même que les chemins ferroviaires nationaux d'Italie. Il a donné de nombreuses conférences sur le coaching, le leadership, l'innovation, l'intelligence collective, l'apprenance organisationnelle et la gestion du changement et a fait des présentations et des allocutions d'ouverture pour l'International Coaching Federation (ICF), HEC Paris, les Nations Unies, l'Organisation mondiale de la santé, l'Université de Harvard et l'Université internationale de Monaco. En 1997 et en 1998, Robert a supervisé la conception de *Tools for Living*, soit le volet gestion du comportement du programme utilisé par Weight Watcher's International.

Robert a été professeur agrégé à l'ISVOR Fiat School of Management (l'ancienne université d'entreprise du groupe Fiat) pendant plus de quinze ans, contribuant au développement de programmes sur le leadership, l'innovation, les valeurs et l'approche systémique. De 2001 à 2004, il a occupé les fonctions de responsable scientifique et de président du conseil d'administration d'ISVOR DILTS Leadership Systems. Cette coentreprise établie avec ISVOR Fiat proposait aux entreprises du monde entier un large éventail de programmes innovants en matière de développement du leadership.

Cofondateur du Dilts Strategy Group, Robert a également fondé et dirigé Behavioral Engineering, une société qui a élaboré des applications logicielles et matérielles mettant l'accent sur le changement comportemental. Robert est titulaire d'un diplôme en technologie comportementale de l'université de Californie, à Santa Cruz.

Elisabeth Falcone est basée dans le sud de la France et travaille à l'international en tant que coach, superviseure de coach et consultante générative, facilitatrice et formatrice de facilitateurs, et maître enseignante en PNL.

Elle a débuté sa carrière en tant que contrôleur de gestion dans des groupes nationaux et internationaux, ce qui lui a permis d'appréhender le fonctionnement global des organisations et les différents leviers et freins en jeu. Elle intervient ainsi avec l'approche générative pour favoriser les innovations et la résolution de problèmes complexes, et a cocréé avec Jean-François Thiriet en open source l'index MetoWe, qui mesure la capacité individuelle des individus pour l'intelligence collective

Passionnée depuis toujours par la création de ponts entre les individus et les peuples, les sciences humaines et sociales et les neurosciences, son « Appel » l'a emmenée de plus en plus à se consacrer au développement des personnes au cœur des équipes et des organisations qu'elle accompagne depuis près de 20 ans.

Convaincue que la plus grande richesse et fragilité de toute organisation est son capital humain, elle a créé une démarche « Vers la meilleure version de soi », pour accompagner chacun à répondre à son appel en avançant en conscience dans toutes les dimensions de sa Vie.

Elisabeth a créé et dirige notamment l'Institut de PNL Humaniste pour permettre à un maximum de personnes - en présentiel et en ligne – de se former à cette approche et philosophie de Vie extraordinaire qu'est la PNL Générative.

Elle fait partie de la SFM Leadership Team de Robert Dilts et a co-écrit avec lui, Gilles Roy et Isabelle Meiss le livre PERICEO « Equipes et Organisations, développez votre capacité d'Intelligence Collective ». Elle utilise ce profil d'équipe pour les équipes qu'elle accompagne, forme et certifie à son utilisation (www.periceo.com).

Contribuer à ce livre, appartenir à cette équipe et rencontrer autant de personnes merveilleuses que VOUS est un merveilleux « voyage inattendu » : une infinie gratitude à la Vie !

Pour en savoir plus :

www.intelligencecollective-coaching-pnl.com
www.verslameilleureversiondesoi.com
www.institutdepnlhumaniste.com
www.periceo.com
www.index-metowe.com

Pour communiquer avec Elisabeth : ef@intelligencecollective-coaching-pnl.com

Mickey A Feher est un Américain d'origine hongroise établi à New York, qui travaille à l'international en tant que consultant, facilitateur et coach génératif. Il a été directeur général et directeur des ventes dans de grandes multinationales, dont Deutsche Telekom, Aegis et Deloitte et a occupé divers postes de direction en Europe.

Sa passion, c'est de travailler avec les hommes pour redéfinir une masculinité saine dans toutes les sphères de leur vie. Il a d'ailleurs fondé l'initiative MANTORHSIFT et le podcast MANTORSHIFT pour mettre de l'avant cette mission.

Il est également le cofondateur de MindsetMaps International, en collaboration avec Robert Dilts, et il est le cocréateur de l'inventaire Success MindsetMap™ illustré par Antonio Meza. Il est le président-directeur général de Purpose & Company, une société internationale de développement organisationnel en activité à la fois en Europe et aux États-Unis. Auparavant, il a occupé le poste de directeur exécutif de l'International Association for Generative Change (IAGC), une organisation mondiale fondée par Robert Dilts et Steve Gilligan. En outre, il est un membre actif de l'équipe de la SFM Leadership Team du Dilts Strategy Group. Sa passion et sa mission la plus noble sont d'aider les autres à trouver un sens à leur vie et à obtenir des résultats exceptionnels. Il s'est engagé dans une lutte de toute une vie contre l'isolationnisme, l'intolérance et la haine.

Mickey compte parmi ses clients certaines des plus grandes multinationales du monde, comme Microsoft, GE, Vodafone et Mondelez ainsi que EDF. Il travaille également avec des petites et moyennes entreprises de même que des entrepreneurs indépendants. Il est titulaire d'une maîtrise en psychologie et d'un MBA en gestion internationale obtenus à la Case Western University. Il est maître praticien, consultant et formateur certifié par la NLP University. Il est également coach génératif certifié par l'IAGC et un formateur qualifié SFM1 et SFM3. Il est père de deux enfants, et il pratique quotidiennement les arts martiaux, le yoga et la méditation.

Pour en savoir plus :

www.mantorshift.com
www.purposeandcompany.com

Pour communiquer avec Mickey : office@mindsetmaps.com

Colette Normandeau est maître-enseignante internationale en PNL, facilitatrice en modélisation des facteurs de succès (SFM™) I, II et III, consultante générative de même que coach de vie et de dirigeants certifiée en PNL. Elle est membre de la SFM Leadership Team du Dilts Strategy Group.

Colette est la fondatrice de L'essentiel, une école internationale de formation en PNL établie à Québec, au Canada. Elle se consacre à la formation et à la certification de coachs de vie, d'affaires et de dirigeants axés sur la PNL.

Depuis 2001, Colette vit sa passion et sa mission en accompagnant, par des formations, des conférences, du coaching et du consultating, des milliers d'entrepreneurs, d'équipes, de gestionnaires, de dirigeants et d'entreprises au Canada, en France, au Maroc, au Mexique, aux États Unis, au Royaume-Uni et en Finlande. Elle compte parmi ses clients des personnes d'influence, qui veulent améliorer leur vie et celle des autres et contribuer à créer un monde meilleur. Elle est l'auteure du livre à succès Ê.T.R.E. enfin soi-même, guide d'auto-coaching et à d'éveil, publié en 2011. Inspirée par une vision qu'elle a eue lors d'un exercice de SFM à Santa Cruz, en 2016, en ce qui concerne l'avenir de la PNL, elle a initié à Bali, en 2017, le premier mouvement de cocréation mondial de 4ème génération axé sur le développement de l'intelligence spirituelle. De ce mouvement en pleine expansion ont émergé des cellules de recherche et développement dans de nombreuses régions du monde. Colette est lauréate 2021 dans la catégorie « Business » de la ANLP award, à Londres. Elle vise à contribuer au développement de leaders alignés et connectés à leur Être qui réussissent tant en affaires que dans la vie et créent leur vie avec plus de conscience, de créativité et d'ouverture du cœur. Elle aime voir les êtres et les entreprises rayonner et prospérer, grâce à l'éveil de leur générativité et de leur intelligence spirituelle.

Pour en savoir plus :

www.ecolepnl.com
www.colettenormandeau.com
www.nlp4thgeneration.com
www.unleashinghbl.com

Jean-François Thiriet est facilitateur et formateur de facilitateurs SFM2, spécialisé dans les collaborations génératives.

Depuis 15 ans, il intervient dans les organisations avec l'approche générative pour favoriser la résolution de problèmes complexes grâce à l'intelligence collective des équipes. Ses clients vont des agences des Nations Unies jusqu'aux entreprises de l'industrie du luxe et de l'automobile.

Avec Elisabeth Falcone, il a cocréé en open source l'index MetoWe qui mesure la capacité des individus pour l'intelligence collective

Il dirige la Mastermind Business Academy (MBA) qui forme dans le monde entier et en ligne des facilitateurs de groupes Mastermind, expertise qu'il a partagé dans le premier livre en français sur les groupes Mastermind « Les Groupes Mastermind, accélérateurs de réussite », traduit en anglais et en espagnol.

Jean François est aussi coach de dirigeants et superviseur de coach certifié par la Coaching Supervision Academy de Londres et fait désormais partie des membres de sa faculté.

Il est membre fondateur de la SFM leadership team du Dilts Strategy Group. Il est d'ailleurs formateur certifié en matière de SFM1 Next Generation Entrepreneur, en SFM2 Generative Collaboration, SFM3 Conscious Leadership et consultating génératif.

Il a créé en partenariat avec Robert Dilts le « Jeu du Coach », jeu de 77 cartes de coaching professionnel basé sur les outils de la PNL et du changement génératif.

Pour en savoir plus :

www.coaching-facilitation.fr
www.partagetongenie.fr
www.index-metowe.com

Pour communiquer avec Jean-François : jft@coaching-facilitation.fr

Kathrin M. Wyss, M.S. Pharm, B.A.Com

Née en Suisse, Kathrin a fondé sa société de coaching et de formation Beachtig CTC, en 2004. Depuis 2008, elle travaille à temps plein à l'échelle internationale en tant que coach de dirigeants, formatrice en leadership et agents de changement. Elle est membre fondatrice de la SFM Leadership Team du Dilts Strategy Group, coanimatrice et formatrice pour toutes les formations sur la SFM et une collaboratrice essentielle à la première formation en consulting génératif donnée en 2019. Elle est également formatrice agréée en PNL, praticienne chamanique et disciple de longue date de la philosophie zen, soit un bagage d'ensemble qui façonne son approche holistique unique.

Elle a commencé sa carrière professionnelle en tant que pharmacienne. Elle a œuvré pendant plus de dix ans au sein de l'industrie internationale des soins de santé et du système de santé public en Suisse, où elle a occupé plusieurs postes de direction. Elle est une personne très polyvalente, accomplie et passionnée. Kathrin sait comment convertir des connaissances cognitives en tâches quotidiennes, dans le but d'inspirer d'autres personnes et de réaliser des changements durables. Elle agit comme un catalyseur auprès des personnes et des équipes, afin qu'elles acquièrent des connaissances essentielles, une plus grande clarté d'esprit et une harmonisation globale de leurs visions en tant que professionnels, équipes et êtres humains. Kathrin compte parmi ses clients des entreprises d'importance du Fortune 500, des cadres supérieurs au niveau de la haute direction et de la vice-présidence ainsi que des entrepreneurs et dirigeants conscients.

Pour en savoir plus :

www.beachtig.com
www.linkedin.com/in/beachtig

Pour communiquer avec Kathrin : office@beachtig.com

Antonio Meza est un architecte de la vision, qui aide les entrepreneurs et les dirigeants du monde entier à communiquer des idées complexes de manière simple et ludique, par le biais du storytelling et d'illustrations ou de dessins animés.

Originaire de Pachuca, au Mexique, Antonio est un maître praticien et un formateur en programmation neurolinguistique (PNL). Il est titulaire d'un diplôme en sciences de la communication de la Fundación Universidad de las Américas Puebla, d'une maîtrise en études cinématographiques de l'Université de Paris 3 - Sorbonne Nouvelle, d'un diplôme en rédaction de scénarios de films de la Sociedad General de Escritores de México (SOGEM) et d'un diplôme en films documentaires de l'École nationale des métiers de l'image et du son (La Fémis), en France. Il est également certifié dans les trois niveaux du système de la SFM.

Il a travaillé au Mexique comme réalisateur audiovisuel indépendant et a participé à des start-ups de dessins animés avant de s'installer en France, où il travaille comme consultant, coach et formateur spécialisé dans la narration, la réflexion créative et l'intelligence collective.

Antonio est également un orateur public chevronné et membre de Toastmasters International. En 2015, il a été récompensé comme meilleur orateur au concours international de discours du district 59, qui couvre le territoire de l'Europe du Sud-Ouest et a atteint les demi-finales au niveau international.

Il a illustré quinze livres, dont les trois volumes de la série sur la modélisation des facteurs de succès de Robert Dilts, et la série Coaching Génératif de Robert Dilts et Stephen Gilligan.

Il utilise également ses compétences de dessinateur et de formateur pour collaborer à des séminaires, des conférences et des séances de brainstorming en tant qu'animateur graphique et pour produire des vidéos animées comme moyens pour expliquer des connaissances complexes de manière claire et ludique.

Antonio vit à Paris avec sa femme Susanne, sa fille Luz Carmen et ses chats Ronja et Atreju.

Pour en savoir plus :
www.antoons.net
www.linkedin.com/in/antoniomeza/

Pour communiquer avec Antonio : hola@antoons.net

Lightning Source UK Ltd.
Milton Keynes UK
UKHW051314160322
400136UK00006B/110